Buch

Mehr als einen Freund hat Thich Nhat Hanh im grausamen Vietnamkrieg verloren, mehr als einmal waren er oder seine Schüler mit lebensgefährlichen Situationen konfrontiert.
Thich Nhat Hanh zeigt, wie die buddhistische Lehre in einen konkreten Pfad zu mehr Frieden, sowohl im Alltag, als auch in der Welt umgewandelt werden kann. Wahrer Frieden entsteht im Herzen der Menschen und muss nicht geschaffen werden. Er stellt sich von selbst ein, sobald wir anfangen, friedlich miteinander umzugehen. Für Thich Nhat Hanh bedeutet Friedensarbeit zuerst Arbeit an sich selbst, und er zeigt, wie wir dies in den einzelnen Lebensbereichen umsetzen können: im Umgang mit uns selbst, mit dem Partner, der Familie, der Gemeinschaft und der Welt. Seine eindringlichen Worte haben die Autorität eines Menschen, der das lebt, was er sagt, der sein ganzes Leben dem Frieden gewidmet hat. Besonders auch in den Brennpunkten einer kriegerischen Welt. So wird dieses Buch zu einem Manifest des Friedens.

Autor

Thich Nhat Hanh, 1926 in Vietnam geboren, gehört als sozial engagierter buddhistischer Mönch und Zen-Meister zu den bedeutendsten spirituellen Lehrern der Gegenwart. Die schmerzhaften Erfahrungen des Vietnamkriegs haben sein Bewusstsein dafür gestärkt, wie die buddhistische Lehre und insbesondere die Entwicklung von Achtsamkeit dazu beitragen können, Konflikte zu lösen oder gar nicht entstehen zu lassen. Thich Nhat Hanh lebt im Exil, seit ihm anlässlich einer Reise in die Vereinigten Staaten 1966 die Regierung von Südvietnam die Rückkehr in seine Heimat verweigerte. Er ist Autor zahlreicher Bücher und engagiert sich in der Friedensarbeit und Flüchtlingsbetreuung.

Von Thich Nhat Hanh sind bei Goldmann außerdem erschienen:

Ärger (33651)
Ich pflanze ein Lächeln (21781)
Das Boot ist nicht das Ufer (zus. mit Daniel Berrigan; 21600)
Buddha und Christus heute (21523)
Das Glück, einen Baum zu umarmen (13233)
Meditationen zu »Lebendiger Buddha, lebendiger Christus« (16409)

Thich Nhat Hanh
Wahren Frieden schaffen

Aus dem Englischen von Erika Ifang

GOLDMANN
ARKANA

Die amerikanische Originalausgabe erschien 2003
unter dem Titel »Creating True Peace«
bei der Free Press, Simon & Schuster, Inc., New York.

Die deutsche Erstausgabe erschien 2004
im Wilhelm Goldmann Verlag, München.

FSC
Mix
Produktgruppe aus vorbildlich
bewirtschafteten Wäldern und
anderen kontrollierten Herkünften

Zert.-Nr. SGS-COC-1940
www.fsc.org
© 1996 Forest Stewardship Council

Verlagsgruppe Random House FSC-DEU-0100
Das für dieses Buch verwendete FSC-zertifizierte Papier
München Super liefert Mochenwangen.

1. Auflage
Vollständige Taschenbuchausgabe Juli 2008
© 2004 der deutschsprachigen Ausgabe
Wilhelm Goldmann Verlag, München,
in der Verlagsgruppe Random House GmbH
© 2003 Thich Nhat Hanh
Umschlaggestaltung: Design Team München
Umschlagfoto: Don Farber, Rijksmuseum, Amsterdam
SB · Herstellung: CZ
Satz: Barbara Rabus
Druck und Bindung: GGP Media GmbH, Pößneck
Printed in Germany
ISBN 978-3-442-21839-4

www.arkana-verlag.de

Inhalt

1 Was ist wahrer Frieden? 7

2 Pfeile in Blumen verwandeln: die
  Übung der inneren Transformation 21

3 Frieden beginnt bei uns selbst:
  die Übung in die Welt tragen 85

4 Rechtes Handeln entspringt
  rechtem Verständnis 131

5 Versöhnung: Friedensübungen
  für Einzelne und Paare 167

6 Lieben heißt wahrhaft präsent sein:
  Frieden üben mit Kindern 211

7 Den Frieden schützen: Übungen
  für Gemeinschaft und Sangha 253

8 Aufruf zum großen Mitgefühl 273

Epilog: Eine neue globale Ethik.
Unesco-Manifest für eine Kultur des
Friedens und der Gewaltlosigkeit 309

1
Was ist wahrer Frieden?

Wahrer Frieden ist immer möglich. Aber er erfordert Kraft und Übung, besonders in schwierigen Zeiten. Manch einer setzt Frieden und Gewaltlosigkeit mit Passivität und Schwäche gleich. In Wahrheit zeigt sich jedoch in der Übung von Frieden und Gewaltlosigkeit alles andere als Passivität. Frieden zu üben und den Frieden in uns lebendig zu erhalten bedeutet, aktiv Verständnis, Liebe und Mitgefühl zu entwickeln, selbst angesichts von falschen Sichtweisen und Konflikten. Frieden zu halten erfordert Mut, gerade in Kriegszeiten.

Wir alle können uns in Gewaltlosigkeit üben. Wir beginnen damit, indem wir einsehen, dass in den Tiefen unseres Bewusstseins sowohl Mitgefühl als auch Gewaltsamkeit im Keim angelegt sind. Wir machen uns bewusst, dass unser Geist wie ein Garten ist, in dem alle möglichen Samenkörner schlummern: die Saat des Verständnisses, der Vergebung und der

Achtsamkeit, aber auch die Saat der Unwissenheit, der Angst und des Hasses. Wir machen uns klar, dass wir uns jeden Augenblick entweder gewalttätig oder mitleidsvoll verhalten können, je nachdem, welche Saat in uns vorherrscht.

Wenn die Saat der Wut, Gewalt und Angst in uns mehrmals am Tag begossen wird, wächst sie kräftiger. Dann sind wir unfähig, glücklich zu sein, unfähig, uns selbst zu akzeptieren; wir leiden, und unsere Umgebung leidet mit uns. Wenn wir hingegen wissen, wie wir die Saat der Liebe, des Mitgefühls und des Verständnisses durch tägliche Pflege kultivieren können, gedeiht sie immer prächtiger, während die Saat der Gewalt und des Hasses allmählich verkümmert. Wir wissen, dass wir unseren Frieden verlieren und ins Wanken geraten, wenn wir die Saat der Gewalt, Wut und Angst in uns gießen. Dann leiden wir und fügen anderen, die um uns sind, Leid zu. Aber wenn wir die Saat des Mitgefühls in uns pflegen, nähren wir den Frieden in uns selbst und in unserer Umgebung. Mit dieser Einsicht sind wir bereits auf dem besten Weg, Frieden zu schaffen.

Die Lehren dieses Buches sollen allen helfen, die ein Leben der Gewaltfreiheit führen wollen. Die Übungen sind das lebendige Erbe Buddhas und der Ahnenreihe meiner Lehrer. Sie sind heute ebenso kraftvoll wie zur Zeit von Buddhas Erwachen vor 2600 Jahren. Lehren und Übungen zusammen bilden ein Handbuch des Friedens – für Sie selbst, Ihre Familie, Ihre Gemeinde und die ganze Welt. Das Buch soll uns in dieser Zeit, in der es so viele Konflikte auf der Erde gibt, zu der Einsicht verhelfen, dass Gewalt nichts Unvermeidliches ist. Jeder Augenblick birgt Frieden für uns in sich. Wir haben die Wahl.

Das Wesen des Krieges

1946, während des Indochinakrieges, war ich Novize im Tu-Hieu-Tempel in Hue in Zentralvietnam. Damals war die Stadt Hue von französischem Militär besetzt. Eines Tages kamen zwei französische Soldaten zu unserem Tempel. Der eine blieb draußen vor dem Tempeltor im Jeep sitzen, während der andere hereinkam und mit dem Gewehr im Anschlag unsere gesamten Reisvorräte verlangte. Wir hatten bloß einen Sack Reis für alle Mönche, und den wollte er uns wegnehmen. Der Soldat war jung, etwa zwanzig, und ausgehungert. Er war dünn und so blass, als hätte er Malaria, worunter auch ich damals litt. Ich musste seinem Befehl nachkommen und den schweren Sack Reis, unseren Reis, zum Jeep schleppen. Das war ein gutes Stück Weg, und während ich mit meiner schweren, kostbaren Fracht die Strecke entlangtaumelte, stiegen Wut und Verzweiflung in mir auf. Da nahmen sie uns das bisschen Reis weg, das wir besaßen, und ließen unsere Gemeinschaft ohne Nahrung zurück. Später erfuhr ich zu meiner Erleichterung, dass einer der älteren Mönche einen großen Behälter mit Reis auf dem Tempelgelände im Boden vergraben hatte.

Im Lauf der Jahre habe ich oft über diesen französischen Soldaten meditiert. Ich habe daran gedacht, dass er schon als sehr junger Mensch seine Eltern, Geschwister und Freunde verlassen und in eine ferne Weltgegend, nach Vietnam, ziehen musste, wo er sich vor die entsetzliche Entscheidung gestellt sah, entweder meine Landsleute zu töten oder selbst getötet zu werden. Ich habe mich oft gefragt, ob der Soldat wohl überlebt hat und nach Hause zu seinen Eltern zurückgekehrt ist. Höchstwahrscheinlich ist er nicht am Leben geblieben. Der Indochinakrieg dauerte jahrelang und endete erst mit der Niederlage der Franzosen in Dien Bien Phu und der Genfer Indochinakonferenz von 1954. In tiefer Betrachtung wurde mir klar, dass die Vietnamesen nicht die einzigen Opfer des Krieges waren; auch die französischen Soldaten waren Opfer. Bei dieser Erkenntnis schwand all meine Wut über den jungen Soldaten. Mitgefühl für ihn erwachte in mir, und ich wünschte ihm nur noch Gutes.

Der französische Soldat und ich hatten uns vorher noch nie gesehen, und doch waren wir, als wir uns kennen lernten, bereits Feinde. Er kam und war gewillt, mich um der Nahrung willen zu töten, und ich musste mich seinem Befehl beugen, um mich und die anderen Mönche zu schützen. Wir waren jedoch nicht von Natur aus Feinde. Unter anderen Umständen hätten wir gut Freunde werden oder uns sogar brüderlich lieben können. Der Krieg trennte uns, er begründete die Gewalt zwischen uns.

Das ist das Wesen des Krieges: Er macht uns zu Feinden. Menschen, die sich gar nicht kennen, töten einander aus Angst. Der Krieg erzeugt unglaublich viel Leid – Kinder werden zu Waisen, Dörfer und ganze Städte werden zerstört. Alle, die durch solche Konflikte leiden, sind Opfer. Da ich die Verwüstungen und das Leid sowohl des Indochina- als auch des Vietnamkrieges selbst erlebt habe, bin ich fest entschlossen, mitzuhelfen, dass es nie wieder Krieg gibt.

Ich bete, dass die Völker nicht länger ihre jungen Leute in den Kampf schicken, selbst wenn es angeblich im Namen des Friedens geschieht. Den Gedanken, dass für den Frieden Krieg geführt werden könnte, ein »gerechter Krieg«, lehne ich ebenso ab wie die Vorstellung, es gäbe eine Rechtfertigung für Sklaverei, Hass und Rassismus. Während der Kriege in Vietnam erklärten meine Freunde und ich uns als neutral, wir ergriffen keine Partei und betrachteten niemanden als Feind, weder den Norden noch den Süden, weder die Franzosen noch die Amerikaner, noch die Vietnamesen. Wir erkannten, dass das erste

Kriegsopfer derjenige ist, der den Krieg beginnt. Mahatma Gandhi hat einmal gesagt: »Auge um Auge macht die ganze Welt blind.«

Das Wesen des Friedens

Während des Vietnamkrieges machten wir, die wir uns in Gewaltlosigkeit übten, die Erfahrung, dass es tatsächlich möglich ist, selbst unter Menschen, von denen man gehasst wird, glücklich und ohne Hass zu leben. Dazu mussten wir jedoch Ruhe bewahren und klar einschätzen können, wie die Situation wirklich ist, um dann wach und mutig zu handeln. Frieden ist nicht die Abwesenheit von Gewalt, sondern erfordert die Kultivierung von Verständnis, Einsicht und Mitgefühl in Verbindung mit dem Handeln. Frieden ist die Übung der Achtsamkeit, die Übung, sich seiner Gedanken, seines Handelns und der Folgen seines Handelns bewusst zu sein. Achtsamkeit ist zugleich einfach und tiefgreifend. Wenn wir achtsam sind und uns im täglichen Leben in Mitgefühl üben, vermindern wir die Gewalt Tag für Tag. Dann entfalten wir einen positiven Einfluss auf unsere Familie, auf unsere Freunde und auf die Gesellschaft.

Manche Leute glauben, es gäbe einen Unterschied zwischen Meditation und Achtsamkeit, aber das trifft nicht zu. Die Übung der Achtsamkeit besteht darin, einfach jeden Augenblick des Lebens bewusst zu erfahren. Achtsames Leben ist eine Kunst. Man muss kein Mönch sein oder im Kloster leben, um Achtsamkeit üben zu können. Man kann sie jederzeit üben, beim Autofahren ebenso wie bei der Hausarbeit. Achtsames Fahren macht die Zeit im Auto zu einem Vergnügen und hilft außerdem, Unfälle zu vermeiden. Sie können die rote Ampel als Aufruf zur Achtsamkeit betrachten, als Erinnerung daran, anzuhalten und voll Freude zu atmen. In ähnlicher Weise können Sie beim Abwaschen nach dem Essen das achtsame Atmen üben, sodass die Zeit des Geschirrspülens angenehm und sinnvoll vergeht. Sie sollten nicht das Gefühl haben, sich beeilen zu müssen. Wenn Sie sich beeilen, vergeuden Sie die Zeit des Abwaschens. Die Zeit, die Sie mit dem Abwaschen und anderen Alltagsverrichtungen verbringen, ist kostbar. Es ist die Zeit Ihres Lebens. Wenn Sie sich im achtsamen Leben üben, wird bei all Ihren täglichen Aktivitäten der Frieden aufblühen.

Bitte betrachten Sie die Meditationsanleitungen in diesem Buch als Hilfe für das Üben von Achtsamkeit und Gewaltlosigkeit. Sie können die Übungen allein oder gemeinsam mit Ihrer Familie durchführen. Die Meditationsschritte helfen uns, unsere Gefühle zu beschwichtigen und unser »Intersein« zu erkennen – zu der Einsicht zu kommen, dass keine Trennung besteht zwischen Ihnen und mir oder zwischen Ihnen und jemand anderem, sondern dass wir alle im »Intersein«, im gemeinsamen Sein, miteinander verbunden sind. Mein Freund Martin Luther King hat es so ausgedrückt: »Alles Leben ist miteinander verbunden. Wir sind alle im unentrinnbaren Netz der Gemeinsamkeit gefangen, gekleidet in ein einziges Gewand aus Schicksalsfäden.«

Spirituelle Lehren aller Traditionen helfen uns dabei, die Saat des Mitgefühls, der Gewaltlosigleit, des Miteinanders und der Versöhnung zu pflegen. Sie zeigen uns den Ausweg aus Angst und Konflikt: Hass lässt sich nicht durch Hass beenden. Der Gewalt sollte nicht mit Gewalt begegnet werden. Unser einziger Ausweg aus Gewalt und Konflikt ist der, die Übung des Friedens anzuwenden und uns im Denken und Handeln von Mitgefühl, Liebe und Verständnis leiten zu lassen. Doch viele haben den Glauben an diese Lehren verloren und halten sie für unrealistisch oder überholt. Sie jagen stattdessen hinter Ruhm und Reichtum her und glauben, dadurch glücklich zu werden. Wenn wir jedoch ehrlich mit uns selbst sind und uns tief ins eigene Herz schauen, erkennen wir, dass wir auch mit unendlichem Reichtum und unendlicher Macht noch immer Angst hätten. Unsere einzige Möglichkeit, von Gewalt und Konflikt loszukommen, besteht darin, mit der Übung des Friedens zu beginnen und voller Mitgefühl, Liebe und Verständnis zu denken und zu handeln.

Ein persönlicher Friedensvertrag

In diesem Buch finden Sie Beispiele für Vereinbarungen, die Sie mit sich selbst, Ihrem Partner/Ihrer Partnerin oder mit Ihrer Familie treffen können. Solch ein Vertrag verpflichtet uns zur Praxis der Aussöhnung und Kommunikation mit unseren Lieben, mit Freunden, Kollegen und anderen Menschen im Privat- und Berufsleben.

In unserem persönlichen Friedensvertrag könnten wir zum Beispiel schreiben: »Liebes Selbst, ich verspreche dir, mich so zu üben und mein Leben so zu führen, dass die Saat der Gewalt in mir nicht davon berührt oder begossen wird.« Jeden Augenblick aufs Neue entschließen wir uns, vor negativen Gedanken auf der Hut zu sein und die Herzensgüte in uns zu nähren. Wir können den Vertrag auch mit unseren Lieben abschließen, mit unserem Partner und mit Sohn oder Tochter, indem wir sagen: »Meine Liebe, mein Liebster, wenn du mich wirklich liebst, dann höre bitte auf, die Saat der Gewalt in mir zu gießen. Bitte gieße lieber die Saat des Mitgefühls. Ich verspreche dir, das Gleiche für dich zu tun.«

Sie können Ihr Versprechen auf vielerlei Art einlösen. Sie können Situationen vermeiden, die Sie wütend machen oder die Konflikte mit anderen heraufbeschwören. Wenn Sie zum Beispiel in einer Zeitschrift lesen, stoßen Sie vielleicht auf Ideen und Bilder, die die Saat des Hasses und der Angst in Ihnen nähren. Oder Sie unterhalten sich mit jemandem und merken, dass das Gespräch Sie ärgert und allmählich Wut in Ihnen erzeugt. In solchen Momenten sollten Sie sich darin üben, bewusst wahrzunehmen, wie die innere Saat der Wut, der Angst und des Hasses in Ihnen Nahrung erhält und wie leicht Sie durch diese Emotionen zu Gewalt im Denken, Sprechen und Handeln verleitet werden können. Bitte legen Sie jede Lektüre, die weder Liebe noch Verständnis bei Ihnen nährt, beiseite. Bitte lassen Sie sich nicht in Gespräche verwickeln, die die negative Saat in Ihnen nähren. Machen Sie Ihren Lieben klar, wie sie daran mitwirken können, dass sich kein Ärger und keine Wut in Ihnen anstauen.

Umgekehrt können auch Sie Ihre Lieben bei ihrer Übung des Friedens unterstützen. Hören Sie aufmerksam zu, wenn sie Ihnen erzählen, weshalb sie traurig, wütend oder niedergeschlagen sind, und handeln Sie dann mit liebevoller Güte zu ihrem Besten. Vermeiden Sie es nach Möglichkeit, etwas zu tun oder zu sagen, von dem Sie wissen, dass es Wasser auf die Saat ihrer inneren Konflikte ist. Das ist eine praktische, intelligente Möglichkeit, den Frieden einzuüben.

Viele junge Leute von heute haben nie das Elend eines Krieges erfahren müssen. Sie haben keine Erinnerungen an die Schrecken, die der massenhafte Ausbruch von Gewalt mit sich bringt. Wir müssen unsere Kinder vorsorglich auf die Tatsache aufmerksam machen, dass sie beides, sowohl die Gewaltbereitschaft als auch die Fähigkeit zu Mitgefühl und Herzensgüte, in sich tragen. Auch sollten wir achtsam darum bemüht sein, unsere Kinder praktisch anzuleiten, wie sie ihre positiven Anlagen stärken und verhindern können, dass die negative Saat des Ärgers, der Gier und der Angst in ihnen aufgeht. Mit diesem Lernprozess sollten wir beginnen, wenn unsere Kinder noch klein sind, sodass sie, während sie heranwachsen, die Kraft und die Fähigkeit entwickeln, ruhig zu bleiben und einsichtsvoll und gewaltfrei zu handeln.

Kurz vor seinem Tod wies Buddha seine Schüler an: »Seid euch selbst ein Licht.« In gleicher Weise sind auch wir aufgerufen, in unseren Herzen das Licht der Achtsamkeit zu entzünden. Meine lieben Freunde, lasst uns voller Energie üben, damit wir unseren Lieben, unserer Gesellschaft und zukünftigen Generationen ein Licht auf dem Weg zum Frieden sein können.

Vom Vorsatz zum Handeln

In den vierziger Jahren des vorigen Jahrhunderts, als ich ein junger Mönch am Buddhistischen Institut in Vietnam war, sehnte ich mich danach, die wunderbaren Lehren Buddhas, in denen ich unterrichtet wurde, in die Tat umsetzen zu können. Ich war Mönch geworden, weil Mitgefühl und Nächstenliebe meine Ideale waren, und tief enttäuscht, dass ich im Klosterleben, wie es sich damals gestaltete, keine Gelegenheit hatte, diese Ideale zu verwirklichen.

Damals stand unser Land unter fremder Herrschaft. Wir befanden uns mitten im Krieg und wurden unterdrückt. Doch den Lehren und Übungen, die uns am Buddhistischen Institut vermittelt wurden, fehlte der Realitätsbezug. Viele von uns Jungen wollten den Mitmenschen helfen und etwas gegen die Ungerechtigkeit in der Gesellschaft tun. Der Kommunismus hatte eine große Anziehungskraft, denn die kommunistische Partei schien uns eine reelle Chance zu bieten, unserem Volk zu dienen. So schlossen sich viele junge Leute aus edelsten Motiven und aufrichtiger Hilfsbereitschaft den Kommunisten an, wo sie am Ende dann die eigenen Brüder und Schwestern bekämpften und töteten. Zum Glück hatte ich damals Zugang zu den Lehren und Schriften älterer buddhistischer Mönche, die mir den traditionellen buddhistischen Weg des Friedens und der Gewaltlosigkeit aufzeigten. Ich verließ das Buddhistische Institut, da ich dort nicht die theoretische und praktische Unterweisung erhielt, die der Lebenswirklichkeit in Vietnam entsprach, blieb jedoch Mönch. Mit der Zeit konnte ich mit gleich gesinnten

Freunden eine kleine Gemeinschaft bilden, in der wir die Übung der Achtsamkeit und das friedvolle Gegenwärtigsein im Augenblick mit sozialem Engagement verknüpften. Daraus entstand schließlich die Bewegung des »engagierten Buddhismus«; unsere Gemeinschaft unterstützte Menschen und Dörfer, die unter dem Krieg litten und politisch unterdrückt wurden.

Worte und Gedanken über das mitfühlende Handeln, die nicht in die Tat umgesetzt werden, sind wie schöne Blumen in voller Farbenpracht, aber ohne Duft. Achtsamkeit zu üben ist bereits eine Friedenshandlung. Die Übung der Achtsamkeit hat die Kraft, uns zu verwandeln und die ganze Welt zu beeinflussen. Wir müssen uns allein und gemeinsam mit anderen darin üben, Frieden zu schaffen. Wir müssen mit unseren Partnern, Kindern, Freunden, Nachbarn und der Gesellschaft den Frieden einüben. Nur durch diese Art von Übung wird die Blume des Friedens in unseren Familien, in den Gemeinden und in der ganzen Welt Wurzeln schlagen. Jeder von uns kann aus der Weisheit seiner eigenen spirituellen Tradition schöpfen, sei es das Judentum, der Islam, das Christentum, der Buddhismus oder etwas anderes.

Wir müssen hinterfragen, wie wir konsumieren, wie wir arbeiten, wie wir andere Menschen behandeln, um erkennen zu können, ob unser Lebensalltag den Geist des Friedens und der Versöhnung widerspiegelt oder ob das Gegenteil der Fall ist. Das ist die Übung der tiefen Einsichtnahme, die uns den Frieden im täglichen Leben ermöglicht. Es besteht nur Hoffnung für zukünftige Generationen, wenn wir unsere brennende Sehnsucht nach einer Kultur des Friedens und der Gewaltlosigkeit in die Tat umzusetzen vermögen. Wenn wir keine praktischen Maßnahmen ergreifen, um eine globale Ethik der Gewaltlosigkeit zu verwirklichen, werden wir nicht genügend Kraft haben, um die Schwierigkeiten klar zu erkennen, die uns in diesem neuen Jahrhundert begegnen, und mit ihnen fertig zu werden. Es steht in unserer Macht. Wahrer Frieden ist möglich.

Lieber Leser, bitte lesen Sie dieses Buch in der Gewissheit, dass der Frieden bereits hier und jetzt besteht. Er ist bereits Teil von Ihnen. Bitte lesen Sie langsam und ruhig, sodass das Lesen selbst ein Akt des Friedens ist. Denken Sie daran, dass die Übung des Friedens immer hier beginnt, hier und jetzt.

2

Pfeile in Blumen verwandeln: die Übung der inneren Transformation

Gewalt liegt immer nahe. Es ist möglich, die Saat der Gewalt im täglichen Denken, Sprechen und Handeln aufzuspüren. Wir können diese Saat im eigenen Geist, in unseren Einstellungen, in unserer Angst und Unruhe gegenüber uns selbst und anderen finden. Schon das Denken kann gewalttätig sein, und gewalttätige Gedanken können dazu führen, dass wir gewalttätig sprechen und handeln. Auf diese Weise manifestiert sich die Gewalt unseres Denkens in der Welt.

Die täglichen Kriege, die in unserem Denken und in unseren Familien auftreten, sind letztendlich nichts anderes als die Kriege zwischen Völkern und Staaten auf der ganzen Welt. Die Überzeugung, dass wir die Wahrheit für uns gepachtet haben und dass diejenigen, die anderer Auffassung sind, Unrecht haben, hat schon sehr viel Leid heraufbeschworen. Wenn wir etwas für die absolute Wahrheit halten, werden wir oft zu Gefangenen unserer eigenen Ansichten. Wenn wir zum Beispiel glauben, dass der Buddhismus der einzige Weg zum Glück ist, üben wir unter Umständen eine Art von Gewalt aus, indem wir diejenigen diskriminieren und ausschließen, die anderen spirituellen Wegen folgen. Sobald wir Gefangene unserer eigenen Ansichten werden, entspricht unser Sehen und Verstehen nicht mehr der Wirklichkeit. In den eigenen Ansichten gefangen zu sein, kann sehr gefährlich sein und verbaut uns die Möglichkeit, tiefere Weisheit zu gewinnen.

Normalerweise sehen wir in Gewalt und Krieg eine Handlung oder ein Ereignis mit einem definitiven Anfang und einem definitiven Ende. Aber wenn wir das wahre Wesen des Krieges betrachten, erkennen wir, dass die Saat des Krieges bereits angelegt ist, ob er ausbricht oder nicht. Wir brauchen nicht bis zur offiziellen Kriegserklärung zu warten, um seine Präsenz zu erkennen. Wenn die gegnerischen Heere das Schlachtfeld verlassen haben und wieder nach Hause zurückgekehrt sind, scheint der Krieg aus zu sein, aber das stimmt oft gar nicht; der Krieg schwelt womöglich weiter. Obwohl die Kriegshandlungen beendet sind, erfüllen noch immer Hass und Angst die Herzen der Soldaten und ihrer Mitbürger. Der Krieg ist noch nicht zu Ende, nein, und wenn wir uns umschauen, sehen wir, dass er viele Gesichter hat: religiöse Intoleranz, ethnischer Hass, Kindesmisshandlung, Rassendiskriminierung, Ausbeutung der Ressourcen dieser Welt. Aber wir sehen auch, dass Frieden, Verständnis und Liebe bereits im Keim angelegt sind und wachsen werden, wenn wir sie pflegen.

Sobald wir die Gewaltbereitschaft erkennen, die ihre Wurzeln in uns selbst, in unserer alltäglichen Denk-, Sprech- und Handlungsweise, hat, können wir aufwachen und auf neue Art leben. Wir können den festen Entschluss fassen, achtsam zu leben, im Frieden zu leben. Indem wir das Licht des Bewusstseins auf die Wurzeln der Gewalt in unseren Herzen und Gedanken richten, können wir den Krieg da beenden, wo er beginnt: in unserem Geist. Wenn wir den Krieg in Geist und Herz beenden, können wir mit Sicherheit auch den Krieg draußen beenden.

Pfeile in Blumen verwandeln

Am Abend vor seiner Erleuchtung wurde Buddha von Mara, dem Versucher und Zerstörer, heimgesucht. Mara und sein Dämonenheer schossen Tausende von Pfeilen auf Buddha ab, aber wenn die Pfeile in seine Nähe kamen, verwandelten sie sich in Blumen und fielen zu seinen Füßen nieder, ohne Schaden anzurichten.

Das ist ein sehr anschauliches Bild. Wir alle können uns darin üben, auf uns abzielende gewalttätige

Worte und Taten ähnlich wie Buddha in Empfang zu nehmen und in Blumen zu verwandeln. Die Kraft von Verständnis und Mitgefühl verleiht uns die Fähigkeit dazu. Wir alle können aus Pfeilen Blumen machen.

Während des Vietnamkrieges hat eine meiner ältesten Schülerinnen, Schwester Chan Khong, damals Professorin an einer Universität in Saigon, eine Friedenspetition geschrieben, die von siebzig Kollegen unterzeichnet wurde. Kurze Zeit später gab es überall in Südvietnam heftige Angriffe von Truppen aus dem Norden, und die Lage war sehr gespannt. Daraufhin ließen die örtlichen Behörden alle Professoren, die die Petition unterschrieben hatten, im Rundfunk aufrufen und zum Erziehungsministerium bestellen, wo sie ihre Mitwirkung an der Friedenspetition schriftlich widerrufen sollten. Alle Professoren außer Schwester Chan Khong kamen der Aufforderung nach.

Die Schwester wurde zum Minister persönlich gerufen, der ihr mit Kündigung ihrer Stellung an der Universität oder Inhaftierung drohte, falls sie ihre Petition nicht widerrief. Schwester Chan Khong hielt durch Übung der Achtsamkeit ihre Gefühle im Zaum und erklärte, sie sei entschlossen, die uneingeschränkte Verantwortung für die Petition zu übernehmen. Dann sagte sie:»Herr Minister, als Lehrerin glaube ich, dass es in dieser Zeit des Tötens und der

Verwirrung das Wichtigste ist, den Mut aufzubringen, sich voller Verständnis und Liebe klar zu äußern. Das ist ein kostbares Geschenk, das wir unseren Schülern und Studenten machen können. Und das habe ich getan. Auch Sie, der Erziehungsminister, waren einmal Lehrer, ehe Sie Ihr hohes Regierungsamt antraten. Sie sind für uns jüngere Lehrer wie ein großer Bruder.« Das rührte den Minister im Herzen, und er verstand sie. Er entschuldigte sich und unternahm keine weiteren Schritte mehr gegen Schwester Chan Khong.

Selbst in einer so unglückseligen Situation kann also die Saat des Mitgefühls Nahrung erhalten. Wenn wir den klaren Blick des Verständnisses und Mitgefühls haben und mit dem Herzen dabei sind, fühlen wir uns nicht länger wehrlos der Gewalt anderer ausgeliefert. Dann können wir sogar das Herz dessen erweichen, der uns eigentlich verletzen will. Wir können unsere Feinde in Freunde verwandeln.

Zu Beginn Ihrer Übung der Gewaltlosigkeit werden Sie das sehr schwierig finden. Sie nehmen überall in Ihrer Umgebung Gewalt wahr. Sie sehen die Saat der Wut, der Angst und des Hasses in Ihrem eigenen Bewusstsein. Vielleicht spüren Sie einen großen Leidensdruck in Ihrem Innern und glauben, Ihre eigene Wut und Angst und die Gewalt, die sich gegen Sie richtet, nicht verwandeln zu können. So sieht es bei vielen von uns aus. Wir haben viel zu lange zugelassen, dass sich die Gewalt in uns akkumuliert, weil wir keine Gegenstrategie kannten. Wenn wir mit unserem Leid nicht umgehen können, lassen wir unsere Frustration und unseren Schmerz an anderen aus. Wir fallen unserem eigenen Leid zum Opfer, aber da wir nicht damit umzugehen wissen, verletzen wir in unserem Schmerz andere. Wir müssen alle ohne Ausnahme die Verantwortung für unseren Schmerz selbst übernehmen und daran arbeiten, ihn umzuwandeln, um uns und diejenigen, die wir lieben, zu retten.

Während Sie dabei sind, Ihr eigenes Leid umzuwandeln, verwandeln Sie zugleich auch die Wut und den Hass anderer Menschen in Blumen. Bald sehen Sie, dass die Pfeile, die andere auf Sie abschießen, deren eigener Qual entspringen, und lassen sich nicht durch diese Pfeile oder Handlungen verletzen; stattdessen empfinden Sie nur noch Mitleid. Ihr Mitgefühl verändert die Rede- und Handlungsweise des anderen Menschen. Diese Übungen stellen also nicht nur einen Selbstschutz dar, sondern sie sind auch die notwendige Voraussetzung für den Schutz anderer.

Jedes Mal, wenn Sie Ihrem Ärger und Ihrer Wut mit einem Lächeln begegnen, erringen Sie einen Sieg für sich selbst und für die Menschheit. Ihr Lächeln ist wie das Lächeln Buddhas, als er Mara besiegte. Mara steckt in Form von Argwohn, Eifersucht und Täuschung in uns allen, aber mit einem guten

Verständnis Ihrer selbst und anderer werden Sie ihm nicht ins Netz gehen und keine Fehler machen. Statt die Saat der Gewalt zu begießen, werden Sie die Saat des Mitgefühls pflegen und sich selbst und anderen das Leben leichter machen.

Die alltägliche Gewalt sehen und das Leiden anerkennen

Entscheidend für die Übung der Gewaltlosigkeit sind Offenheit und die Bereitwilligkeit, die Vielfalt menschlicher Erfahrungen sowie die spirituellen Werte anderer Traditionen und Kulturen zu sehen und anzuerkennen. Wir schaffen wahren Frieden, wenn wir gemeinschaftlich denken und handeln. Es ist jedoch in der Praxis bisweilen schwierig, das Gemeinsame zu betonen und nicht an der eigenen Meinung festzuhalten. Auszugrenzen und die eigenen Ansichten zu verteidigen ist eine tief eingefleischte Gewohnheit, die auf Angst und auf Unverständnis gegenüber anderen beruht. Um die Gewohnheit der Ausgrenzung anderer zu verändern, müssen wir uns in allen Bereichen unseres Lebens darin üben, Verständnis und Mitgefühl zu kultivieren.

In manchen Ländern werden Menschen gegen ihren Willen durch Zwangsmaßnahmen und Gewalt in einer bestimmten Weise erzogen und indoktriniert.

Viele politische Regime verbieten ihren Bürgern, etwas anderes zu denken oder zu sagen, als es die offizielle Staatspropaganda vorschreibt. In diesen Gesellschaften kann sich niemand frei ausdrücken, frei denken oder frei handeln. Diese Unterdrückung ist eine Form von psychischer Gewalt. Abermillionen Menschen in aller Welt leben in solchen Verhältnissen.

Leider ist es in vielen Familien ganz ähnlich. Zum Beispiel wird in manchen Kulturen Jungen von ihren Vätern und der Gesellschaft eingeprägt: »Männer weinen nicht.« Sie müssen lernen, ihre Gefühle zu unterdrücken, was ebenfalls eine Form von Gewalt ist, nur nicht so augenfällig. Als Menschen, die schmerzliche Erfahrungen machen, sollten wir unsere Gefühle zeigen und von unserem Leid sprechen dürfen, wenn uns danach zumute ist. Wir sollten uns nicht scheuen, zu weinen. Sonst macht uns die Unterdrückung unserer Gefühle unter Umständen krank.

Wenn wir unsere Gefühle zurückhalten oder unseren Schmerz ignorieren, üben wir Gewalt gegen uns selbst aus. Die Übung der Gewaltlosigkeit besteht darin, hier zu sein, präsent zu sein und die eigene Qual und Verzweiflung anzuerkennen. Wir verleugnen unsere Gefühle nicht und führen keinen Krieg gegen sie, sondern nehmen sie an, umarmen sie und transformieren sie. Wenn wir von Wut oder Angst erfüllt sind, machen wir sie uns bewusst. Wir schenken ihnen ein Lächeln und nennen sie beim Namen: »Hallo, liebe Angst, ich weiß, dass du da bist.« Wir können achtsam unserem Atem folgen, um unsere Gefühle zu beschwichtigen: »Einatmend bin ich mir bewusst, dass Angst in mir ist. Ausatmend beruhige ich mein Angstgefühl.«

Wenn wir unsere Gefühle nicht anerkennen, staut sich die Gewalt, die wir uns selbst antun, in uns an. Sie kann uns dazu verleiten, wütend um uns zu schlagen, zu schimpfen und Menschen in unserer Nähe zu verletzen, besonders solche, die sich nicht wehren können, wie unsere Kinder. Als soziale Wesen und Eltern müssen wir lernen, mit unserem Ärger umzugehen, ohne unsere Frustration an unseren Kindern abzureagieren. Viele Familien brechen durch gewalttätiges Reden auseinander, das Ausdruck der durch Eltern, Freunde und Gesellschaft erfahrenen Gewalt ist.

Kinder sammeln emotionale Gewalt sowohl im Körper als auch im Geist an. Wenn sie nicht wissen, wie sie diese Gewalt transformieren können, gefährden sie damit möglicherweise andere und werden gewalttätig. Oder sie erkennen ihr Gewaltpotenzial gar nicht und verdrängen es, sodass eine Zeitbombe in ihrem Innern tickt. Irgendwann richten sie dann die Gewalt, die sie spüren, selbstzerstörerisch gegen sich selbst. Viele Kinder fühlen sich der Gewalt, die sie empfinden, hilflos ausgeliefert und nehmen ihre Zuflucht zu Drogen, schwänzen die Schule, geben sich leichtsinnig dem Sex hin oder begehen gar Selbstmord. Manche tun sich selbst etwas an, um die zu strafen, die ihnen Leid zugefügt haben. Wir müssen uns unbedingt für das Leid unserer Kinder sensibilisieren und voller Mitgefühl handeln, um ihnen die Augen zu öffnen für ihre Gefühle der Wut, Isolation und Angst. Durch uns können sie lernen, achtsam zu sein. Die Energie der Achtsamkeit ist wie ein Balsam, der die Wunden des Hasses und Leids pflegt und heilt.

Wir sind Glieder in der Reihe unserer Vorfahren und Nachkommen. In uns finden sich sowohl die guten als auch die schmerzlichen Eigenschaften und Taten unserer Vorfahren wieder. Aus dieser Erkenntnis heraus wollen wir unser Bestes tun, das fortzuführen, was bei unseren Vorfahren gut und schön war, und uns darin üben, die Gewalt und den Schmerz zu transformieren, die über viele Generationen an uns weitergegeben wurden. Wir wissen, dass wir uns nicht nur um unserer selbst willen im Frieden üben, sondern auch zum Wohle all unserer Vorfahren und all unserer Nachkommen.

Frieden schaffende Achtsamkeitsübungen

Achtsamkeit ist das Fundament des Glücks; ein unglücklicher Mensch kann keinen Frieden schaffen. Das Glück des Einzelnen ist die Grundlage für den Weltfrieden. Um Frieden schaffen zu können, muss unser Herz friedvoll sein.

Um achtsam zu sein, üben wir uns darin, innezuhalten und uns unsere Gedanken und Taten bewusst zu machen. Je achtsamer wir im Denken, Sprechen und Handeln sind, umso besser wird unser Konzentrationsvermögen. Durch Konzentration kommen wir zur Einsicht in das Wesen unseres eigenen Leids und des Leids anderer. Dann wissen wir, was wir tun und was wir lassen sollten, um mit unserer Umgebung in Freude und Frieden leben zu können.

Zwei wichtige Übungen, die uns helfen, die Kraft der Achtsamkeit zu entwickeln, sind das achtsame Atmen und das achtsame Gehen. Da wir immer atmen und uns immer bewegen, können wir diese einfachen, alltäglichen Aktivitäten dazu benutzen, unsere Gefühle zu beschwichtigen und unseren Frohsinn zu mehren.

Achtsames Atmen

Achtsam einzuatmen heißt, sich bewusst zu sein, dass Luft in den Körper einströmt, und achtsam auszuatmen heißt, zu wissen, dass die Luft den Körper verlässt. In dem Augenblick, in dem unser Geist auf den Kontakt zwischen Körper und Luft aufmerksam wird, sind wir auch mit unserem Geist in Kontakt und erleben ihn so, wie er ist. Wir müssen nur einen bewussten Atemzug tun, um mit uns selbst und unserer Umwelt in Berührung zu sein. Und mit jedem achtsamen Atemzug wird es uns körperlich und geistig wohler.

ÜBUNGEN ZUM ACHTSAMEN ATMEN

Folgen Sie, um achtsam zu atmen, einfach dem natürlichen Rhythmus Ihrer Atmung. Bitte zwingen Sie sich nicht, länger, tiefer oder langsamer zu atmen. Bei entsprechender Aufmerksamkeit wird sich Ihre Atmung nach einiger Zeit von selbst vertiefen. Trotzdem werden Ihre Gedanken gelegentlich abschweifen. Die Übung besteht darin, diese Ablenkung einfach zur Kenntnis zu nehmen und die Aufmerksamkeit ruhig wieder auf den Atem zu richten. Sammeln Sie Ihre Aufmerksamkeit mithilfe der nachstehenden Sätze. Atmen Sie mehrmals ein und aus und folgen Sie jedem Atemzug von Anfang bis Ende. Bewahren Sie bei jedem Ein- und Ausatmen Ihre Bewusstheit mithilfe der beiden Schlüsselworte am Ende jedes Satzpaars:

1. Einatmend bin ich mir nur meines einströmenden Atems bewusst. Ausatmend bin ich mir nur meines ausströmenden Atems bewusst... Ein, aus.

2. Einatmend bin ich mir bewusst, dass ich tief einatme. Ausatmend bin ich mir bewusst, dass ich tief ausatme... Tief, tief.

3. Einatmend bin ich mir bewusst, dass ich langsam einatme. Ausatmend bin ich mir bewusst, dass ich langsam ausatme... Langsam, langsam.

Sie können das achtsame Atmen in jeder Situation üben: im Sitzen, im Liegen, im Stehen, beim Fahren oder bei der Arbeit. Durch das achtsame Atmen werden Sie bewusster und konzentrierter bei allem sein, was Sie tun.

Achtsames Gehen

Beim achtsamen Gehen sind Sie sich einfach bewusst, dass Sie gehen. Statt mit den Gedanken abzuschweifen und sich von Zukunftssorgen ängstigen zu lassen oder etwas Vergangenes zu bereuen, verweilen

Sie voll und ganz im gegenwärtigen Augenblick und sind sich jedes Schrittes bewusst, den Sie tun. Kommen Sie mit jedem Schritt im gegenwärtigen Augenblick an. Sie sind schon längst da, warum rennen Sie also noch? Machen Sie sich, ob Sie eine Straße entlanggehen, ein Haus betreten oder einfach nur ein Zimmer von einer Seite zur anderen durchqueren, den Kontakt zwischen Ihren Füßen und dem Fußboden bewusst. Achten Sie darauf, wie viele Schritte Sie bequem bei einmal Einatmen und wie viele Sie bei einmal Ausatmen machen können. Sagen Sie, während Sie einatmen, bei jedem Schritt »ein«. Sagen Sie, während Sie ausatmen, bei jedem Schritt »aus«. Die Gehmeditation können Sie jederzeit durchführen.

Das achtsame Atmen und das achtsame Gehen sind konkrete Möglichkeiten, im Leben Frieden einzuüben. Sie helfen uns, schädliche Emotionen zu zerstreuen, den Geist zu beruhigen, die Gedanken zu sammeln, und sie führen uns wieder zum gegenwärtigen Augenblick zurück, in dem wir wahrhaft leben.

Indem wir uns im achtsamen Atmen und Gehen üben, legen wir den Grundstein für eine achtsame Kommunikation.

Voller Mitgefühl sprechen und zuhören

Die Kommunikation zwischen einzelnen Menschen, innerhalb der Familie und zwischen verschiedenen Nationen ist heute oft gestört. Doch es gibt praktische Möglichkeiten, das gewaltfreie Kommunizieren zu trainieren, sodass Mitgefühl füreinander geweckt wird und wir uns wieder mit Verständnis begegnen.

Voller Mitgefühl zu sprechen und zuzuhören sind die wesentlichen Voraussetzungen für eine gewaltfreie Kommunikation. Achtsames Kommunizieren heißt, uns dessen, was wir sagen, bewusst zu sein und uns bewusst einer liebevollen Redeweise zu bedienen. Es bedeutet auch, dem anderen mit ungeteilter Aufmerksamkeit zuzuhören und dabei zu hören, was gesagt wird und was unausgesprochen bleibt. Diese Methode können wir jederzeit und in jeder Situation anwenden, wo immer wir sind.

Um unseren Körper gesund zu erhalten, muss unser Herz für einen konstanten Blutkreislauf sorgen. Damit unsere Beziehungen gesund bleiben, müssen wir für eine achtsame Kommunikation sorgen. Viele Menschen haben jedoch Probleme, effektiv miteinander zu kommunizieren, weil sich in ihrem Innern so viel Frustration und Ärger angestaut haben. Selbst wenn wir jemandem aufrichtig guten Willens und mit dem Vorsatz begegnen, ihm gut zuzuhören, besteht kaum Hoffnung, dass uns unser Gegenüber hört oder versteht, solange wir uns nicht um eine ruhige, liebevolle Sprechweise bemühen. Wir mögen zwar vorhaben, ruhig und liebevoll zu sprechen, aber oft stehen Schmerz, Verzweiflung und Angst im Wege, die in uns aufsteigen, sobald wir den Mund aufmachen. Und schon beginnen wir trotz bester Absichten, Schuldzuweisungen zu machen, zu klagen und zu verurteilen. In dem, was wir sagen, schwingt die Art von Energie mit, die den anderen gegen uns aufbringt, weil er nicht ertragen kann, was wir sagen. Die Kommunikation bricht ab. Wenn das geschieht, müssen wir lernen, wieder miteinander ins Gespräch zu kommen.

Wie erreichen wir den Punkt, an dem wir anderen mit gesammelter Aufmerksamkeit zuhören und uns einer liebevollen Redeweise befleißigen können? Zuerst müssen wir üben, mit unserem eigenen Schmerz und unserer eigenen Wut umzugehen. Indem wir das achtsame Atmen und das achtsame Gehen üben, stärken wir die Energie der Achtsamkeit in uns. Unter Umständen müssen wir wochen- oder sogar monatelang üben, ehe wir unseren Schmerz überwunden haben und liebevoll reden können. Wenn unsere Achtsamkeit stark geworden ist, fällt es uns viel leichter, tiefen Einblick in eine Situation zu nehmen und Verständnis und Mitgefühl aufzubringen. Mithilfe der Energie der Achtsamkeit können wir unseren Schmerz überwinden und liebevolle Worte für den anderen finden.

Das Gleiche gilt für unsere Fähigkeit, aufmerksam zuzuhören. Solange wir nicht unser eigenes Verletzt- und Wütendsein annehmen und umwandeln, wird es schwierig sein, dem Leid eines anderen Menschen Gehör zu schenken, besonders wenn das, was der Betreffende sagt, voll von Fehlurteilen, Täuschungen und Schuldzuweisungen ist. Im tiefsten Herzen wissen wir, dass wir eigentlich zuhören sollten, und wir haben es zweifellos oft nach besten Kräften versucht. Nach einigen Minuten können wir es jedoch meist nicht mehr ertragen, auch nur eine Sekunde länger zuzuhören. Wir sind fix und fertig. Obwohl wir uns geschworen haben, ungeachtet aller Provokationen oder ungerechten Anschuldigungen geduldig zu bleiben und voller Mitgefühl zuzuhören, sind wir einfach nicht dazu fähig. Unsere guten Vorsätze lösen sich in Luft auf, weil wir nicht mit dem Schmerz umzugehen wissen, der in uns aufwallt.

Dabei wäre es, wenn wir geduldig bleiben und nur eine Stunde lang zuhören würden, für den anderen Menschen eine große Erleichterung. Mit weitem Herzen zuzuhören erhält das Mitgefühl in uns lebendig. Dann hat der andere eine reelle Chance, seine Gefühle zum Ausdruck zu bringen.

Solches Zuhören erfordert Übung und Ausdauer. Neben den Übungen des achtsamen Atmens und des achtsamen Gehens sind auch die Meditationen im nächsten Abschnitt dazu geeignet, die Saat des Ärgers und der Wut in uns zu transformieren, sodass unser Herz weit wird und wir anderen voller Liebe und Mitgefühl zuhören können.

MEDITATION FÜR DAS MITFÜHLENDE ZUHÖREN

1. Einatmend weiß ich, dass ich einatme. Ausatmend weiß ich, dass ich ausatme ... Ein, aus.

2. Einatmend beruhige ich meinen Körper. Ausatmend lächle ich ... Ruhe, Lächeln.

3. Einatmend weiß ich um mein Leid. Ausatmend lächle ich voller Mitgefühl ... Mein Leid, mitfühlendes Lächeln.

4. Einatmend weiß ich um dein Leid. Ausatmend lächle ich voller Mitgefühl ... Dein Leid, mitfühlendes Lächeln.

5. Einatmend weiß ich um unser beider Leid. Ausatmend wünsche ich uns beiden eine neue Chance ... Unser Leid, eine neue Chance.

6. Einatmend lausche ich. Ausatmend höre ich ... Lauschen, hören.

7. Einatmend höre ich deine Bitterkeit. Ausatmend schließe ich dich ins Herz ... Bitterkeit, Ins-Herz-Schließen.

8. Einatmend höre ich deine falschen Ansichten. Ausatmend gerate ich nicht in helle Wut ... Falsche Ansicht, keine Wut.

9. Einatmend weiß ich, dass ich Leid über dich gebracht habe. Ausatmend tut es mir Leid ... Dein Leid, tut mir Leid.

10. Einatmend öffne ich mein Herz weit. Ausatmend gebe ich dir einen Platz in meinem Herzen ... Weites Herz, Platz für dich.

11. Einatmend wünsche ich mir Glück. Ausatmend wünsche ich dir Glück ... Mein Glück, dein Glück.

12. Einatmend sehe ich uns glücklich. Ausatmend weiß ich, dass ich nur das will ... Unser Glück, nur das will ich.

In jeder Familie sollte mindestens einer zu liebevoller Kommunikation fähig sein. Das kann ein Bruder sein, eine Schwester, Vater oder Mutter. Gibt es in Ihrer Familie jemanden, der mit dieser Übung vertraut ist und anderen Familienmitgliedern beim aufmerksamen Zuhören und liebevollen Reden helfen kann?

Können Sie selbst das sein? Können Sie selbst im Freundeskreis, in der Kirche, in der Gemeinde, der Sangha oder an Ihrem Arbeitsplatz dieser Mensch sein? Vielleicht hat Ihr Kind an seiner Schule einen Lehrer, der voll Mitgefühl zuhört und spricht, ohne Ärger zu zeigen oder ein Urteil zu fällen. Jemand, der die liebevolle Rede und das aufmerksame Zuhören praktiziert, übt sich im Frieden. Er öffnet eine Tür, durch die Verständnis, Friede und Versöhnlichkeit in unsere Herzen, unsere Familien und unsere Gesellschaft einziehen können.

Wir brauchen vor allem in den Schulen, Parlamenten, Kommunen und Gemeinden Leute, die aufmerksam zuhören können und beim Sprechen ruhig bleiben. Leider sind immer weniger Menschen dazu in der Lage. Um Frieden zu finden, müssen wir zuerst Verständnis haben, und Verständnis stellt sich nur bei sanfter, liebevoller Kommunikation ein. Darum ist die Wiederherstellung der Kommunikation eine Grundübung für den Frieden. Die Kommunikation ist die Basis, auf der unsere Übung der Gewaltlosigkeit erblüht.

Die Übung der achtsamen Kommunikation kann uns auch dabei unterstützen, unsere Kinder zu lehren, wie sie sich schützen können, und zeigt ihnen zugleich unser Vertrauen in sie. Wir können zum Beispiel sagen: »Mein Kind, du wirst leiden, wenn du in dieser Weise sprichst, darum solltest du Acht geben.«

Das werden unsere Kinder verstehen. Vertrauen Sie auf die Weisheit Ihrer Kinder und gehen Sie mit gutem Beispiel voran. Wenn wir als Eltern gut zuhören und achtsam reden, lernen es unsere Kinder von uns. Wenn wir rauchen, rauchen auch unsere Kinder; wenn wir Alkohol trinken, werden es unsere Kinder ebenfalls tun. Wenn wir in Wort und Tat zur Gewalt neigen, werden auch unsere Kinder gewaltbereit sein. Es liegt in der Verantwortung jedes Einzelnen, den Weg der Gewaltlosigkeit, den Weg des Mitgefühls aufzuzeigen. Statt bloß darüber zu reden, müssen wir anderen durch unsere Lebensweise ein Vorbild sein. Wenn Sie nicht wissen, wie Sie mit der Wut und Gewaltbereitschaft in Ihrem eigenen Innern umgehen sollen, können Sie unmöglich anderen helfen, nicht einmal Ihrem eigenen Kind. Gewaltloses Handeln kann nur einer gewaltfreien Lebensführung entspringen.

Wenn wir mitbekommen, wie jemand, ein Kind vielleicht, etwas sagt oder tut, das uns missfällt, ärgern wir uns sofort. Ohne den Schutz unseres starken Verständnisses und Mitgefühls werden wir es dann zulassen, dass durch das Verhalten des betreffenden Menschen die Saat des Ärgers in uns aufgeht. Infolgedessen wird unsere eigene Reaktion jetzt in physischer oder emotionaler Gewaltanwendung bestehen. Wenn Sie sich über Ihr Kind oder jemand anderen ärgern, sind Sie nicht in der Verfassung, ihm eine lehrreiche Lektion zu erteilen. Vielmehr sollten Sie sich lieber beherrschen und nichts sagen oder tun. Meditieren Sie stattdessen im Sitzen oder Gehen, üben Sie das achtsame Atmen und lächeln Sie, bis Frieden und Ruhe wiederhergestellt sind. Sobald Sie wieder ruhig sind, werden Sie eine Möglichkeit finden, dem anderen einen guten Rat zu geben, wie er in Zukunft vermeiden kann, etwas zu sagen oder zu tun, das sich schädlich auswirkt. Bei genügender Klarheit werden Sie keine Schuldzuweisungen machen oder Strafen verhängen, sondern Verständnis und Liebe für die Situation aufbringen. Auf diese Weise halten Sie die Saat der Wut und Gewalt im eigenen Innern gut im Zaum.

Uns allen steht es frei, zu leiden, aber keinem von uns steht es frei, nicht zu üben. Es ist unsere Verantwortung als Menschen, unser eigenes Leid zu transformieren, damit auch das Leid unserer Mitmenschen umgewandelt wird.

Die Umwandlung des Leidens

Üben Sie die folgenden Meditationen, um schmerzliche und negative Gefühle freundlich annehmen zu lernen.

MEDITATION ÜBER DAS ANNEHMEN UND UMWANDELN NEGATIVER EMOTIONEN

1. Einatmend bin ich mir meines Körpers bewusst. Ausatmend schenke ich meinem Körper ein Lächeln.

2. Einatmend bin ich mir des Schmerzes in meinem Körper bewusst. Ausatmend schenke ich dem Schmerz in meinem Körper ein Lächeln.

3. Einatmend bin ich mir der Qual in meinem Geist bewusst. Ausatmend schenke ich der Qual in meinem Geist ein Lächeln.

4. Einatmend bin ich mir der Angst in mir bewusst. Ausatmend schenke ich der Angst in mir ein Lächeln.

5. Einatmend bin ich mir der Unsicherheit in mir bewusst. Ausatmend schenke ich der Unsicherheit in mir ein Lächeln.

6. Einatmend bin ich mir der Traurigkeit in mir bewusst. Ausatmend schenke ich der Traurigkeit in mir ein Lächeln.

7. Einatmend bin ich mir des Ärgers in mir bewusst. Ausatmend schenke ich dem Ärger in mir ein Lächeln.

8. Einatmend bin ich mir der Eifersucht in mir bewusst. Ausatmend schenke ich der Eifersucht in mir ein Lächeln.

Ein angenehmes Gefühl möchten wir uns gern so lange wie möglich erhalten. Durch die folgende Meditation können wir die positive Saat in uns besser erkennen und pflegen:

MEDITATION ÜBER DAS
ANNEHMEN UND PFLEGEN
POSITIVER EMOTIONEN

1. Einatmend spüre ich Ruhe in mir. Ausatmend schenke ich der Ruhe in mir ein Lächeln.

2. Einatmend spüre ich Freude in mir. Ausatmend schenke ich der Freude in mir ein Lächeln.

3. Einatmend spüre ich Gleichmut in mir. Ausatmend schenke ich dem Gleichmut in mir ein Lächeln.

4. Einatmend spüre ich Offenheit in mir. Ausatmend schenke ich der Offenheit in mir ein Lächeln.

5. Einatmend spüre ich ein Glücksgefühl in mir. Ausatmend schenke ich dem Glücksgefühl in mir ein Lächeln.

Achtsamkeitsübungen zum Selbstschutz

Mithilfe der Übungen in diesem Abschnitt können wir die Saat der Gewalt in uns selbst umwandeln und mit Gewalt, die gegen uns gerichtet ist, umgehen lernen. Durch sie können wir die Kunst meistern, uns selbst durch Achtsamkeit zu schützen, und das ist die Grundlage dafür, anderen bei ihrem Selbstschutz beizustehen. Die Übungen verhindern, dass die innere Saat der Gewalt weiterwächst, während sie die Saat des Mitgefühls, des Gleichmuts und der Herzensgüte nähren. Es sind praktische Übungen, die ein Leben lang täglich ausgeführt werden können.

Sich im Gleichmut der Erde üben

Buddha lehrte Rahula, seinen kleinen Sohn, der später Mönch wurde, dass die Erde alles aufnehmen und umwandeln kann, was auf ihr hinterlassen wird.

Müll oder Abfall, der weggeworfen wird, nimmt sie auf, ohne beleidigt oder davon abgestoßen zu sein. Wenn wir die Erde mit Parfüm, Milch oder Duftwasser benetzen, wird sie nicht stolz oder überheblich. Die Erde kann auch die ekelhafteste Substanz innerhalb weniger Wochen in prächtige Blumen oder schmackhaftes Gemüse verwandeln. Es ist eine Tugend der Erde, alles gleichmütig aufzunehmen, sei es hässlich oder schön. Wir sollten uns darin üben, es der Erde gleichzutun.

Manchmal werden wir selbst von Menschen, die uns sehr nahe stehen, mit Wut, Hass und Fehleinschätzungen überflutet. Vielleicht sind Sie in einem solchen Fall noch nicht fähig, den Hass, die Wut und die Fehlurteile anzunehmen und umzuwandeln, von denen Sie überflutet werden, und wehren sich. Aber wenn Sie daran denken, dass Sie ein Kind der Erde sind, können Sie lernen, so zu sein wie sie – stark, stetig und fest.

Bitte gehen Sie zu Mutter Erde zurück und lernen Sie von ihr, alles mit Gleichmut in Empfang zu nehmen und umzuwandeln. Berühren Sie jedes Mal, wenn Sie leiden, im Geiste die Erde und sagen Sie: »Liebe Erde, ich leide so sehr; bitte hilf mir, dies anzunehmen.« Sie sind nicht von der Erde getrennt; Sie sind ein Teil von ihr. Wenn Sie in dieser Weise üben, leiden Sie weniger stark. Sobald wir von unserer Mutter die Gleichmutsübung gelernt haben, können wir alles akzeptieren. Dann leiden wir nicht mehr, sondern verwandeln unseren Schmerz und schenken dem Menschen, der uns wehgetan hat, ein liebevolles Lächeln.

In der Buddhanatur die eigene Güte erkennen

Manchmal entsteht ein negatives Gefühl in Ihnen und beherrscht Sie allmählich. Oder eine Verstimmung trübt Ihren Geist und will nicht weichen. Ihre Gefühle sind wie Fernsehkanäle: Wenn Ihnen der eine nicht gefällt, können Sie zu einem anderen wechseln. Buddha nannte diese Übung, bei der eine negative Emotion durch eine positive ersetzt wird, »den Holznagel wechseln«. Ein Holznagel oder Dübel dient dazu, zwei Hölzer miteinander zu verbinden. Wenn der alte Holznagel verrottet ist, wird er durch Einhämmern eines neuen herausgetrieben.

Es geschieht allerdings mitunter, dass Sie eine starke negative Emotion durch positive Gedanken oder Gefühle zu vertreiben versuchen und die alte Emotion trotzdem immer wieder zurückkehrt. Das kann zu einem inneren Kampf führen. In einer solchen Situation können Sie sich mit Ihrem Problem auseinander setzen, indem Sie sich darauf besinnen, dass Sie Ruhe bewahren wollen und zu Verständnis, Mitgefühl und Frieden fähig sind. Das ist Ihr wahres Wesen, Ihre Buddhanatur, Ihr innerstes Erwachtsein. Wenn Sie sich an die Eigenschaften der Güte, des Mitgefühls und des Verständnisses erinnern, wird Ihnen bewusst, dass Sie innerlich darüber verfügen, und schon leiden Sie weniger.

Die Buddhanatur ist nichts Abstraktes. Sie ist greifbare Wirklichkeit, die Sie erfahren können. Die Buddhanatur steckt in jeder Zelle unseres Körpers. Unsere Körperzellen bestehen nicht bloß aus physischer Materie. Unser Körper ist Materie, aber auch eine Manifestation von Bewusstsein. Eins enthält alles, das heißt, jede Zelle enthält auch alles andere. Das unendlich Kleine enthält das unendlich Große. Jede Zelle unseres Körpers enthält alle Begabung, Weisheit, Güte und Glückseligkeit des Buddha und darüber hinaus all unserer spirituellen und leiblichen Vorfahren.

Natürlich trägt jede Zelle auch die Saat der Hölle, der Gewalt in sich: Eifersucht, Wut und andere negative Emotionen. Aber wir können üben, sodass diese Höllensaat nicht die Energien der Achtsamkeit, des Verständnisses und der Herzensgüte überwuchert. Wenn Sie leiden, vergessen Sie Ihre Buddhanatur. Sie nehmen Ihre Güte nicht wahr und glauben, dass in Ihrem Innern nur Leid, Angst, Aufruhr und Hass herrschen. Bitte denken Sie daran, auf Ihre Buddhanatur zu vertrauen.

Buddha selbst musste sich ebenfalls mit seiner Angst auseinander setzen, als er den Pfad des Erwachens beschritt. Nachdem er die Pfeile Maras und seines Dämonenheers abgewehrt und in Blumen verwandelt hatte, erschien ihm Mara noch zweimal. Als es ihm nicht gelang, Angst und Zweifel in Buddhas Geist zu säen, erschien er ihm in Gestalt einer schönen Frau, um ihn mit Begierde zu erfüllen und von seinem Vorsatz abzubringen. Da erhob Buddha die Hand und sagte: »Du bist nur ein Trugbild, das mich ablenken will. Du besitzt keine Wirklichkeit.« Bei diesen Worten verschwand die Frau. Da Mara keinen Zweifel und keine Begierde in Buddha zu wecken vermochte, versuchte er ihn mit weltlicher Macht und Reichtum zu locken. Wieder hob Buddha die Hand und entlarvte Mara und sein Angebot als reine Illusion. Jedes Mal, wenn Mara ihn in Versuchung führen wollte, besann Buddha sich auf seine eigene Güte und machte sie sich bewusst; durch tiefe Einsichtnahme erkannte er die Illusionen als solche und überwand sie.

Besinnen Sie sich, wenn Sie leiden, wieder auf Ihre Buddhanatur, Ihre Güte, auf Ihre Fähigkeit, achtsam und ruhig bleiben und tiefen Einblick in die Situation nehmen zu können. Wenn Sie sich von negativen Emotionen überwältigen lassen, werden Sie mit Ihrer Reaktion das Leid noch vergrößern. Sie werden

den anderen strafen wollen und unfreundliche Worte sagen. Das hat jeder von uns schon unzählige Male getan. Um aus der Falle dieser Leid bringenden Gewohnheit auszubrechen, müssen wir uns auf die Übung der Achtsamkeit besinnen und uns mit unserer Buddhanatur verbinden.

Der Schutz unserer Sinne ist eine praktische Möglichkeit, die Buddhanatur zu nähren. Buddha hat gelehrt, dass unsere sechs Sinne – Gesicht, Gehör, Geruch, Geschmack, Gefühl und Denken – wie ein tiefes Meer voller Wogen, Ungeheuer und verborgener Gefahren sind, die alle nur darauf warten, uns zu überwältigen. Wenn wir ein Bild sehen, einen Klang hören oder etwas schmecken, lassen wir uns leicht von unserer Unaufmerksamkeit, unserer Angst oder unserer Begierde mitreißen. Wir verlieren unseren Frieden; wir verlieren unsere Fähigkeit zu Verständnis und Liebe. Solange wir uns nicht unablässig darin üben, Achtsamkeit zu entwickeln, dieses Licht, das unseren Weg erhellt, kann jeder Sinn mit seinen lauernden Gefahren Besitz von uns ergreifen und uns vereinnahmen. Wir alle tragen sowohl negative Emotionen als auch die Buddhanatur in uns, und beides kann friedlich nebeneinander existieren. Die Übung besteht darin, die eigene Buddhanatur zu erkennen, ohne ihr hinterherzulaufen, und die eigenen negativen Emotionen zu erkennen, ohne vor ihnen davonzulaufen. Durch Achtsamkeit können wir in jedem

Augenblick und unter allen Umständen unseren Frieden, unsere Festigkeit und unser Mitgefühl bewahren.

MEDITATION ZUR BESINNUNG AUF DIE EIGENE GÜTE UND BUDDHANATUR

Selbst im größten Leid ist es möglich, sich an die eigenen guten Eigenschaften zu erinnern und zuzulassen, dass sie sich im Bewusstsein manifestieren. Üben Sie das achtsame Atmen und rufen Sie sich dabei Ihre Buddhanatur, Ihr tiefes Mitgefühl und Verständnis ins Gedächtnis.

1. Einatmend bin ich mir bewusst, dass ich einatme. Ausatmend bin ich mir bewusst, dass ich ausatme.

2. Einatmend verbinde ich mich mit der Energie der Achtsamkeit in jeder Zelle meines Körpers. Ausatmend fühle ich mich erfrischt durch die Energie der Achtsamkeit in mir.

3. Einatmend verbinde ich mich mit der Energie der Festigkeit in jeder Zelle meines Körpers. Ausatmend fühle ich mich erfrischt durch die Energie der Festigkeit in mir.

4. Einatmend verbinde ich mich mit der Energie der Weisheit in jeder Zelle meines Körpers. Ausat-

mend fühle ich mich erfrischt durch die Energie der Weisheit in mir.

5. Einatmend verbinde ich mich mit der Energie des Mitgefühls in jeder Zelle meines Körpers. Ausatmend fühle ich mich erfrischt durch die Energie des Mitgefühls in mir.

6. Einatmend verbinde ich mich mit der Energie des Friedens in jeder Zelle meines Körpers. Ausatmend fühle ich mich erfrischt durch die Energie des Friedens in mir.

7. Einatmend verbinde ich mich mit der Energie der Freiheit in jeder Zelle meines Körpers. Ausatmend fühle ich mich erfrischt durch die Energie der Freiheit in mir.

8. Einatmend verbinde ich mich mit der Energie des Erwachens in jeder Zelle meines Körpers. Ausatmend fühle ich mich erfrischt durch die Energie des Erwachens in mir.

Atmen Sie zwei oder drei Minuten lang in dieser Weise. Sie werden sich bald viel wohler fühlen. Sie brauchen nicht noch tiefer zu schauen. Vertrauen Sie nur auf Ihre eigene Güte, das genügt. Lassen Sie es einfach geschehen, dass Ihre Güte wieder zu Ihnen zurückkehrt, ohne sich abzumühen.

Diese Übung gründet sich nicht auf Vorstellungen oder Ideen, sondern auf die Wirklichkeit Ihrer Erfahrungen. Früher einmal waren wir alle mit unserer Buddhanatur in Berührung, mit unserer Fähigkeit zu Verständnis und Mitgefühl, unserer Fähigkeit, ruhig zu sein und tief in uns hineinzuschauen, und darauf können wir jetzt zurückgreifen. Bitte unternehmen Sie keine zu großen Anstrengungen und unterlassen Sie nach Möglichkeit eine intellektuelle Bewertung. Setzen Sie einfach Vertrauen in Ihre eigene Güte. Verlassen Sie sich einfach auf Ihre Buddhanatur, wenn Sie Hilfe brauchen.

Sowohl der Körper als auch der Geist besitzen die wunderbare Fähigkeit der Selbstheilung. Wenn Sie sich in den Finger schneiden und Schmerzen leiden, vertrauen Sie von Natur aus auf die Fähigkeit Ihres Körpers, die Wunde zu schließen. Sie brauchen nichts weiter dazuzutun, als die Wunde zu reinigen und abzuwarten, dass Ihr Körper seine Arbeit tut. Die Wunde wird von selber heilen. Genauso verhält es sich mit Ihrem Bewusstsein, das gleichfalls die Fähigkeit besitzt, zu heilen, zu vergeben und gütig zu sein. Diese Fähigkeit sollten Sie erkennen und mit Gewissheit spüren, dass sie ein Teil Ihres Körpers und Geistes ist. Haben Sie Vertrauen zu Ihrer eigenen Güte, Ihrer eigenen Buddhanatur.

Manchmal erscheint uns in unserem Leid das Leben als so unerträglich, dass wir am liebsten aufgeben würden. Wenn wir einen Menschen verlieren, der uns sehr lieb war, haben wir unter Umständen das Gefühl, ohne ihn nicht mehr weiterleben zu können. Durch den Verlust dieses geliebten Menschen ist uns selbst zum Sterben zumute. Mit der Zeit merken wir aber, dass wir doch weiterleben können. Sobald wir uns in körperlicher und emotionaler Achtsamkeit üben, geht es uns besser. Die Kraft der Heilung ruht nicht, wir müssen bloß auf sie vertrauen. Unsere Güte, unser Überlebenswille und unsere Fähigkeit, loszulassen und über uns selbst hinauszugehen, helfen uns weiter.

Das erste Anwesen, das wir für Plum Village, unser ländliches Retreatzentrum in Frankreich, erworben haben, war ein alter Hof mit etwa zwanzig Hektar Ackerland und zwanzig Hektar Wald sowie etlichen alten Bruchsteinschuppen. Wir beschlossen, von den Spenden der Kinder, die zum Üben in unser Zentrum kamen, 1250 Pflaumenbäume zu pflanzen. Die Pflaumen wollten wir dann zu Backpflaumen verarbeiten oder Marmelade daraus kochen, beides verkaufen und den Erlös hungernden Kindern in aller Welt zukommen lassen. Aus diesem Grund haben wir unser Zentrum Plum Village, »Pflaumendorf«, genannt. Damals waren wir nur eine kleine Klostergemeinschaft und mussten nebenbei noch für etliche vietnamesische Flüchtlinge sorgen, die sehr geschwächt waren von den Torturen des Krieges und der Reise nach Frankreich. Es war viel Arbeit, dieses heruntergekommene Anwesen wieder in Ordnung zu bringen, um darin wohnen zu können. Gewaltige physische Anstrengungen waren nötig, und außerdem mussten wir lernen, Feld und Garten in einem Klima zu bestellen, das ganz anders war als in unserem Heimatland.

Glücklicherweise hatten wir in Monsieur Mounet einen Nachbarn, der ein wahrer Engel war, ein Bodhisattva. Das Haus, in dem er lebte, war das ursprüngliche Haupthaus des Gutes und lag ganz in unserer Nähe. Monsieur Mounet hat uns unendlich viel geholfen, er lieh uns seine Geräte, zeigte uns, was wir wann säen oder pflanzen mussten, und war immer fröhlich, mochte geschehen, was wollte. Er war ein großer, starker Mann. Wir waren auf ihn angewiesen und liebten ihn sehr.

Eines Tages hörte ich, dass er ohne vorheriges Anzeichen an einem Herzinfarkt gestorben sei, und war sehr betroffen. Wir sorgten mit großer Achtsamkeit für sein Begräbnis und ließen ihm unsere volle spirituelle Unterstützung und Energie zukommen.

Einmal konnte ich nachts nicht schlafen, so sehr bekümmerte mich der Verlust unseres Freundes. Als ich die Gehmeditation aufnahm, um Erleichterung für meine Trauer zu finden, hatte ich auf einmal Monsieur Mounet vor Augen. Es war Monsieur Mounet, so viel war gewiss, aber nicht so, wie ich ihn gekannt hatte. Es war vielmehr Monsieur Mounet als Kind, mit dem Lächeln Buddhas auf dem Gesicht, glücklich und zufrieden. Es war Monsieur Mounets Güte, die mich anlächelte und die noch immer lebendig ist.

Bitte lassen Sie es nicht an anderen aus, wenn Sie leiden, indem Sie sie durch aggressives oder abweisendes Verhalten strafen. Sie können Ihren Mitmenschen eine Hilfe sein, auch wenn Sie innerlich leiden. Nehmen Sie in solchen Augenblicken Zuflucht zur Meditation über Ihre Buddhanatur. Atmen Sie ein und gewinnen Sie wieder Vertrauen in Ihr erwachtes Wesen, in Ihre Fähigkeit zu ruhiger Gelassenheit und Mitgefühl.

Manche Menschen nennen die Buddhanatur und die Gabe des Mitgefühls Gott. Mitunter hat man dabei eine konkrete Gottesvorstellung, aber die Energien der Achtsamkeit, Konzentration und Barmherzigkeit ergeben keine konkrete Gottesvorstellung. Trotzdem sind für mich die Energien des Friedens, der Weisheit und der Festigkeit Energien Gottes oder des Heiligen Geistes. Wenn wir in uns selbst Frieden, Herzensgüte und Verständnis wecken, erzeugen wir innerlich Gottesenergie. Bitte nehmen Sie das nächste Mal, wenn Sie tief traurig oder verstört sind und das Gefühl haben, nicht weiterleben zu können, diese einfache Atemübung auf, um wieder mit Ihrem wahren Wesen in Berührung zu kommen, mit dem Wesen von Mitgefühl und Erwachen. Bitte geben Sie nicht auf, denn die tätige Achtsamkeit wird Ihnen helfen, alle Gefahren zu überwinden.

Die Lotosblume wächst nur im Schlamm: die Übung des Annehmens

Sich seiner Eifersucht, Urteile und Ängste bewusst zu sein ist bereits ein positiver Schritt in Richtung Annehmenkönnen. Wenn wir uns selbst so akzeptieren, wie wir sind, brauchen wir uns nicht mehr angestrengt darum zu bemühen, uns zu ändern. In dem Augenblick, in dem uns bewusst wird, dass wir zu selbstkritisch sind, und stattdessen lieber die negative Saat in uns akzeptieren, machen wir bereits Fortschritte. Menschen, die sich ihrer negativen Energien gar nicht bewusst sind, haben Schwierigkeiten, sich weiterzuentwickeln.

Allerdings bedeutet das Bestreben, mitfühlender zu werden, nicht gleich, dass nur noch positive Gefühle in uns anzutreffen wären. Wenn das der Fall wäre, brauchten wir nicht mehr zu üben. Gerade weil wir die Saat der negativen Energien in uns tragen, üben wir weiter. Die Übung ist leicht: Wir machen uns einfach unsere negativen Energien bewusst, und indem wir solches Gewahrsein praktizieren, schreiten wir weiter voran auf dem Pfad. Konflikte sind unnötig.

Wir üben uns wie die Lotosblume im Sumpf. Die Lotosblume denkt nicht: »Ich mag den Sumpf nicht.« Sie weiß, dass sie nur durch den Sumpf so herrlich blühen kann. Für uns gilt das Gleiche; wir tragen die negative Saat in uns, der Sumpf ist also ein Bestandteil von uns, und wenn wir das zugeben können, akzeptieren wir uns auch. Die Lotosblume braucht den Sumpf nicht zu verlassen. Ohne den Sumpf stirbt sie.

Ohne organischen Müll können wir keine Blüten bilden. Wir sollten davon ablassen, uns und andere immer zu beurteilen. Wir müssen uns lediglich im Annehmenkönnen üben, um mühelos Fortschritte zu machen. Der Prozess der Transformation und Heilung erfordert allerdings ständige Übung. Jeden Tag produzieren wir Müll, und wir müssen uns unablässig darin üben, ihn zu verarbeiten und in Blumen umzuwandeln.

Wir mögen den Eindruck haben, dass einige unserer Freunde besser zu üben verstehen als wir selbst, aber wichtig ist, uns so zu akzeptieren, wie wir sind, und weder uns selbst noch unsere Anstrengungen gering zu schätzen. Wenn in unserem Innern nur zehn Prozent Blumen und neunzig Prozent Müll zu finden sind, wünschen wir, es wäre umgekehrt, aber diese Gedanken bringen uns nicht weiter. Wir müssen die neunzig Prozent Müll in unserem Innern akzeptieren, um die zehn Prozent Blumen erst auf zwölf, dann auf vierzehn und schließlich auf zwanzig Prozent zu vermehren. Wenn wir annehmen können, finden wir Frieden und werden nicht in einem inneren Kampf aufgerieben. Selbst diejenigen, die täglich eine Vielzahl von Blumen hervorbringen, sammeln Müll an und müssen unablässig üben. Der Sumpf des Leidens ist in Ordnung, wenn wir zu üben verstehen. Buddha hat gesagt: »Du kannst den Lotos nicht auf Marmor ziehen. Du musst ihn im Sumpf ziehen.«

Sogar ein Erleuchteter muss in dieser Weise üben. Sie fragen sich vielleicht, warum jemand, der so viel erreicht hat, weiterhin üben muss. Er tut es, weil er weiterhin Müll umwandeln muss. Sie hatten vielleicht die Vorstellung, dass ein Erleuchteter jemand ist, der nicht mehr zu üben braucht, aber das stimmt nicht. Er muss weiter üben, um weiterhin glücklich zu sein, genauso wie Sie und ich. Er hört nie auf, das achtsame Atmen, Essen und Gehen zu praktizieren. Auf diese Weise bringt er immer wieder die Blumen der Freude in seinem Innern hervor.

Vor einigen Jahren war ich einmal in Taiwan und ging dort mit Freunden eine unbefestigte Straße entlang. Da kam uns eine Mutter entgegen, Hand in Hand mit ihrem kleinen Sohn. Der Sohn sah mich an, und ich grüßte ihn, indem ich meine Hände zusammenlegte und mit den Handflächen eine Lotosknospe vor meinem Herzen formte, wie es Brauch ist, um den Buddha in ihm zu ehren. Der Junge, noch immer an der Hand seiner Mutter, lächelte mich an, hielt seine freie Hand vor die Brust und ehrte durch eine Verbeugung den Buddha in mir. Er war kaum mit seiner Mutter an uns vorbeigegangen, als er sich noch einmal zu uns umdrehte. Seine Augen weiteten sich, und es kam uns allen so vor, als würde er mich wiedererkennen, und auch ich hatte plötzlich das Gefühl, ihn schon einmal getroffen zu haben. Meine Freunde und ich blieben stehen und sahen den beiden nach, bis sie verschwunden waren.

Gelegentlich kommt mir diese nette Begegnung wieder in den Sinn als hübsches Beispiel dafür, wie wir alle einer des anderen Frieden und Güte erkennen können. In unserer Buddhanatur sind wir eins.

Der Geist der Liebe

Manchmal begegnen wir Menschen, die so rein, so schön und so zufrieden sind, dass sie den Eindruck erwecken, göttlich zu sein, wirkliche Heilige oder himmlische Wesen. Was wir in ihnen wahrnehmen, ist ihr erwachtes Selbst, ihre Buddhanatur, und was sie uns zurückspiegeln, ist unsere eigene innere Anlage zum Erwachen.

Es gibt Möglichkeiten, wie Sie die eigene Buddhanatur deutlich manifestieren können. Wenn Sie sich auf Ihre Fähigkeit zur Achtsamkeit in Gedanken, Worten und Taten besinnen, können Sie bei sich selbst und anderen Frieden und Freude mehren. Dann nähren und schützen Sie das Erwachen aller in Ihrer Umgebung.

Sie könnten aber auch genau das Gegenteil tun. Sie könnten so denken, reden und handeln, dass es Ihre animalische Natur berührt und bei Ihren Mitmenschen ebenfalls animalische Triebe weckt. Unter Umständen wollen Sie Ihre animalischen Instinkte an und mit diesen Menschen ausleben. Vielleicht wollen Sie andere in unehrenhafte Geschäfte verwickeln, sich gemeinsam mit ihnen der Völlerei und Trunksucht ergeben oder schädliche Sexualbeziehungen eingehen. Sie wissen zwar, dass es falsch ist, aber Sie tun es trotzdem und bescheren dadurch sich selbst und anderen Leid. Hinterher wundern Sie sich, wie Sie so etwas haben tun können, und geloben, es nie wieder zu tun. Aber bei der nächsten Gelegenheit begehen Sie den gleichen Fehler und drehen das Rad des Leidens weiter. Daraus kann ein endloser Kreislauf werden. Sie öffnen sich selbst und anderen das Tor zur Hölle. So steht es bereits um allzu viele Menschen. Zum Beispiel lassen wir uns vielleicht zu bestimmten Genüssen hinreißen. Wir wissen zwar, dass sie Körper und Geist schaden, aber wir schwelgen trotzdem darin. Nach einer Verdauungsstörung, einem Kater oder einem Herzinfarkt schwören wir uns dann, nichts dergleichen mehr anzurühren. Doch kaum bietet sich die nächste Gelegenheit, werden wir wieder schwach. Manche von uns beichten ihre Missetaten und Schwächen in der Kirche oder im Tempel und geloben, sich zu bessern, um danach doch wieder die gleichen Fehler und Übeltaten zu begehen. So geraten wir in einen Teufelskreis.

Wir haben jedoch die Möglichkeit, diesen Teufelskreis zu durchbrechen und zu vermeiden, dass wir in den Fluten unserer Sinneslust versinken: indem wir uns auf unsere Buddhanatur besinnen und den Geist der Liebe, den Geist der Erleuchtung, *Bodhicitta** genannt, in uns wecken. Das große Gelübde des Buddha, Bodhicitta, lautet: »Mit liebender Güte will ich allen Wesen zur Aufhebung des Leidens verhelfen.«

Bodhicitta ist unser heftiges Sehnen, zu erwachen, unser Leiden in Mitgefühl umzuwandeln und allen Wesen bodhisattvagleich erbarmungsvoll beizustehen. Zu diesem großartigen Gelübde können Sie sich Tag für Tag bekennen und so den Geist der Liebe in sich wecken. Dann sind Sie von dem tiefen Wunsch beseelt, allen lebenden Wesen dabei zu helfen, ihr Leiden zu überwinden, Erleichterung zu finden und glücklich zu werden. Erinnern Sie sich immer an den Geist der Liebe, wenn das Verlangen in Ihnen erwacht, Ihrer animalischen Natur zu folgen. Er ist un-

---

* Das *c* wird wie *tsch* ausgesprochen: »Bodhitschitta«.

ter Umständen Ihre einzige Rettung. Mit ihm entfliehen Sie dem Teufelskreis, in dem Sie Ihr Leben lang gefangen waren, und können von nun an darauf hinwirken, bei sich und anderen die Buddhanatur zu manifestieren, den erwachten Geist.

Bitte legen Sie vor sich selbst dieses Gelübde ab.

Wenn wir uns aufrichtig bemühen, unser inneres Leid und das Leid anderer durch Übung zu lindern, werden auch wir zu Bodhisattvas, zu erwachten Wesen. Wir üben, um unsere Angehörigen, Freunde und Kollegen darin zu unterstützen, sich als Bodhisattvas zu manifestieren, und wir tun es für die ganze Welt und zum Wohle aller Lebewesen. Wenn Sie durch Ihre Übung ein Bodhisattva werden, sehen die Menschen in Ihrer Umgebung, dass Schönheit, echte Spiritualität und wahre Liebe möglich sind. Eine solche Lebensführung wird Sie glücklich machen, und Sie werden anderen zum Ansporn.

Mit der Buddhanatur die animalische Natur umarmen

Selbst wenn Sie sich gelobt haben, im Geist der Liebe zu handeln, und sich manchmal auch erfolgreich als Bodhisattva des Mitgefühls manifestieren können, wird doch gelegentlich Ihre animalische Natur die Oberhand gewinnen. Dennoch brauchen Sie nicht gegen Ihre Triebnatur anzukämpfen oder diese abzutöten versuchen, um Ihr wahres Wesen, Ihre Buddhanatur, wieder hervorscheinen zu lassen. Schenken Sie einfach dem Tier in Ihnen, den Elementen des Hasses, der Gier, des Begehrens und der Gewalt ein Lächeln, und denken Sie daran, dass das Mitgefühl in Ihnen nie versiegt. Dann wird Ihre Buddhanatur Ihre animalische Natur zärtlich und achtsam umarmen. Es ist ein Wunder – Ihre animalische und Ihre Buddhanatur können tatsächlich friedlich und harmonisch koexistieren.

Vergessen Sie nicht, dass selbst Buddha nicht ohne animalische Triebnatur war. Der einzige Unterschied ist der, dass er richtig damit umgehen konnte. Das können wir jedoch alle lernen. Wir müssen und dürfen das Tier in uns nicht töten. Wir machen uns nur unsere animalische Natur bewusst und geloben, sie zu verwandeln. Wir erkennen unsere Buddhanatur und geloben, sie zu nähren. Wir brauchen bloß die Buddhanatur in uns zu manifestieren, und schon verblasst unsere Triebnatur. Das Verlangen, zu erwachen, ist in jedem von uns lebendig. Wenn wir zulassen, dass es sich manifestiert, verhilft es uns – und vielen anderen – zu Glückseligkeit.

Nach der buddhistischen Lehre gibt es zehn Daseins- oder Bewusstseinsbereiche in uns. Wenn sich ein Bereich manifestiert, sind die anderen neun verborgen. Zu den zehn Bereichen gehören die Hölle und das Tierreich ebenso wie die Bereiche der Buddhas, Bodhisattvas und Menschen. Stellen Sie sich Ihr Bewusstsein als Radio vor: Es gibt viele Sender, aber wenn Sie es auf einen Sender eingestellt haben, sind die anderen nicht mehr da. Sie haben die Wahl, ob Sie einen heilsamen Sender einschalten oder Unsinn hören wollen. Wenn Sie mit Körper und Geist richtig umzugehen verstehen, können Sie zum Wohle Ihrer selbst und anderer Ihr Bestes geben. Während Sie üben, stimmen Sie sich mehr und mehr auf die Bewusstseinsbereiche der Buddhas und Bodhisattvas ein.

Wieder zu sich selbst finden: der Schutz von Geist und Körper

Sich die Zeit zum Üben zu nehmen ist keine Zeitverschwendung; vielmehr machen Sie weisen Gebrauch von Ihrer Zeit. Buddha hat uns gelehrt, uns nicht selbst zu verleugnen, sondern Sorge für uns zu tragen. Er hat uns dazu ermutigt, klug zu üben, tiefen Einblick in unser Leiden zu nehmen und effektive Maßnahmen zu ergreifen, um es zu verwandeln. Um anderen eine Hilfe sein zu können, müssen wir uns ohne Scheu unserer eigenen Übung widmen, statt uns zu verleugnen. Keiner braucht Ihre Güte und Barmherzigkeit mehr als Sie selbst.

Alle Übungen in diesem Abschnitt – Atmen, Lächeln, tief entspannen usw. – sollen Ihnen helfen, wieder zu sich selbst zu finden und den Frieden einzuüben. Hören Sie dabei auf Ihren Körper und Geist. Wenn wir wieder Verbindung zu uns selbst aufnehmen und uns die Zeit nehmen, auf Körper und Geist zu hören und von ihnen zu lernen, erfahren wir, was wir tun und was wir lassen sollten – damit Körper und Geist Gelegenheit zur Heilung und Transformation bekommen und Frieden finden. Wenn wir in uns selbst Frieden finden, besteht auch die Chance, dass wir mit anderen Frieden schließen.

Viele Menschen in den helfenden Berufen leiden selbst und müssen sich damit auseinander setzen. Ärzte, Krankenschwestern, Sozialarbeiter, Psychotherapeuten und Lehrer leiden, wissen jedoch nicht, wie sie mit dem eigenen Schmerz und Kummer umgehen und wie sie ihn verwandeln können. An allen Bildungseinrichtungen und Schulen, an allen Ausbildungsstätten für Sozialarbeiter und Krankenpfleger und an den medizinischen und juristischen Fakultäten der Universitäten müsste auch die Übung der Achtsamkeit und des Selbstschutzes zum Unterricht gehören, nicht nur als Theorie, sondern als Praxis des täglichen Lebens. Jeder Einzelne würde theoretisch und praktisch von der Achtsamkeit profitieren und dadurch anderen besser dienen können. In einer zivilisierten Gesellschaft sollte die Übung der Achtsamkeit an jeder Ausbildungsstätte dieser Berufssparten gelehrt werden.

Bei meinen Retreats für Angehörige der helfenden Berufe sage ich den Leuten immer nachdrücklich, dass sie sich zuerst um sich selbst kümmern müssen, ehe sie Patienten zu helfen versuchen. Sie müssen erkennen, dass die Art und Weise, wie sie ihr eigenes Leben führen, die Grundlage für ihre berufliche Arbeit bildet. Wenn sie selber schwer leiden, wenn sie nicht einmal mit ihren eigenen Angehörigen kommunizieren können, wie könnten sie da die Probleme von Klienten oder Patienten lösen helfen?

Die Bauchatmung: Hilfe bei starken Emotionen

Eine einfache Technik, mit deren Hilfe man starken Emotionen begegnen kann, ist die Bauchatmung, das achtsame Atmen aus dem Bauch heraus. Wenn wir von einer starken Emotion wie etwa Angst oder Wut ergriffen werden, sollten wir unsere Aufmerksamkeit auf den Bauch richten. In einem solchen Fall ist es gefährlich, auf der intellektuellen Ebene zu bleiben. Starke Emotionen sind wie ein Sturm, und es ist unklug, sich bei Sturm im Freien aufzuhalten. Doch normalerweise lassen wir sie »zu Kopf steigen« und werden dann von unseren Gefühlen überwältigt.

Stattdessen sollten wir uns in unserer Atmung verankern, uns auf das Heben und Senken unserer Bauchdecke konzentrieren und unsere Aufmerksamkeit nach unten zum eigenen Mittelpunkt lenken. Indem wir uns auf unseren Bauch konzentrieren und das achtsame Atmen üben, verfolgen wir mit gesammelter Aufmerksamkeit das Heben und Senken der Bauchdecke. Wir können im Sitzen oder Liegen üben. Mitunter ist es auch hilfreich, eine Wärmflasche auf den Bauch zu legen. Wir spüren die Wärme der Flasche und können mühelos und ohne Kraftaufwand unsere Aufmerksamkeit auf unser unerschütterliches Zentrum richten und uns allmählich beruhigen.

Einmal des Nachts, als mir schmerzliche Gedanken den Schlaf raubten, habe ich mir die drei Zedern vor meiner Klause bildlich vorgestellt. Während ich achtsam atmete, umarmte ich diese prachtvollen, starken Bäume. Ich spürte, wie ihre Frische und Festigkeit auf mich übergingen, und konnte meine Bekümmerung überwinden.

Wenn Sie einen sturmgepeitschten Baum betrachten, sehen Sie, dass der Wipfel des Baums dem Sturmwind ausgeliefert ist und hin und her geschüttelt wird. Aber wenn Sie dann den Baumstamm anschauen, sehen Sie etwas ganz anderes. Dort besitzt der Baum die Festigkeit, dem Sturm zu widerstehen. Wir sind wie der Baum. Wenn wir uns ärgern, wird unser Kopf wie der Baumwipfel vom Ansturm heftiger Emotionen gepeitscht; dann müssen wir unsere Aufmerksamkeit nach unten auf unseren festen Stamm richten, unseren Nabel.

DIE ÜBUNG DER BAUCHATMUNG

Sobald wir uns auf diesen Bereich konzentrieren und das achtsame Atmen üben, finden wir die Ruhe wieder. Wir konzentrieren uns einzig auf unsere Atmung, auf das Heben und Senken unseres Bauches, sonst nichts.

1. Einatmend richte ich meine gesammelte Aufmerksamkeit auf meinen Bauch. Ausatmend richte ich meine gesammelte Aufmerksamkeit auf meinen Bauch ... Bauch, Bauch.

2. Einatmend verweile ich im Bereich meines Bauches. Ausatmend verweile ich im Bereich meines Bauches ... Bauchbereich, Verweilen.

3. Einatmend bin ich einzig meines sich hebenden Bauches gewahr. Ausatmend bin ich einzig meines sich senkenden Bauches gewahr ... Sich hebender Bauch, sich senkender Bauch.

4. Einatmend bin ich gewahr, dass mein Atem schnell/flach/unregelmäßig ist. Ausatmend bin

ich gewahr, dass mein Atem schnell/flach/unregelmäßig ist... Einatmen, Ausatmen.

5. Einatmend bin ich gewahr, dass sich mein Atem beruhigt. Ausatmend bin ich gewahr, dass sich mein Atem verlangsamt... Beruhigt, verlangsamt.

6. Einatmend bin ich gewahr, dass meine Wut/Verzweiflung/Angst/Sorge abklingt. Ausatmend bin ich gewahr, dass meine Wut/Verzweiflung/Angst/Sorge abgeklungen ist... Starke Emotion, abgeklungen.

7. Einatmend bin ich gewahr, dass meine Wut/Verzweiflung/Angst/Sorge verflogen ist. Ausatmend bin ich gewahr, dass meine Wut/Verzweiflung/Angst/Sorge verflogen ist... Starke Emotion, verflogen.

8. Einatmend bin ich meiner Festigkeit gewahr. Ausatmend schenke ich meiner Festigkeit ein Lächeln... Festigkeit, Lächeln.

Sie können diese Übung gemeinsam mit Menschen, die Sie lieben, durchführen. Erinnern Sie sie daran, dass eine Emotion nur eine Emotion ist. Sie kommt, bleibt eine Weile und verflüchtigt sich wieder. Warum sollten wir uns selbst oder jemand anderen bloß wegen einer flüchtigen Emotion verletzen? Sie sind mehr als Ihre Emotionen. Das dürfen Sie nicht vergessen. In einer Krisensituation übe ich sofort das achtsame Atmen. Denken Sie daran, dass Ihr schmerzhaftes Gefühl verfliegen wird. Halten Sie dieses Bewusstsein aufrecht, während Sie atmen, und folgen Sie aufmerksam Ihrem Atem, bis die Emotion abgeklungen ist. Sobald Sie sich einige Male durch die Bauchatmung erfolgreich beruhigen konnten, werden Sie mehr Vertrauen zu sich selbst und Ihrer Übung haben.

Diese Übung sollten Sie vor allem lernen und meistern, wenn Sie Kinder haben. Dann können Sie Ihrem Kind helfen, sobald es von einer starken Emotion überkommen wird. Sie könnten zum Beispiel sagen: »Mein Schatz, bitte nimm meine Hand. Wir wollen uns nicht von deinen Gedanken und Gefühlen vereinnahmen lassen. Richten wir lieber unsere Aufmerksamkeit auf unseren Bauch und atmen ein und aus. Dieser Sturm geht vorüber. Hab keine Angst.« Sie könnten Ihr Kind also bitten, die Bauchatmung mit Ihnen zusammen zu üben. Wenn Sie Ihr Kind in dieser Art unterweisen, bestärken Sie es in einer Fähigkeit, die ihm später vielleicht einmal das Leben rettet. Denn dann wird es im Jugend- und Erwachsenenalter in der Lage sein, mit starken Emotionen umzugehen und auch schwierige Situationen zu meistern.

Tiefe Einsichtnahme in starke Emotionen

Sobald wir unsere Emotionen durch Übungen wie die Bauchatmung beruhigt haben, können wir die Ursachen unseres Kummers eingehend betrachten. Häufig sind wir durch Vorurteile und eine falsche Sicht der Dinge geblendet. Wir haben vielleicht das Gefühl, abgelehnt, gedemütigt oder ignoriert zu werden. Wir glauben, jemand anders wolle uns vernichten. In Wahrheit haben wir nur aufgrund unserer falschen Wahrnehmungen Angst. Wir meditieren, um zu erkennen, dass unsere Sicht der Dinge falsch ist. Wir müssen tief blicken, um den Knoten der Täuschung zu lösen, mit dem unsere Wahrnehmungen gefesselt sind, sodass wir uns daraus befreien und einsehen können, dass wir aus Unwissenheit und Verständnislosigkeit verärgert sind. Wenn wir von starken Emotionen geschüttelt werden, fehlt es uns an Klarheit und Einsicht.

Wenn wir tiefe Einsicht nehmen, erkennen wir, dass unser Gegenüber möglicherweise leidet und eigentlich eher Hilfe als Strafe braucht. Außerdem sehen wir, dass wir selbst leiden, solange wir kein Mitgefühl für andere haben. Sobald sich Verständnis und Mitgefühl einstellen, sind wir wieder glücklich und im Frieden mit uns selbst.

MEDITATION ZUR TIEFEN EINSICHTNAHME IN EMOTIONEN

1. Im Gewahrsein meines Körpers atme ich ein. Mit einem Lächeln für meinen Körper atme ich aus.

2. In Betrachtung der Ursachen des Schmerzes in meinem Körper atme ich ein. Mit einem Lächeln für die Ursachen des Schmerzes in meinem Körper atme ich aus.

3. Im Gewahrsein der geistigen Inhalte in meinem Kopf atme ich ein. Mit einem Lächeln für die geistigen Inhalte in meinem Kopf atme ich aus.

4. In Betrachtung der Ursachen des Schmerzes in meinem Geist atme ich ein. Mit einem Lächeln für die Ursachen des Schmerzes in meinem Geist atme ich aus.

5. In Betrachtung der Ursachen meiner Angst atme ich ein. Mit einem Lächeln für die Ursachen meiner Angst atme ich aus.

6. In Betrachtung der Ursachen meiner Unsicherheit atme ich ein. Mit einem Lächeln für die Ursachen meiner Unsicherheit atme ich aus.

7. In Betrachtung der Ursachen meiner Traurigkeit atme ich ein. Mit einem Lächeln für die Ursachen meiner Traurigkeit atme ich aus.

8. In Betrachtung der Ursachen meines Ärgers atme ich ein. Mit einem Lächeln für die Ursachen meines Ärgers atme ich aus.

9. In Betrachtung der Ursachen meiner Eifersucht atme ich ein. Mit einem Lächeln für die Ursachen meiner Eifersucht atme ich aus.

Nachdem Sie sich Ihrer Wahrnehmungen und Emotionen auf diese Weise sorgsam angenommen haben, möchten Sie vielleicht gern mit Angehörigen oder Freunden über Ihre Erfahrungen sprechen. Durch ein solches Gespräch verbessern wir die Beziehungen zwischen uns und unseren Lieben und tragen außerdem dazu bei, dass sich ihr Verhältnis zu anderen Menschen ebenfalls verbessert. Das ist angewandte Gewaltlosigkeit und echte Mitwirkung an der Transformation der Welt.

Die Tiefentspannung zur Regeneration von Körper und Geist

Jeden Tag aufs Neue sammelt sich Stress in uns an. Wenn wir nicht wissen, wie wir uns dagegen schützen können, setzt sich der Stress allmählich überall in Geist und Körper fest. Alle Körperteile und Organe wie Leber, Herz, Lunge und Nieren signalisieren uns dann durch SOS-Notrufe, dass sie leiden, aber wir sind meist zu beschäftigt, um sie zu hören. Unser Körper ist uns fremd geworden, und wir gestatten ihm selten, zur Ruhe zu kommen und sich wieder zu erholen. Wir schaden unserem Körper, indem wir einfach weiter essen, trinken und arbeiten wie bisher. Wir müssen wieder lernen, auf unseren Körper zu hören. Mit der Übung der Achtsamkeit vereinen wir Körper und Geist.

Die Tiefentspannung ist eine wunderbare Achtsamkeitsübung, mit der wir unserem Körper wohl tun. Mit ihrer Hilfe können wir ihn liebevoll umfangen und ihm die Ruhe und Entspannung gönnen, die er zu seiner Selbstheilung benötigt. Indem wir ein- und ausatmen, werden wir uns jedes Teils unseres Körpers bewusst und bauen alle Spannungen ab, auf die wir stoßen. Wir nehmen uns die Zeit, Liebe und Dankbarkeit in die verschiedenen Teile unseres Körpers zu schicken – es sind nur fünfzehn oder zwanzig Minuten für diese Übung erforderlich.

Zu Beginn werden Sie vielleicht eine Audiokassette benutzen wollen, aber mit zunehmender Übung werden Sie Ihre eigene Version der Tiefentspannung entwickeln.

TIEFENTSPANNUNGSÜBUNG

Es ist sehr wichtig, dem Körper Ruhe zu gönnen. Wenn Ihr Körper entspannt und unbeschwert ist, wird auch Ihr Geist im Frieden sein. Bitte nehmen Sie sich oft Zeit für diese Übung. Die folgende geleitete Entspannungsübung dauert etwa dreißig Minuten, aber Sie können sie getrost Ihrer jeweiligen Situation anpassen. Sie können sie zum Beispiel auf fünf bis zehn Minuten verkürzen. Sie können sie morgens gleich nach dem Aufwachen, abends vor dem Schlafengehen oder tagsüber während einer kurzen Arbeitspause durchführen. Wenn Sie wollen, können Sie sie auch verlängern und noch mehr in die Tiefe gehen. Entscheidend ist, voll gegenwärtig und mit Freude bei der Übung zu sein.

Legen Sie sich bequem mit dem Rücken auf den Fußboden oder aufs Bett. Schließen Sie die Augen. Lassen Sie die Arme locker zu beiden Seiten des Körpers ruhen, die Beine entspannt mit auswärts gerichteten Füßen.

1. Werden Sie sich, während Sie ein- und ausatmen, Ihres ganzen liegenden Körpers bewusst. Fühlen Sie all die Bereiche Ihres Körpers, die den Boden oder das Bett berühren, das Gesäß, den Rücken, die Unterseiten der Arme und Beine, den Hinterkopf. Fühlen Sie jedes Mal, wenn Sie ausatmen, wie Sie

tiefer und tiefer in den Boden sinken, und lassen Sie alle Spannungen, alle Sorgen fahren, ohne an irgendetwas festzuhalten.

2. Spüren Sie beim Einatmen, wie sich Ihr Bauch hebt, und beim Ausatmen, wie er sich senkt. Achten Sie während mehrmaligen Ein- und Ausatmens nur darauf, wie sich Ihre Bauchdecke hebt und senkt.

3. Werden Sie sich jetzt beim Einatmen Ihrer beiden Füße bewusst. Lassen Sie die Füße sich entspannen, während Sie ausatmen. Lassen Sie beim Einatmen Liebe in Ihre Füße strömen, und schenken Sie ihnen beim Ausatmen ein Lächeln. Machen Sie sich beim Ein- und Ausatmen klar, wie wunderbar es ist, zwei Füße zu haben, mit denen Sie den Tag über gehen, laufen, Sport treiben, tanzen, fahren und vieles andere mehr tun können. Seien Sie Ihren beiden Füßen dankbar dafür, dass sie immer für Sie da sind, wenn Sie sie brauchen.

4. Werden Sie sich beim Einatmen Ihres rechten und linken Beins bewusst. Während Sie ausatmen, dürfen sich alle Zellen in Ihren Beinen entspannen. Schenken Sie beim Einatmen Ihren Beinen ein Lächeln, und lassen Sie beim Ausatmen Liebe in sie strömen. Erkennen Sie dankbar an, wie viel Kraft und Gesundheit in Ihren Beinen steckt. Widmen Sie ihnen Zärtlichkeit und Fürsorge, während Sie

ein- und ausatmen. Lassen Sie sie entspannt ruhen und sachte tiefer in den Boden sinken. Lösen Sie jede Spannung auf, die sich in Ihren Beinen festgesetzt haben mag.

5. Werden Sie sich, während Sie einatmen, Ihrer beiden auf dem Boden oder dem Bett ruhenden Hände bewusst. Lockern Sie beim Ausatmen alle Muskeln in Ihren Händen vollkommen und lösen Sie alle Spannungen auf, die dort vielleicht noch sitzen. Erkennen Sie dankbar an, wie wunderbar es ist, zwei Hände zu haben. Schenken Sie Ihren beiden Händen beim Ausatmen ein Lächeln voller Liebe. Vergegenwärtigen Sie sich beim Ein- und Ausatmen alles, was Ihre Hände Ihnen ermöglichen: Kochen, Schreiben, Fahren, Hand halten, einen Säugling tragen, den Körper waschen, Zeichnen, ein Musikinstrument spielen, eine Tastatur bedienen, etwas bauen oder reparieren, ein Tier pflegen oder eine Tasse Tee halten. So vieles ist Ihnen nur durch Ihre zwei Hände möglich. Freuen Sie sich einfach darüber, dass Sie zwei Hände haben, und gönnen Sie allen Zellen in Ihren Händen wirkliche Ruhe.

6. Werden Sie sich, während Sie einatmen, Ihrer beiden Arme bewusst. Entspannen Sie Ihre Arme beim Ausatmen vollkommen. Lassen Sie beim Einatmen Liebe in sie strömen, und schenken Sie

ihnen beim Ausatmen ein Lächeln. Nehmen Sie sich die Zeit, Ihre Arme und all die Kraft und Gesundheit, die darin steckt, anzuerkennen. Seien Sie ihnen dankbar dafür, dass sie es Ihnen ermöglichen, jemanden zu umarmen, auf einer Wippe zu schaukeln, anderen zu dienen und zu helfen und hart zu arbeiten – das Haus zu putzen, den Rasen zu mähen und vieles andere mehr –, den lieben langen Tag. Lassen Sie Ihre Arme beim Ein- und Ausatmen locker werden und vollständig auf dem Boden ruhen. Spüren Sie bei jedem Atemzug, wie die Spannung aus Ihren Armen weicht. Empfinden Sie, während Sie Ihre Arme mit Achtsamkeit umfangen, überall Freude und Unbeschwertheit.

7. Werden Sie sich, während Sie einatmen, Ihrer Schultern bewusst. Lassen Sie beim Ausatmen alle Spannungen aus Ihren Schultern in den Boden abfließen. Lassen Sie beim Einatmen Liebe in Ihre Schultern strömen, und schenken Sie ihnen beim Ausatmen ein dankbares Lächeln. Machen Sie sich beim Ein- und Ausatmen klar, dass sich vielleicht eine Menge Spannungen und Stress in Ihren Schultern anstauen konnte. Lassen Sie beim Ausatmen alle Spannung aus Ihren Schultern entweichen und fühlen Sie, wie sie sich immer tiefer entspannen. Widmen Sie ihnen Ihre zärtliche Fürsorge und denken Sie daran, so zu leben, dass sie entspannt und locker sein können.

8. Werden Sie sich, während Sie einatmen, Ihres Herzens bewusst. Lassen Sie Ihr Herz zur Ruhe kommen, während Sie ausatmen. Lassen Sie beim Einatmen Liebe in es strömen, und schenken Sie ihm beim Ausatmen ein Lächeln. Machen Sie sich beim Ein- und Ausatmen klar, wie wunderbar es ist, dass jetzt ein Herz in Ihrer Brust schlägt. Ihr Herz ermöglicht Ihnen das Leben, und es ist immer für Sie da, jede Minute, jeden Tag. Es macht nie Pause und schlägt ohne Unterbrechung, seit Sie ein vier Wochen alter Fötus im Mutterleib waren. Es ist ein großartiges Organ, das Ihnen alles ermöglicht, was Sie tagtäglich tun. Atmen Sie ein in der Gewissheit, dass auch Ihr Herz Sie liebt. Atmen Sie aus mit dem Entschluss, so zu leben, dass Ihr Herz gut funktionieren kann. Spüren Sie jedes Mal, wenn Sie ausatmen, wie sich Ihr Herz mehr entspannt. Lassen Sie jede Zelle in Ihrem Herzen unbeschwert und freudig lächeln.

9. Werden Sie sich, während Sie einatmen, Ihres Bauches bewusst. Entspannen Sie beim Ausatmen den Bauch. Lassen Sie beim Einatmen Liebe und Dankbarkeit in ihn strömen. Schenken Sie ihm beim Ausatmen ein zärtliches Lächeln. Machen Sie sich beim Ein- und Ausatmen klar, wie lebenswichtig alle Organe im Bauch für Ihre Gesundheit sind. Geben Sie ihnen die Chance, vollkommen zu ruhen. Tag für Tag nehmen sie die Nahrung auf,

die Sie sich zuführen, verdauen sie und geben Ihnen Kraft und Energie. Sie haben es verdient, dass Sie sich die Zeit nehmen, ihnen dankbar Ihre Anerkennung zu zollen. Fühlen Sie beim Einatmen, wie sich Ihr Bauch lockert und alle Spannung entweicht. Freuen Sie sich beim Ausatmen darüber, dass Sie einen gesunden Bauch mit gesunden Organen haben.

10. Werden Sie sich, während Sie einatmen, Ihrer Augen bewusst. Entspannen Sie beim Ausatmen Ihre Augen und die Muskeln ringsum. Schenken Sie Ihren Augen beim Einatmen ein Lächeln und lassen Sie beim Ausatmen Liebe in sie strömen. Gönnen Sie Ihren Augen Ruhe und lassen Sie sie locker in die Augenhöhlen zurücksinken. Machen Sie sich beim Ein- und Ausatmen klar, wie kostbar Ihre Augen sind. Sie ermöglichen es Ihnen, einem geliebten Menschen in die Augen zu blicken, einen herrlichen Sonnenuntergang zu betrachten, zu lesen und zu schreiben, sich mit Leichtigkeit zu bewegen, einen Vogel am Himmel fliegen zu sehen, einen Film anzuschauen – so vieles ermöglichen Ihnen Ihre beiden Augen. Nehmen Sie sich die Zeit, das Geschenk des Sehens zu würdigen, und gönnen Sie Ihren Augen tiefe Ruhe. Sie können auch die Augenbrauen ein wenig heben, um etwaige Spannungen im Augenbereich dadurch abzubauen.

Nun können Sie, wenn Sie mögen, nach obigem Muster weitere Bereiche Ihres Körpers entspannen.

Falls es eine Stelle in Ihrem Körper gibt, die krank ist oder schmerzt, nehmen Sie sich die Zeit, sie sich bewusst zu machen und Liebe in sie strömen zu lassen. Gönnen Sie diesem Bereich Ruhe, während Sie einatmen, und schenken Sie ihm beim Ausatmen ein Lächeln voller Zuneigung und Zärtlichkeit. Machen Sie sich klar, dass andere Teile Ihres Körpers noch kräftig und gesund sind. Lassen Sie Kraft und Energie aus diesen starken Bereichen Ihres Körpers zu den schwachen oder kranken Stellen strömen. Spüren Sie die Unterstützung, Energie und Liebe, mit denen Ihr übriger Körper die schwache Stelle durchdringt und ihr Linderung und Heilung bringt. Bestätigen Sie sich beim Einatmen Ihre Fähigkeit zur Selbstheilung, und lassen Sie beim Ausatmen alle Sorge oder Angst fahren, die Sie vielleicht noch im Körper festhalten. Schenken Sie dem schwachen oder kranken Bereich beim Ein- und Ausatmen ein Lächeln voller Liebe und Zuversicht.

Wenn Sie große körperliche Schmerzen leiden und sehr krank sind, können Sie auch Ihre Ahnen um Hilfe bitten. Sie wissen ja, dass Ihre Vorfahren in jeder Zelle Ihres Körpers gegenwärtig sind. Suchen Sie sich einen Vorfahren aus, der stark und gesund war. Versichern Sie sich beim Einatmen der helfenden Kraft und Vitalität dieses Vorfahren. Fühlen Sie seine

Energie und Gegenwart in sich, die Ihnen helfen, wieder zu Kräften zu kommen und gesund zu werden.

11. Werden Sie sich zum Schluss beim Einatmen Ihres ganzen liegenden Körpers bewusst. Genießen Sie beim Ausatmen das Gefühl, dass Ihr ganzer Körper völlig entspannt und ruhig daliegt. Schenken Sie beim Einatmen Ihrem ganzen Körper ein Lächeln und lassen Sie beim Ausatmen Ihre Liebe und Ihr Mitgefühl in ihn fließen. Fühlen Sie, wie alle Zellen Ihres Körpers voller Freude mit Ihnen zusammen lächeln. Seien Sie dankbar für alle Zellen Ihres Körpers. Sollten Sie andere, besonders Kinder, zu dieser Übung anleiten und gern singen, dann können Sie jetzt auch ein Entspannungs- oder Wiegenlied singen.

12. Richten Sie zuletzt Ihre Aufmerksamkeit wieder auf das sanfte Heben und Senken des Bauches. Strecken Sie sich langsam und öffnen Sie die Augen. Nehmen Sie sich Zeit, um sich langsam und friedvoll aufzusetzen. Jetzt können Sie die gewonnene Energie der Ruhe, der Achtsamkeit und des Friedens in Ihre nächste Tätigkeit einbringen und den ganzen Tag über bewahren.

3
Frieden beginnt bei uns selbst: die Übung in die Welt tragen

1968, der Vietnamkrieg war auf seinem Höhepunkt, half meine Schülerin Schwester Chan Khong beim Wiederaufbau von Thao Diên. In diesem verhältnismäßig ruhigen Dorf unterstützten wir damals viele Projekte zur Verbesserung der Lebensumstände der Bauern. Eines Tages traf Schwester Chan Khong im Dorf ein und stellte voller Entsetzen fest, dass ein Trupp amerikanischer Soldaten mit Handgranaten und Maschinengewehren das Dorf besetzt hatte. Die Soldaten wirkten so ängstlich und nervös, als könnten sie jeden Moment losschießen. In dem Augenblick fiel Schwester Chan Khong das Dorf My Lai ein, von dem in allen vietnamesischen Zeitungen berichtet worden war, da dessen gesamte Einwohnerschaft, überwiegend Alte, Frauen und Kinder, von amerikanischen Soldaten getötet worden war. Ihr wurde klar, dass es unter Umständen genügte, wenn nur ein einziger Mensch aufgeregt etwas rief oder schrie, um die

Angst im Herzen der amerikanischen Soldaten so zu schüren, dass sie das Feuer auf alles und jeden eröffnen würden, wie in My Lai. Schwester Chan Khong richtete ihr Bewusstsein auf ihre Atemzüge und beruhigte sich so weit, dass sie überlegen konnte, was in dieser gefährlichen Lage zu tun und was unbedingt zu unterlassen war. Ein Blick auf die Gesichter der amerikanischen Soldaten zeigte ihr, dass es sich um junge Leute etwa gleichen Alters wie viele ihrer Studenten an der Universität handelte. Sie sah, dass die Soldaten vor Angst fast wie gelähmt waren.

Langsam näherte sie sich einem der Soldaten und fragte ihn in gebrochenem Englisch höflich: »Wonach suchen Sie? Kann ich Ihnen irgendwie behilflich sein?« Der junge Amerikaner war überrascht, auf Englisch angesprochen zu werden. Als er der schüchternen jungen Frau, die da vor ihm stand, in die Augen schaute, sah er, dass sie es ehrlich meinte. Er sagte: »Wir suchen nach Kommunisten.« Schwester Chan Khong sagte: »In diesem Dorf sind keine Kommunisten.« Und sie fuhr fort: »Vor vier Tagen kam ein Guerillatrupp ins Dorf. Sie wollten den Dorfvorsteher töten und sein Haus niederbrennen. Die Dorfbewohner flehten sie an, das nicht zu tun, da nicht nur seins, sondern auch ihre Häuser aus Palmwedeln gefertigt seien und ebenfalls niederbrennen würden, wenn sein Haus angezündet würde. Wir baten die schwer bewaffneten Kämpfer, den Mann am

Leben zu lassen, er sei ein guter Mensch. Wenn sie ihn töteten, würde die Regierung in Saigon uns einen anderen Mann schicken, der womöglich eine Schreckensherrschaft ausüben würde.«

Nachdem der junge Soldat Schwester Chan Khong angehört hatte, rief er den verantwortlichen Offizier herbei, der sich noch einmal genauestens von Schwester Chan Khong Bericht erstatten ließ. Sie erklärte wieder, dass keine Kommunisten im Dorf seien. Eine halbe Stunde später waren die amerikanischen Soldaten verschwunden. So wurde dank der Ruhe und Aufmerksamkeit der jungen Frau, die sich darauf verstanden hatte, achtsam zu atmen, tiefe Einsicht zu nehmen und einfühlsam mit den Soldaten zu reden, ein Blutvergießen vermieden und der Frieden wiederhergestellt.

Der Krieg beginnt und endet bei uns selbst, bei Ihnen und bei mir. Jeden Morgen, wenn wir aufwachen und die Augen aufschlagen, sind Gewalt und Krieg im Keim bereits angelegt. Bitte begießen Sie deshalb jeden Morgen, wenn Sie die Augen öffnen, die Saat des Mitgefühls und der Gewaltlosigkeit. Versuchen Sie eine Achtsamkeitsübung durchzuführen, die Ihnen hilft, Ihre eigenen inneren Konflikte zu überwinden. Lassen Sie den Frieden bei sich selbst einziehen.

Wenn wir im Alltagsleben Achtsamkeit üben, legen wir damit den Grundstein für den Frieden und säen die Saat des Verständnisses in uns und in anderen.

Wir alle wünschen uns sehnlichst, Kriege verhüten oder beenden zu können. Viele von uns würden gern aktiv etwas tun, aber wir haben oft ein Gefühl der Ohnmacht und Hoffnungslosigkeit. Bitte lassen Sie sich nicht von solchen Gefühlen überwältigen, die weder Ihnen noch der Welt etwas nützen. Sie können daran mitwirken, Frieden zu schaffen, aber es genügt nicht, sich einfach nur gegen den Krieg auszusprechen. Wir können zwar unentwegt rufen: »Gewalt ist unmenschlich und destruktiv«, aber dadurch wird letztlich kein Krieg beendet. Jeder achtsame Schritt, den wir tun, und jeder achtsame Atemzug schafft Frieden im gegenwärtigen Augenblick und beugt zukünftigen Kriegen vor.

Wenn wir unser individuelles Bewusstsein transformieren, setzen wir den Veränderungsprozess des kollektiven Bewusstseins in Gang. Ohne persönliche Veränderung ist keine Transformation des Weltbewusstseins möglich. Das Kollektive besteht aus dem Individuellen und das Individuelle aus dem Kollektiven, und jeder Einzelne hat unmittelbaren Einfluss auf das kollektive Bewusstsein.

Unsere einzige Waffe ist die Liebe

An einem Tag im Jahre 1965 – ich war damals Mönch im Truc-Lam-Kloster in Saigon – war mein junger Ordensbruder Nhat Tri in Saigon unterwegs. Ein amerikanischer Militärlastwagen fuhr an ihm vorbei, und ein amerikanischer Soldat, der hinten auf der Ladefläche stand, spuckte Bruder Nhat Tri auf den Kopf, der danach weinend zu mir kam, so gedemütigt fühlte er sich. Ich erklärte ihm, dem amerikanischen Soldaten sei möglicherweise durch eine Menge Propaganda eingetrichtert worden, dass sich die Kommunisten als buddhistische Mönche und Nonnen tarnen würden. Deshalb habe der Soldat bei seinem Anblick hasserfüllt ausgespuckt. Der amerikanische GI sei ein Opfer von Täuschung und Unwissenheit. Ich sagte: »Bruder, du solltest ihn nicht hassen. Wenn du ihn hasst, bedeutet es, dass du noch nicht verstanden hast.« Es waren solche Vorkommnisse, aufgrund derer viele junge Leute die Gewaltlosigkeit, die sie praktizierten, aufgeben wollten, um sich der Nationalen Befreiungsfront anzuschließen und mit der Waffe in der Hand gegen die Amerikaner zu kämpfen. Ich hielt Bruder Nhat Tri lange Zeit in meinen Armen und sagte: »Mein Kind, wir sind nicht dazu geboren, zur Waffe zu greifen, wir sind zum Lieben geboren. Die Liebe ist die einzige Waffe, die wir tragen.« Diese Worte halfen ihm, wieder zu seinem ursprünglichen Anliegen zurückzukehren, er blieb und widmete sich weiterhin seinen karitativen Aufgaben.

Die Welt ist voller Diskriminierung, Gewalt und Hass. Wenn wir uns von diesen negativen Energien vereinnahmen lassen, können wir weder uns noch unserem Planeten helfen. Wir müssen Freiheit, Solidarität und Verständnis entwickeln. Man muss nicht Mönch oder Nonne sein, um sich darin zu üben. Man muss den Willen haben, sein Herz der eigenen Güte, der eigenen Buddhanatur, dem Geist der Liebe zu öffnen.

Einen Liebesbrief schreiben

Die Leute denken oft, es würde ihnen sicher besser gehen, wenn sie einmal die Chance bekämen, ihre Frustration und ihren Schmerz zum Ausdruck zu bringen. Viele von uns haben diese Gelegenheit schon einmal wahrgenommen, aber es hat nichts genützt. Wir haben unsere Frustration und Wut, unseren Schmerz und unsere Klagen viele Male laut geäußert und sind immer noch unzufrieden. Es gibt jedoch eine gute Alternative.

Wenn Sie sich in der Umwandlung Ihres eigenen inneren Schmerzes geübt haben, können Sie allmählich lernen, sich so auszudrücken, dass Ihr Gegenüber Ihnen zuhört und wirklich versteht, was Sie zu sagen haben. Wenn wir nur beleidigen oder verdammen, können wir reden, so viel wir wollen, ohne dass es etwas nützt. Durch Achtsamkeit können wir ehrlich sein und zugleich geschickt vorgehen. Viele Menschen können in ihrer Unzufriedenheit gut einen Protest- oder Beschwerdebrief abfassen, aber die wenigsten sind dazu fähig, dann einen Liebesbrief zu schreiben. Sich voller Liebe zu äußern ist eine Kunst. Mit Verständnis und Liebe wird es Ihnen gelingen, dem anderen Ihre Sorgen mitzuteilen. Wenn Sie einen verärgerten, anklagenden Ton anschlagen und Schuldzuweisungen machen, werden Sie keinen Erfolg haben. Sie werden den Keil nur noch tiefer treiben und die Kluft vergrößern. Ihre Einwände vorbringen können Sie nur im Geist der Liebe. Erst wenn Sie den Geist der Liebe in sich kultiviert haben, sind Sie bereit, Ihren Liebesbrief zu beginnen. Dann spiegelt Ihr Brief Ruhe, Klarheit und Barmherzigkeit wider, und der Empfänger kann zuhören und verstehen, was Sie zu sagen haben.

Mitgefühlsübung und Friedensarbeit

Ich habe einen Freund, der in Mitteleuropa lebt und Umweltaktivist ist. Er ist voller Zorn und weder mit der Gesellschaft noch mit seiner Frau, seinen Eltern oder seinen Freunden glücklich. Er schadet seinem

Körper mit Nikotin und Alkohol und seinem Geist mit dem Verurteilen anderer Menschen. Er weiß nicht, wie er innerlich Frieden finden soll. Als militanter Umweltschützer weiß er sich doch selbst nicht zu schützen. Ich bezweifle stark, dass er tatsächlich etwas für die Umwelt erreicht, weil er die Erde wütend und gewalttätig verteidigt und selbst nicht ohne Gifte auskommt. So kann man die Natur nicht schützen.

In Plum Village halten wir unter anderem Retreats für Umweltaktivisten ab, denen wir immer sagen: »Liebe Freunde, bitte kümmert euch zuerst um euch selbst, wenn ihr die Umwelt schützen wollt. Das Wohlergehen unseres Planeten hängt davon ab, wie ihr mit eurem eigenen Körper, euren Gefühlen, euren Wahrnehmungen und eurem Bewusstsein umgeht. Ebenso hängt das Wohlbefinden eures Körpers und eures Geistes vom Wohlergehen des Planeten ab. Wenn ihr mit den Giften und der Gewalt in eurem eigenen Innern nicht fertig werdet, wie könnt ihr dann mit der Umweltverschmutzung und Gewalt außerhalb eurer selbst und in der Natur fertig werden?« Das Gleiche raten wir letztendlich allen Besuchern, die zu uns nach Plum Village kommen.

Engagierte Friedensaktivisten müssen stark, innerlich gefestigt und wahrhaft friedvoll sein. Das innere Gleichgewicht ist entscheidend für die Friedensarbeit. Wenn wir selbst unachtsam werden, sind wir keine Hilfe. Wir sollten nicht versuchen, anderen zu helfen, um so dem eigenen Leid und inneren Konflikt, der eigenen Verzweiflung zu entfliehen. Wenn wir nicht selbst innerlich friedvoll und gefestigt sind, werden unsere Bemühungen nichts fruchten. Zuerst müssen wir die Achtsamkeit üben und das Mitgefühl in uns selbst wecken, damit sich Frieden und Harmonie in unserem Innern ausbreiten, ehe wir effektiv für gesellschaftliche Veränderungen eintreten können.

Natürlich brauchen wir nicht zu warten, bis wir vollkommenen Frieden und vollkommene Harmonie erlangt haben, bevor wir uns sozial engagieren. Jedes Mal, wenn wir auch nur ein wenig Frieden in uns selbst schaffen, haben wir schon einen positiven Einfluss auf unsere Familie und auf die Gesellschaft. Erkennen Sie Ihre Grenzen, und stärken Sie sich mit der Übung der Achtsamkeit, dann finden Sie auch Ihr inneres Gleichgewicht.

Wir müssen in unserer spirituellen Übung fortfahren, um unsere Kräfte nicht zu erschöpfen. Das geht am besten innerhalb einer Übungsgemeinschaft, die im Buddhismus »Sangha« genannt wird. Ich empfehle Freunden, die zum Wohl anderer tätig sind, einen Tag in der Woche für das gemeinsame Üben in der Sangha festzulegen. Versuchen Sie an den übrigen sechs Tagen auch während der Arbeitszeit nach Möglichkeit immer, das achtsame Atmen und das achtsame Gehen zu üben und sich Frieden und Festigkeit zu erhalten. Allein sind wir nicht in der Lage, anderen zu helfen. Wir müssen gemeinsam handeln.

Mitgefühl macht glücklich

Wie glücklich jemand ist, lässt sich leicht an seinem Mitgefühl für andere ablesen. Das Leben ist kostbar. Wer das erkennt und anderen Lebewesen Frieden und Schutz bietet, findet auch selber Frieden und Schutz. Wenn wir motiviert sind, das Leben aller Tiere, selbst des kleinsten Insekts, zu schützen, werden wir nie den Wunsch haben, menschliches Leben zu zerstören. Mit Mitgefühl sehen wir im anderen uns selbst. Wir sehen, dass wir alle miteinander verbunden sind. Bedauerlicherweise haben viele Menschen das Gefühl, vom Leben und seinen vielen Erscheinungsformen abgeschnitten zu sein. Wir müssen Bedingungen schaffen, unter denen unser Mitgefühl wachsen kann.

Vor 15 Jahren besuchte mich ein Manager aus den Vereinigten Staaten in Plum Village. Er machte sich schwere Vorwürfe, weil er ein Unternehmen leitete, das Atomwaffen herstellte. Er erzählte mir von seinen Sorgen, und ich wusste, dass ich ihm nicht würde raten können, seine Stellung aufzugeben, weil dann lediglich ein anderer seinen Platz einnähme.

Wenn er kündigte, war zwar ihm selbst geholfen, nicht aber seiner Firma, der Gesellschaft oder seinem Land. Ich legte ihm ans Herz, seine führende Position in der Firma beizubehalten, bei seiner Arbeit jedoch Achtsamkeit walten zu lassen und seine Stellung dafür zu nutzen, seine Zweifel und Bedenken bezüglich der Produktion von Atomwaffen zum Ausdruck zu bringen.

Im Sutra über das Glücklichsein sagt Buddha, dass es ein großes Glück ist, einen Beruf zu haben, der einem Freude macht, in dem man anderen helfen und für Frieden und Verständnis in dieser Welt eintreten kann. Diese wundervolle Gelegenheit bietet sich Angehörigen der helfenden Berufe. Doch viele Sozialarbeiter, Ärzte und Therapeuten sind auf eine Weise tätig, die nicht zur Stärkung ihres Mitgefühls beiträgt, sie arbeiten nur, um Geld zu verdienen. Wenn sich der Atomwaffenhersteller im Privat- und Berufsleben in Achtsamkeit übt, kann auch bei seiner Arbeit sein Mitgefühl wachsen, sodass er letztlich anderen eine Hilfe sein würde. Er könnte zum Beispiel auf seine Regierung und seine Mitbürger einwirken, indem er ihnen die Situation bewusst macht. Er könnte ihnen und der ganzen Nation Gelegenheit geben, die Notwendigkeit der Atomwaffenproduktion infrage zu stellen.

Viele Menschen sind trotz ihres Reichtums, ihrer Macht, ihres Ruhms oder ihrer hohen Position in Beruf und Politik nicht glücklich. Sie jagen hohlen Werten nach – Wohlstand, Ruhm, Macht, Sex – und zerstören dabei allmählich sich selbst und ihre Umgebung. In Plum Village organisieren wir Retreats eigens für Unternehmer und Manager. Es ist ihnen anzusehen, dass sie viele Probleme haben und genauso leiden wie andere, manchmal sogar noch mehr. Sie leben in angenehmen Verhältnissen, und trotzdem leiden sie in erheblichem Maße.

Obwohl sie sich einreden, dass ihre Arbeit sehr wichtig ist, hinterlässt die Tätigkeit bei einigen oft ein Gefühl der Leere. Sie beschäftigen viele Leute in ihren Fabriken, Zeitungsverlagen, Versicherungen und Supermarktketten, doch ihr finanzieller Erfolg beschert ihnen nur ein schales Glücksgefühl, weil sie sich nicht von Verständnis und Erbarmen leiten lassen. Gefangen in ihrer kleinen Welt der Gewinne und Verluste, sind sie sich des Leidens und der Armut in der Welt gar nicht bewusst. Wenn wir mit dieser größeren Wirklichkeit nicht in Berührung sind, mangelt es uns an dem nötigen Mitgefühl, das uns stärkt und glücklich macht.

Sowie Ihnen die umfassende Verbundenheit mit anderen bewusst wird, Ihr *Intersein**, werden Sie

---

* Intersein (englisch interbeing) bedeutet »gegenseitiges Durchdrungen- und Verwobensein von allem Existierenden« sowie »wechselseitiges Bedingtsein«, das ein isoliertes, unabhängiges Selbst ausschließt. Es drückt das fundamentale Einssein aller Wesen aus.

auch erkennen, dass Ihr Handeln nicht nur Auswirkungen für Sie selbst hat, sondern für alles Lebendige. Dann werden Sie zwangsläufig Ihre Lebensweise überprüfen und die Qualität Ihrer Beziehungen und Ihrer Arbeitsweise mit neuen Augen betrachten. Sie werden sich sagen: »Ich muss meinen Lebensunterhalt verdienen, ja, aber ich will mein Geld achtsam verdienen. Ich möchte nach Möglichkeit einer Beschäftigung nachgehen, die weder Mensch noch Natur schädigt und bei der keine Rohstoffe verschwendet werden.«

Ganze Unternehmen können zu dieser Denkweise kommen. Unternehmen steht das Recht zu, Wirtschaftswachstum zu erstreben, aber nicht auf Kosten anderen Lebens. Sie sollten das Leben und die Integrität von Menschen, Tieren, Pflanzen und Mineralien achten. Investieren Sie weder Zeit noch Geld in Firmen, durch die anderen das Leben genommen wird, Menschen und Tiere ausgebeutet werden und die Natur zerstört wird.

Unternehmer, die Plum Village besuchen, merken oft, dass nur das Verständnis und das Mitgefühl mit dem Leid anderer sie glücklich macht. Sie gleichen Anathapindika, einem erfolgreichen Geschäftsmann, der zur Zeit Buddhas lebte und durch lebenslanges Üben der Achtsamkeit im Rahmen seiner Möglichkeiten alles tat, um den Armen und Kranken in seinem Land zu helfen.

Wahre Zuflucht in der Übung finden

Viele Menschen, die in ihrem Privatleben leiden, verschaffen sich Erleichterung, indem sie sich auf ihre Arbeit stürzen. Ich kenne einen Arzt in Kalifornien, der sich für seine Patienten aufreibt. Nach den Sprechstunden bleibt er noch stundenlang in seiner Praxis und sieht sich die Krankenberichte an, weil er nicht nach Hause gehen mag. Seine Frau ist daran gewöhnt, denn die beiden sind kein glückliches Paar. Ihm ist es angenehmer, sich in der Praxis aufzuhalten und die Berichte zu lesen. Er sagt sich: »Was ich mache, ist eine gute Sache, und ich bin ein guter Arzt. Ich muss in der Praxis bleiben und arbeiten, um die Beschwerden meiner Patienten besser verstehen zu können.« Er flüchtet sich in diese Arbeit, um seinem Leben mehr Sinn zu geben. Tief innerlich jedoch weiß er, ohne es sich einzugestehen, dass er seine Zuflucht zur Arbeit nimmt, weil er sich nicht mit seinem wirklichen Problem auseinander setzen will, seiner Ehe. In unserer Gesellschaft ist es allgemein üblich, sich in die Arbeit zu stürzen, weil man nicht wahrhaben will, dass man unglücklich ist.

Viele nehmen auch Zuflucht zu Alkohol und Drogen. Sie wollen vergessen, sie wollen den Schmerz in ihrem Innern betäuben. Wenn sie berauscht sind, vergessen sie alles, aber nur für ein paar Stunden. Kaum erwachen sie aus dieser Selbstbetäubung, merken sie, dass sich nichts geändert hat. Immerhin sind sie der Wirklichkeit für zwei oder drei Stunden entronnen, und da sie keinen anderen Ausweg kennen, greifen sie wieder zu Alkohol oder Drogen. Dadurch schaden sie Körper und Geist und bringen Leid über sich und ihre Umgebung. Das ist absolut keine Lösung.

In der heutigen Gesellschaft nehmen viele ihre Zuflucht zum Konsum. Wenn wir uns nicht wohl fühlen in unserer Haut, wenn wir leer oder deprimiert sind, gehen wir an den Kühlschrank oder ins Kaufhaus, um die Leere aufzufüllen und unser Leid zu vergessen. Wir nehmen Zuflucht zum Essen, Trinken oder Einkaufen. So versuchen wir die innere Leere zu füllen, weil wir nicht wissen, wo wir eine wahre Zuflucht finden. Wir möchten uns durch Sinnesgenüsse zerstreuen.

Viele von uns flüchten sich auch in den Fernsehkonsum. Wir lassen uns vom Programm vereinnahmen und vergessen uns selbst dabei. Einige Sendungen sind informativ und bildend, die meisten jedoch nicht. Sie sind wie Junk-Food und bieten uns nur Lärm und Gewalt. Obwohl uns der Konsum dieser Sendungen nicht gut tut, lassen wir den Fernseher eingeschaltet, um die wirklichen Probleme unseres Lebens auszublenden. Wir können ihn nicht abschalten, denn sonst müssten wir uns mit uns selbst befassen, und das ist uns unangenehm. Wir kleben vor dem Fernseher, nur um dem Programm auszuweichen, das in unserem Innern abläuft – einem Endlosprogramm aus Verwirrung, Konflikt und Verzweiflung. Wir wenden uns von unserem eigenen Leid ab, weil es uns an dem nötigen Selbstvertrauen fehlt, uns mit den wirklich wichtigen Themen zu befassen.

Wir müssen mit der Gewohnheit brechen, vor uns selbst davonzulaufen. Wir wollen Frieden finden, wir wünschen uns Sicherheit, Freude und Glück, wissen jedoch nicht, wie wir all das erlangen können. Zuflucht zur Übung der Achtsamkeit zu nehmen ist unser Weg. Sie gibt uns das Selbstvertrauen, unsere Schwierigkeiten zu überwinden. Wir können Zuflucht nehmen zum achtsamen Atmen und achtsamen Gehen, dann werden wir Frieden erlangen und uns den Wundern des Lebens öffnen; und wir werden wirklich da sein für unsere Kinder, unsere Familie und unsere Gesellschaft.

Ein echter Friedensmarsch

Viele Menschen beteiligen sich an Friedensmärschen. 1981, an dem Tag, an dem die Vereinten Nationen über eine Abrüstungsresolution abstimmten, wurde in New York ein riesiger Friedensmarsch organisiert. Eine halbe Million Menschen machte sich gemeinsam für den Frieden auf den Weg. Freunde luden mich ein, auch daran teilzunehmen; ich war bereit mitzumachen, wenn ich dabei das meditative Gehen üben konnte. Meine Freunde versicherten mir, dass dies möglich sei, und so brach ich mit fünfzig Gleichgesinnten auf, um die gute Sache zu unterstützen.

Wir waren eine multinationale, multikulturelle Gruppe und gehörten den unterschiedlichsten spirituellen Traditionen an. Achtsam gingen wir mit unserer Fahne »Ehrfurcht vor dem Leben« durch die Straßen von Manhattan. Neben uns marschierten fast schon im Laufschritt Scharen von jungen Leuten und riefen dabei Slogans wie: »Abrüstung jetzt! Nieder mit den Atomwaffen!« Unsere Gruppe ging schweigend, langsam und friedvoll. Später erfuhren wir, dass wir mit unserer langsamen Gangart 300 000 Menschen hinter uns aufhielten. Den ganzen Marsch über riefen uns Leute aus Gruppen hinter uns, während sie uns zu überholen versuchten, zu: »Könnt ihr nicht schneller gehen?« Wenn sie neben uns angelangt waren, konnten wir ihnen ihre Frustration über uns Langsamgeher ansehen. Doch dann geschah das Merkwürdige. Während sie uns betrachteten, machten sie einen Sinneswandel durch, sie wurden stiller und verlangsamten selber ihr Tempo. Es wurde ein echter Friedensmarsch. Die Leute erinnern sich noch heute daran, nicht zuletzt wegen unserer kleinen Gruppe, die in diesem »Marsch für den Frieden« tatsächlich mit jedem Schritt Frieden übte.

Es gibt keinen Marsch für den Frieden; der Marsch selbst muss Friede sein. Man braucht keinen Marsch bis zum Ende mitzumachen, um Frieden zu finden. Die Übung besteht einfach darin, im Gehen Frieden zu verkörpern. Der Weg ist das Ziel. Wenn Sie gern für den Frieden marschieren, sollten Sie Ihr Gehen zur Friedensübung machen. Auf diese Weise berühren Sie die Herzen der Menschen. Nicht die Kilometer zählen, die Sie zurücklegen, sondern die Qualität jedes Ihrer Schritte. Der Frieden beginnt immer bei Ihnen selbst. Wenn Sie achtsam gehen, werden andere davon tief berührt. Falls Sie sich an einem Friedensmarsch oder einer Friedensdemonstration beteiligen, tun Sie es bitte so, dass der Frieden sichtbar wird, dass das Ereignis selbst ein Teil des Friedens ist.

Wahre Zuflucht

Wir brauchen genügend Selbstvertrauen, Glauben und Mut, um zu unserem Handeln zu stehen. Wir sollten uns fragen: Berührt unser Leben die Schönheit und Güte in unserem Innern und in unserer Umwelt, führt es uns auch wirklich zu Mitgefühl und Verständnis? Oder versuchen wir bloß vor uns selbst zu fliehen?

Wahre Zuflucht ist etwas, das uns die Tür zu Transformation und Heilung öffnet. Wir müssen lernen, Zuflucht zu nehmen. Zuflucht zu nehmen ist keine Fluchthandlung. Vielmehr dient es dem Schutz und der Gemeinsamkeit aller. Wenn uns das, wozu wir jetzt unsere Zuflucht nehmen – Arbeit, Nahrung, materielle Annehmlichkeiten, Fernsehen – von unseren Gefühlen, unserer Familie und unserer Gesellschaft trennt, ist es keine echte Zuflucht. Wenn unser Leben uns blind macht für die Wirklichkeit unseres eigenen Leidens und des Leidens anderer, bewegen wir uns in die falsche Richtung. Dann isolieren wir uns und verhalten uns gewalttätig, indem wir uns abtrennen. Wir jagen allen möglichen Sinnesgenüssen und Vergnügungen nach und glauben, dadurch dem Leiden zu entgehen und wahrhaft glücklich zu werden, aber das Glück liegt nicht in Sinnesgenüssen. Den inneren Frieden zu finden macht glücklich.

In einer Studie über Glück haben Psychologen festgestellt, dass wirklich glückliche Menschen voll im gegenwärtigen Augenblick leben. Sie denken nicht an etwaige Bedrohungen oder negative Eventualitäten, sondern suchen in schwierigen Situationen stets nach Wegen, die für alle gangbar sind. Glückliche Menschen kooperieren und helfen ihren Mitmenschen. Für sie ist Glück kein Ziel, das erreicht werden müsste, sondern greifbare Wirklichkeit im täglichen Leben.

Zeit zum Leben

In meiner Jugend war das Leben in Vietnam ganz anders als heute. Wir hatten kaum Maschinen, und das tägliche Leben verlief sehr ruhig. Zu einem Geburtstagsfest, einer Dichterlesung oder zur Gedenkfeier für ein verstorbenes Familienmitglied empfing man den ganzen Tag über Gäste, nicht nur ein paar Stunden lang. Man konnte jederzeit eintreffen, denn der ganze Tag war dem betreffenden Ereignis gewidmet. Man brauchte auch kein Auto oder Fahrrad – man ging zu Fuß. Wer weit entfernt wohnte, machte sich am Vortag auf die Reise und übernachtete unterwegs bei Freunden. Egal, wann man ankam, immer wurde man willkommen geheißen und bewirtet. Trafen vier Leute zusammen ein, wurde ihnen zusammen ein Tisch gedeckt. Waren es fünf, wartete der Fünfte, bis drei weitere Gäste eintrafen, um mit ihnen am nächsten Tisch Platz zu nehmen. Man unterhielt sich, sagte Gedichte auf oder sang gemeinsam Lieder, und jeder konnte so lange bleiben, wie es ihm gefiel.

Diesen Luxus gönnen wir uns in der heutigen Welt nicht mehr. Wir haben zwar mehr Geld und viele materielle Annehmlichkeiten, sind aber trotzdem nicht glücklicher, denn wir haben einfach keine Zeit mehr füreinander.

Früher einmal pflegten die Leute in Vietnam mit

einem kleinen Boot auf einen Lotosteich hinauszufahren und eine geöffnete Lotosblüte mit Teeblättern zu füllen. Abends schloss sich die Blüte um den Tee, sodass er über Nacht von Blütenduft durchdrungen wurde. Am frühen Morgen, wenn noch Tau auf den Blättern lag, kehrte man mit den Freunden zurück und sammelte den Tee ein. Auf dem Boot befand sich alles Notwendige: frisches Wasser, ein Kocher, eine Teekanne und Teeschalen. Nun bereitete man im wunderschönen ersten Tageslicht den Tee zu und verbrachte den ganzen Vormittag mit Teetrinken auf dem Lotosweiher. Heute hat man vielleicht einen Lotosteich, aber keine Zeit mehr, ihn zu betrachten, geschweige denn, sich dem beschriebenen Genuss hinzugeben.

Unsere heutige Teemeditation ist eine Reminiszenz an die alten Zeiten, in denen wir zwei bis drei Stunden damit zubrachten, eine Schale Tee zu trinken. In Plum Village sind wir in der glücklichen Lage, mehrmals im Monat an Teezeremonien teilnehmen zu können. Wir versammeln uns und genießen in entspannter Atmosphäre gemeinsam eine Schale Tee, Gebäck, Gedichte, Lieder und Geschichten. Eigentlich brauchen wir für eine Schale Tee nur zwei Minuten, aber indem wir uns füreinander Zeit nehmen, tragen wir zum gegenseitigen Verständnis bei und sind gemeinsam glücklich.

Im alten Vietnam pflegte jemand, sobald er bemerkte, dass der Kirschbaum in seinem Garten kurz vor dem Aufblühen stand, mit handgeschriebenen Einladungen Verwandte und Freunde zum Kirschblütenfest zu sich zu bitten. Die ganze Familie half mit, dieses Ereignis vorzubereiten, buk Weizenkeimplätzchen und arrangierte alles nett. Wir nahmen jede Gelegenheit wahr, uns mit solchen Festen des Lebens zu freuen, uns mit Freunden zu treffen, Tee zu trinken, Lieder zu singen und Gedichte vorzutragen.

Falls es infolge eines Wetterumschwungs kalt wurde und zu befürchten war, dass der Kirschbaum nicht rechtzeitig aufblühte, versammelten sich die Leute am Fuß des Baumes und spielten auf einer Trommel, um ihn zum Blühen anzuregen. Heute gelten solche Festlichkeiten als unrentabel, denn Zeit ist Geld. Für uns, die wir uns in Achtsamkeit üben, sollte Zeit jedoch viel kostbarer sein als Geld. Zeit ist Leben; wir sollten unsere Zeit nutzen, um in Frieden, Freude und Freiheit zu leben.

Durch Achtsamkeit zur einfachen Lebensweise

Wenn unsere Achtsamkeit zunimmt, wird das Leben einfacher. Wir merken allmählich, wie viel Zeit wir mit sinnlosem Konsum verbringen. In unserer Gesellschaft wird der Konsument selbst konsumiert – er wird zum Konsumgegenstand für andere. Buddha hat einmal gesagt: »Liebe Freunde, ihr lasst euch von Formen und Gefühlen verzehren. Ihr werdet konsumiert.«

Wir machen uns zum Konsumartikel für andere Menschen. Da wir verführerisch und gefragt sein wollen, kaufen wir uns neue Kleidung oder ein neues Parfüm. Wir gehen ins Fitnesscenter, um noch attraktiver zu werden und begehrenswert zu sein für andere, die ebenfalls Konsumenten sind. Wir müssen uns zwar pflegen, aber vieles tun wir nur, weil wir durch diese Art von Konsum glücklich zu werden glauben. Dabei sollten wir tiefer blicken und einsehen, dass dieses sinnlose Konsumieren uns nicht glücklich macht, sondern Leid beschert.

Die Objekte unseres Konsumtriebs wechseln ständig. Auch unsere Lust auf das, was wir konsumieren, ist ständigen Schwankungen unterworfen. Wir laufen andauernd hinter etwas Neuem her. Eine Zeit lang mögen wir vernarrt sein in das, was wir uns gerade gekauft haben, aber es dauert nicht lange, und wir werfen es weg und kaufen uns etwas anderes. Als ich nach Frankreich kam, erwarb unsere Sangha einen kleinen Gebrauchtwagen, einen Peugeot. Wir fuhren damit durch ganz Europa und transportierten nicht nur Leute, sondern auch Sand, Ziegelsteine, Werkzeug, Bücher, Lebensmittel und vieles andere mehr. Wir benutzten ihn für alles, wozu wir ein Auto brauchten, und fuhren ihn viele Jahre lang. Als der Wagen alt und nicht mehr zu gebrauchen war, fiel es uns schwer, ihn zu verschrotten. Wir hingen an unserem kleinen Peugeot, weil wir so vieles gemeinsam unternommen hatten. Er hatte viele Pannen, etliche Unfälle und ungezählte Reparaturen überstanden. Meine Freunde von der Sangha und ich waren traurig an dem Abend, als wir ihn aufgeben mussten. Ich habe sogar ein Erinnerungsgedicht geschrieben.

Heutzutage haben die Menschen selten eine innere Verbindung zu den Dingen, die sie kaufen, sie wollen nur immer das Neueste besitzen. Die Hersteller wissen das. Es ist kein Zufall, dass Konsumgüter heute so beschaffen sind, dass sie nicht lange halten. Würden die Produkte lange halten, würden die Hersteller weniger Gewinn machen, denn der hängt davon ab, dass wir immer wieder etwas Neues kaufen.

Wir kriegen nie genug, weil wir der Philosophie aufsitzen, dass auch zu viel immer noch zu wenig ist. Wir haben es bisher versäumt, tiefen Einblick in unser Konsumverhalten zu nehmen. Wenn wir uns jedoch die Zeit nehmen, achtsam zu leben, werden wir entdecken, dass eine einfache Lebensführung mit weniger Konsum die beste Voraussetzung für das Glücklichsein ist.

Buddha hat gelehrt, dass wir mit den Grundbedingungen des Lebens zufrieden sein und wissen sollten, wann es genug ist. Ein anschauliches Beispiel dafür ist die Lebensweise der Mönche und Nonnen zur Zeit Buddhas. Sie besaßen nichts weiter als drei Gewänder und eine Schale. Sie begriffen, dass materieller Besitz nicht wahrhaft glücklich macht. Wir befleißigen uns einer einfachen Lebensweise, weil sie uns glücklich macht. Das einfache Leben hat viele Vorteile: Wenn man nicht mehr auf Besitztümer versessen ist, braucht man weniger Geld und kann es sich leisten, weniger zu arbeiten. Man hat mehr Zeit für Dinge, die sinnvoll sind und Freude bereiten.

Ein konfuzianisches Sprichwort drückt das schön aus: »Wenn du weißt, was genug ist, wirst du genug haben. Aber wenn du wartest, bis du genug hast, wirst du nie genug haben.«

Eine zivilisierte Kultur

Die Worte *zivil, zivilisiert* und *Zivilisation* gehören ja alle zur selben Wortfamilie. *Zivilisiert* ist, was schön, sanft und friedvoll ist und damit das Gegenteil von *gewalttätig*. Eine zivilisierte Gesellschaft und Kultur sind die Frucht unserer Übung, ihre Markenzeichen sind Harmonie und Erbarmen. Die Übung der Achtsamkeit entspricht einer solchen Kultur: Wir entwickeln Freiheit, Verantwortung und Verständnis und ernten deren Früchte. Frieden muss wie Sonnenblumen gepflegt werden, um wachsen zu können. Am

Anfang haben wir nur die Erde, wir müssen sie pflügen und die Saat ausbringen. Wenn wir den Boden feucht halten und die Pflanzen gut versorgen, können wir uns nach ein paar Monaten an herrlichen Sonnenblumen erfreuen. Ebenso ist es mit dem Frieden.

Als zivilisierte Achtsamkeitsübende müssen wir erkennen lernen, wann wir auf Kosten anderer leben, seien es Menschen, Tiere, Pflanzen oder der lebendige Boden, das Wasser und die Luft unseres Planeten, und wann wir durch unser unachtsames Leben, Konsumieren und Produzieren Gewalt ausüben. Die Übung der achtsamen Lebensweise hilft uns, innezuhalten und zu sehen, was wir tun und wohin wir treiben. Wenn wir uns die Zeit nehmen, tiefer zu blicken, bekommen Verständnis und Mitgefühl eine Chance, in unseren Herzen zu wachsen, und dann können wir einsichtsvoll handeln.

Die fünf Achtsamkeitsübungen

Ich verweise im Gespräch über die Gewaltlosigkeit oft auf die fünf Achtsamkeitsübungen. Buddha verglich den Körper mit einem Wasserkrug, der das aufnimmt und wieder abgibt, was wir hineingießen. Er riet uns, die Achtsamkeit als Hüter von Bewusstsein und Körper einzusetzen. Mithilfe der Achtsamkeitsübungen können wir uns im Selbstschutz vervollkommnen. Es sind klare, praktische Methoden, um den Geist des Friedens in unserem Alltagsleben zu verankern. Sie sind unser Werkzeug zum Friedenschaffen.

Wir denken meist, dass die Gewalt, unter der wir leiden, von anderen ausgeht, dass sie außerhalb von uns selbst entsteht, aber das stimmt nicht. Wir selbst tun unserem Körper und Bewusstsein Gewalt an durch die Art und Weise, wie wir essen, trinken und arbeiten. Wenn wir bestimmte Produkte anschauen, etwas konsumieren oder lesen, tun wir uns selbst Gewalt an. Sowohl unser Bewusstsein als auch unser Körper können Opfer unseres unachtsamen Konsumierens werden. Sobald wir etwas konsumieren, das unserem Körper nicht gut tut, verhalten wir uns lieblos und tun uns Gewalt an. Fernsehprogramme, Zeitschriften, Filme und Gespräche über Gewalt und Begierden rufen innere Konflikte hervor. Wir sind im Alltagsleben oft nachlässig und lassen es zu, dass unser Konsumverhalten uns und unsere Kinder vergiftet. Durch die Achtsamkeitsübungen können wir lernen, diese Elemente aufzuspüren, sowie sie sich manifestieren, und uns vor ihnen schützen.

Die fünf Achtsamkeitsübungen sind ein Geschenk Buddhas und vor vielen Jahren entstanden. Sie sind so formuliert, dass jeder sie ungeachtet seiner spirituellen Tradition oder seines kulturellen Hintergrundes anwenden kann.

Sie tragen dazu bei, uns unsere Gedanken und Taten bewusst zu machen. Durch sie können wir zum gewaltfreien Denken und Handeln kommen. Buddha hat gesagt, dass wir nicht nur davon reden sollen, etwas Gutes zu tun, sondern es in die Tat umsetzen müssen. Indem wir diese Übungen ausführen, nehmen wir das Leiden bewusster wahr, das die Gewalt in unseren Gedanken, Worten und Handlungen verursacht.

DIE FÜNF ACHTSAMKEITSÜBUNGEN

Die erste Achtsamkeitsübung:
Ehrfurcht vor dem Leben
Des Leidens gewahr, das durch die Vernichtung von Leben entsteht, gelobe ich, Mitgefühl zu üben und Wege zu erlernen, um das Leben von Menschen, Tieren, Pflanzen und Mineralien zu schützen. Ich bin entschlossen, nicht zu töten, nicht zuzulassen, dass andere töten, und keine Form des Tötens zu dulden, sei es in der Welt, in meinen Gedanken oder in meiner Lebensweise.

Die zweite Achtsamkeitsübung:
Großzügigkeit
Des Leidens gewahr, das durch Ausbeutung, soziale Ungerechtigkeit, Diebstahl und Unterdrückung

entsteht, gelobe ich, Herzensgüte zu üben und Wege zu erlernen, die dem Wohlergehen der Menschen, Tiere, Pflanzen und Mineralien dienen. Ich gelobe, Großzügigkeit zu üben, indem ich meine Zeit, Energie und materiellen Mittel mit denen teile, die in Not sind. Ich bin entschlossen, nicht zu stehlen und mir nichts anzueignen, was anderen zusteht. Ich will fremdes Eigentum achten und zugleich andere davon abhalten, sich am Leid anderer Menschen und Lebewesen auf der Erde zu bereichern.

Die dritte Achtsamkeitsübung:
sexuelle Verantwortung

Des Leidens gewahr, das durch sexuelles Fehlverhalten entsteht, gelobe ich, Verantwortung zu üben und Wege zu erlernen, um die Sicherheit und Integrität von Einzelnen und Paaren, Familie und Gesellschaft zu schützen. Ich bin entschlossen, keine sexuelle Beziehung einzugehen, ohne Liebe zu empfinden und ohne zu einer dauerhaften Bindung bereit zu sein. Um anderen und mir selbst das Glück zu erhalten, bin ich entschlossen, meine Bindungen und die Bindungen anderer zu respektieren. Ich will alles in meiner Macht Stehende tun, um Kinder vor sexuellem Missbrauch zu schützen und zu verhindern, dass Paare und Familien durch sexuelles Fehlverhalten auseinander brechen.

Die vierte Achtsamkeitsübung:
gesammeltes Zuhören und liebevolle Rede
Des Leidens gewahr, das durch unachtsames Reden und die Unfähigkeit, anderen zuzuhören, entsteht, gelobe ich, mich in liebevoller Rede und im gesammelten Zuhören zu üben, um anderen Freude und Glück zu bereiten und ihre Leiden lindern zu helfen. In dem Wissen, dass Worte sowohl Glück als auch Leid bescheren können, gelobe ich, wahrhaftig reden zu lernen und Worte zu wählen, die Selbstvertrauen, Freude und Hoffnung wecken. Ich bin entschlossen, keine Informationen zu verbreiten, für die ich mich nicht verbürgen kann, und nichts zu kritisieren oder zu verurteilen, worüber ich nichts Genaues weiß. Ich will nichts äußern, was Uneinigkeit und Zwietracht säen oder zum Zerbrechen von Familie und Gemeinschaft führen könnte. Ich will mich stets um Versöhnung und um Lösung aller Konflikte bemühen, wie geringfügig sie auch sein mögen.

Die fünfte Achtsamkeitsübung:
das achtsame Konsumieren
Des Leidens gewahr, das durch den unachtsamen Umgang mit Konsumgütern entsteht, gelobe ich, mich für die körperliche und geistige Gesundheit meiner selbst, meiner Familie und der Gesellschaft einzusetzen, indem ich das achtsame Essen, Trin-

> ken und Konsumieren übe. Ich gelobe, nur in mich aufzunehmen, was meinem eigenen Körper und Geist sowie dem kollektiven Körper und Geist meiner Familie und Gesellschaft Frieden, Wohlbefinden und Freude erhält. Ich verstehe, dass die richtige Ernährung entscheidend ist für meine eigene Transformation und für die Transformation der Gesellschaft. Ich bin entschlossen, auf Alkohol und andere Rauschmittel zu verzichten und keine Nahrungsmittel oder andere Dinge zu konsumieren, die mir schaden könnten, wie zum Beispiel bestimmte Fernsehprogramme, Zeitschriften, Bücher, Filme und Gespräche. Ich bin mir bewusst, dass ich meinen Vorfahren, meinen Eltern, der Gesellschaft und zukünftigen Generationen Unrecht tue, wenn ich meinen Körper und meinen Geist derart schädlichen Einflüssen aussetze. Ich will daran arbeiten, Gewalt, Angst, Wut und Verwirrung in mir selbst und in der Gesellschaft zu überwinden, indem ich mich in allem, was ich zu mir nehme, um meiner selbst und der Gesellschaft willen achtsam verhalte.

Diese Achtsamkeit motiviert uns dazu, das Leiden zu lindern und in uns selbst und anderen Frieden zu stiften.

Im Deutschen gibt es das Verb *sein*. Die Achtsamkeitsübungen eröffnen uns die Wirklichkeit des

Interseins, des gemeinsamen Seins. Als Menschen können wir nicht einfach nur für uns allein bestehen. Wir sind auf andere Menschen angewiesen. Wir sind auf andere Tiere angewiesen, und wir brauchen unseren wunderbaren Planeten. Die fünf Achtsamkeitsübungen können zu unserem eigenen Schutz beitragen und dazu, dass wir das Leben von Mitmenschen, Tieren, Pflanzen und Mineralien im lebendigen Erdreich schützen. Eine einfache Lebensweise und Mitgefühl sind Ausdruck dieser Übung und gleichzeitig Grundpfeiler des Interseins.

Wenn wir eine der fünf Übungen durchführen, üben wir zugleich auch die anderen vier. Alle Übungen sind untereinander verbunden. Wenn wir die Ehrfurcht vor dem Leben üben (die erste Achtsamkeitsübung), achten wir genauer darauf, was und wie wir konsumieren (fünfte Achtsamkeitsübung), und wir tun es, um das Leben von Menschen, Tieren, Pflanzen und Mineralien zu schützen. Wir lernen, weise mit unserer Zeit und unseren Mitteln umzugehen (zweite Achtsamkeitsübung), nur das zu kaufen, was wir brauchen, und nur in Unternehmen zu investieren, die das Leben und unsere Mutter Erde achten.

Alle Übungen sind miteinander verknüpft, weil die Übung der Achtsamkeit mit allen Aspekten unseres Lebens verwoben ist. Wir selbst sind untereinander verbunden – jede unserer Handlungen hat Auswirkungen auf unsere Umgebung. »*No man is an island*« – das ist heutzutage leicht zu erkennen. Es ist nicht möglich, aus sich und für sich allein zu sein; nur »Intersein« ist möglich.

Wenn wir achtsam essen, sind wir uns all der Lebewesen bewusst, deren Existenz und mühevolle Arbeit zu der Nahrung, die vor uns steht, beigetragen haben. Das Bewusstsein unserer Abhängigkeit von anderen Wesen hilft uns, das Mitgefühl in unserem Herzen wach zu halten. Um auf diese Abhängigkeit aller von allen hinzuweisen, erzählte Buddha einst das Gleichnis vom »Fleisch des Sohnes«. Es handelt von einem jungen Paar, das in ein anderes Land auswandern wollte und auf dem Weg dorthin eine weite, gefährliche Wüste durchqueren musste. Die beiden jungen Leute hatten ihren kleinen Sohn mitgenommen; als sie die Wüste erst zur Hälfte durchquert hatten, ging ihnen die Nahrung aus. Sie wussten, dass dies den sicheren Tod bedeutete. Nach vielem Hin und Her beschlossen sie, ihren kleinen Sohn zu töten und sein Fleisch zu essen. Sie töteten das Kind, aßen ein Stück von seinem Fleisch und luden sich den Rest auf ihre Schultern, wo es in der Sonne trocknen konnte. Sie litten entsetzlich. Jedes Mal, wenn sie ein Stück vom Fleisch ihres Sohnes aßen, riefen sie weinend voller Verzweiflung: »Wo bist du, geliebtes Söhnchen? Wo bist du, geliebtes Söhnchen?« Sie schlugen sich auf die Brust und rauften sich das

Haar. Schließlich lag die Wüste hinter ihnen, und sie kamen in dem fremden Land an.

Nachdem Buddha seinen Mönchen diese Geschichte erzählt hatte, fragte er: »Liebe Freunde, glaubt ihr, dass es dem Paar Freude bereitete, das Fleisch seines Sohnes zu essen?« Die Mönche erwiderten: »Nein, wie könnte jemand seine Freude daran haben, das Fleisch des eigenen Sohnes zu essen?« Da sagte Buddha: »Wenn wir nicht achtsam sind bei dem, was wir zu uns nehmen, ist es so, als äßen wir das Fleisch unserer eigenen Kinder.«

Wenn wir Alkohol trinken und Fleisch essen – beides untrennbar mit dem Leiden anderer Menschen, Lebewesen und unserer Mutter Erde verbunden –, ist es, als würden wir unser eigenes Fleisch und Blut verzehren. Betrachten wir den Genuss von Alkohol im Geiste der fünften Achtsamkeitsübung, sehen wir, dass der Konsum und die Produktion von Alkohol Leiden verursacht. Alkoholgenuss schadet Körper und Geist und ist die Ursache vieler tödlicher Autounfälle. Für die Herstellung von Alkohol werden große Mengen Getreide benötigt, mit dem sonst die Hungernden auf dieser Welt ernährt werden könnten. Alkohol hat einen unmittelbaren Bezug zum Leiden von Kindern. Beispielsweise ist ein ganzer Korb voll Reis erforderlich, um ein Glas Reiswein herzustellen. Jeden Tag sterben auf der Erde 40 000 Kinder aus Nahrungsmangel. Wir hier im Westen, die wir uns voll stopfen und Getreide an Tiere verfüttern, um deren Fleisch zu essen, verzehren letztlich das Fleisch dieser Kinder.

Wir alle, auch Kinder, können das Leiden der Tiere sehen, die wir zu Nahrung verarbeiten. Die Art und Weise, wie wir Nahrung herstellen, ist ungemein gewalttätig. Sie zerstört Mutter Erde. Sie führt zur Verschmutzung von Böden und Gewässern. Wälder werden für die Landwirtschaft vernichtet und abgeholzt, Wälder, durch die unsere Erde atmet und uns mit Sauerstoff versorgt. So zerstören wir Leben und Glück unserer Mitgeschöpfe. Durch die Übung des achtsamen Essens werden wir gewahr, dass wir dabei unsere Mutter, unseren Vater und unsere Kinder essen. Wir verzehren die Erde.

Darum ermahnte uns Buddha, darauf zu achten, was wir konsumieren und wie wir konsumieren, damit wir dem Leiden der Erde und der vielen Tier- und Pflanzenarten in unserer Umwelt, aber auch dem Leid, das wir dadurch über uns selbst bringen, ein Ende machen können. Auch ohne die Verwendung von Tierfleisch kann die Nahrung wohlschmeckend sein. Sobald wir zur Einsicht gekommen sind, können wir die Gelegenheit ergreifen, uns vom Töten der Tiere abzukehren und zu einer vegetarischen Ernährung überzugehen.

Wenn die überentwickelten Länder im Westen ihren Fleisch- und Alkoholkonsum nur um dreißig Prozent einschränken würden, wäre das Hungerproblem in der Welt gelöst. Die Achtsamkeitsübungen regen uns zu einer Lebensweise an, die unser Bewusstsein für das schärft, was wir im Lebensalltag tun, und uns befreiende Einsichten verschafft. Sie bestärken uns darin, zum Wohle aller Wesen einfacher, gesünder und mitleidsvoller zu leben.

Durch achtsames Konsumieren unser Erbe bewahren: die vier Arten von Nahrung

Im Gleichnis vom »Fleisch des Sohnes« erfahren wir von Buddha auch, dass es vier Arten von Nahrung gibt, die wir zu uns nehmen: die essbare Nahrung, die Sinneseindrücke, die Intentionen und das Bewusstsein. Die erste Art ist also die essbare Nahrung, die unser Körper aufnimmt. Wir üben uns im achtsamen Verzehren essbarer Nahrung, um unserem Körper keine Gewalt anzutun. Unser Körper ist uns über viele Generationen hinweg zugewachsen, und wir haben kein Recht, ihn durch das, was wir essen und trinken, zu schädigen. Wenn wir Gifte wie Drogen oder Alkohol zu uns nehmen, sind wir unseren Vorfahren, unseren Kindern und Kindeskindern gegenüber undankbar, weil wir das zerstören, was wir von unseren Ahnen empfangen haben und an künftige Generationen weitergeben wollen. Die Leute denken oft: »Das ist *mein* Körper, ich kann damit machen, was ich will, denn er gehört mir.« Das ist eine falsche Auffassung; unser Körper gehört nicht uns allein, sondern auch unseren Vorfahren, unserer Familie, unseren Kindern. In unserem Körper setzen sich unsere Vorfahren, unser Vater und unsere Mutter fort. Wir müssen gut für ihn sorgen, um nur das Allerbeste an unsere Kinder und Enkel, unsere Familie und unsere Gemeinschaft weiterzugeben.

Essbare Nahrung: die erste Nahrungsart

Wir Menschen kommen nie ganz ohne Gewalt aus, aber wir bewegen uns immerhin in Richtung Gewaltfreiheit. Wenn wir kontinuierlich üben, reduziert sich der Gewaltanteil in vielen Bereichen unseres Lebens, zum Beispiel in unserer Nahrung. Wie zivilisiert wir sind, lässt sich daran ablesen, wie viel Verständnis, Mitgefühl und Gewaltlosigkeit in den Herstellungsprozess und Verzehr unserer Nahrung einfließen.

Wir alle müssen essen, um am Leben zu bleiben. Wir können keine perfekten Vegetarier sein, weil wir beim Zubereiten und Verzehren von Gemüse Mikroorganismen töten. Aber wir sollten unsere Nahrung auf humane Art und Weise produzieren und genießen.

Viele Menschen, die in der Nahrungsmittelindustrie tätig sind, haben nur Interesse daran, Geld zu verdienen. Sie lassen sich nicht von Verständnis und Mitgefühl leiten. Sie bringen rücksichtslos große Mengen Kunstdünger und Pestizide aus und schaden damit ihren Mitmenschen, zerstören die Umwelt und bringen viele Tier- und Pflanzenarten um. Das ist kein zivilisiertes Verhalten. Wir können unsere Nahrung sensibel und gewaltfrei produzieren und vermarkten, ohne dabei uns selbst oder einer anderen Spezies zu schaden.

Sinneseindrücke: die zweite Nahrungsart

Zur zweiten Nahrungsart gehören die Sinneseindrücke. Unablässig konsumieren wir mit Augen, Nase, Ohren, Körper und Bewusstsein. Es liegt in unserer Verantwortung, bei Sinneseindrücken Achtsamkeit walten zu lasen, um unserem Bewusstsein keine Gewalt anzutun. Wenn Sie einen Roman oder die Zeitung lesen, konsumieren Sie; wenn Sie Musik hören oder sich unterhalten, konsumieren Sie; wenn Sie durch die Stadt fahren und Werbung sehen oder hören, verleiben Sie sich all diese Sinneseindrücke ein.

Sinneseindrücke können Ihnen schaden, wenn Sie nicht Acht geben. Musik kann die Saat der Begierde, der Trauer oder Gewalt in Ihnen nähren. Der Zeitungsartikel, den Sie lesen, kann die Energie der Angst oder Wut in Ihnen nähren. Eine Unterhaltung kann Verzweiflung oder Hass in Ihnen auslösen. Bilder, Geräusche, Ideen – sie alle gehören zu dieser zweiten Nahrungskategorie. Wir müssen sehr achtsam sein, wenn wir diese Dinge in uns aufnehmen, denn sonst werden wir Tag für Tag wütender. Hat jemand in Ihrer Familie sich die Übung des achtsamen Konsumierens zu Eigen gemacht? Wissen die Erzieher und Lehrer Ihres Kindes, dass Glück und Frieden davon abhängen, wie wir unsere Sinne behüten?

Bei Abschluss der Grundschule hat ein Kind in den USA im Durchschnitt 100 000 Gewalttaten und 8000 Morde im Fernsehen gesehen. Das ist zu viel. Es bedeutet, dass wir und unsere Kinder jeden Tag gewalterfüllte, hasserfüllte, begierige, verzweifelte Gedanken konsumieren. Wenn wir nicht achtsam sind im Konsumieren, werden sich die Gifte der Gewalt und Begierde in unserem Bewusstsein akkumulieren, und unter den Folgen werden unsere Angehörigen und die Gesellschaft leiden.

Buddha hat uns ermahnt, achtsam zu sein und alles zu vermeiden, was unser Bewusstsein vergiften könnte. Als Beispiel erzählte er die Geschichte von einer Kuh mit einer Hautkrankheit. Die Erkrankung war so schwer, dass die Kuh fast keine Haut mehr hatte. Ohne den Schutz ihrer Haut war sie sehr verletzlich. Kam sie in die Nähe eines Baums, stürzten sich die kleinen Lebewesen aus dem Baum auf sie und saugten ihr das Blut aus dem Leib. Ging sie dicht an einer alten Mauer entlang, kamen all die winzigen Lebewesen aus dem Mauerwerk herausgekrabbelt und peinigten sie. Die Kuh hatte keine Möglichkeit mehr, sich zu schützen.

Wenn wir nicht das achtsame Konsumieren üben, gleichen wir der Kuh ohne Haut, denn immer mehr Gifte der Gewalt, Verzweiflung und Begierde können dann in uns eindringen und uns entkräften.

Darum ist es so wichtig, dass wir aufwachen und uns gegen die Art von Produktion und Konsumverhalten wehren, die uns, unsere Nation und unsere Jugend zerstört. Jeder von uns muss sich darin üben, tiefen Einblick in diese Situation zu nehmen und zu erkennen, inwiefern er zur alltäglichen Gewalt beiträgt.

Auf Zigarettenpackungen ist jetzt nachzulesen, dass Rauchen der Gesundheit schadet. Das ist ein großer Fortschritt in der Übung der Achtsamkeit. In dieser Handlung des Gesetzgebers manifestiert sich unser kollektives Bewusstsein. Vor zwanzig Jahren war das Rauchverbot an Bord von Flugzeugen noch ein Traum, und die Passagiere mussten während des Fluges den Zigarettenrauch der anderen ertragen.

Jetzt können wir alle rauchfreie Flüge genießen. Das ist ein Sieg der Achtsamkeit. Ohne die Mitwirkung vieler Menschen hätten wir diese Freiheit nicht. Wir müssen unsere Anstrengungen verdoppeln, um uns zu schützen. Die Zahl derer, die durch Trunkenheit am Steuer und Alkoholmissbrauch sterben, ist gewaltig. Wir müssen den Verkauf von Alkohol an Minderjährige streng verbieten. Außerdem sollte auf jeder Flasche Alkohol stehen: »Warnung: Alkohol schadet Ihrer Gesundheit. Er kann Sie töten oder dazu führen, dass Sie andere töten.«

Ich finde, wir sollten auch jeder für sich Warnschilder an unseren Fernsehgeräten anbringen: »Warnung: Fernsehen kann gefährlich sein.« Wir müssen wachsam sein, um uns vor den negativen Einflüssen des Fernsehens zu schützen. Das Fernsehen ist wie eine schnell wirkende Droge. Besonders Eltern und Erzieher dürfen dieses Thema nicht ignorieren, denn es hat unmittelbare Auswirkungen auf den Frieden und die innere Festigkeit der Kinder.

In der Alltagswelt werden wir ständig von Bildern und Klängen überflutet, die unsere animalische Natur reizen. Diese Situation führt dazu, dass viele Menschen körperlich und geistig erkranken, mitunter so schwer, dass es zu so verworfenen Verhaltensweisen kommt wie Kindesmissbrauch und anderen sexuellen Entgleisungen, an denen Einzelne und ganze Familien zerbrechen. Zu unserem eigenen Schutz und zum Schutz unserer Kinder sollten wir uns den Konsum von Produkten versagen, die Gift für unser Wohlbefinden sind. In einem Meditationszentrum kommen wir jeden Tag mit unserer Buddhanatur in Berührung. Alles, was wir sehen, hören, riechen, schmecken oder spüren, kann auch unser Verständnis und Mitgefühl beflügeln, statt uns zu schaden. Eine Gemeinschaft kann uns in der Übung der Achtsamkeit unterstützen, sodass wir in unserem Konsumverhalten verantwortungsbewusst werden.

Achtsame Vorsätze: die dritte Nahrungsart

Die dritte Nahrungsart ist unser Wollen oder unsere Intention, unser sehnlichstes Verlangen. Es ist unsere Willenskraft, die uns zu dem motiviert, was wir tun. Wenn wir auf eine Weise leben, die Gewalt erzeugt, müssen wir uns fragen, ob nicht ein Zusammenhang zwischen diesem Lebensstil und unserem Verlangen nach sexuellen Ausschweifungen, nach Ruhm, Reichtum oder Macht besteht. Was bewegt uns eigentlich dazu, der Menschheit dienen, anderen in ihrem Leid beistehen und für Wohlergehen und Frieden sorgen zu wollen? Sind es unsere altruistischen oder unsere animalischen Triebe?

Um die dritte Nahrungsart zu veranschaulichen,

hat Buddha das folgende Gleichnis erzählt: Zwei starke Männer zerren einen jungen Menschen in eine Grube voller Holzkohlenglut. Die starken Männer sind die Kraft unserer üblen Begierden, die uns in tiefstes Leid stürzen. Wenn wir uns jedoch mit Achtsamkeit und Mitgefühl wappnen, können wir Widerstand leisten. Dann wird uns unser Wille in Richtung Frieden führen.

Als Menschen, die sich darin üben, Bodhisattvas zu sein, sind wir von dem innersten Verlangen getrieben, uns selbst und andere von allem Leid und Kummer zu befreien. Aber viele wohlmeinende Menschen sind von ihrem ursprünglichen Wunsch, der Menschheit zu helfen, abgekommen und durch Ruhm, Sinnesgenüsse, Reichtum und Macht korrumpiert worden. Wenn wir den Pfad des exzessiven Konsums und Raubbaus beschreiten, gehen wir in die falsche Richtung und werden großes Unheil über uns selbst und andere bringen. Darum ist es wichtig, dass wir das wahre Wesen unseres sehnlichsten Wunsches erkennen und ins Gedächtnis zurückrufen. Wir wollen wieder auf den rechten Weg zurückfinden. Auch Nationen sollten sich durch diese Art der tiefen Betrachtung Klarheit über ihre kollektiven Wünsche und Ziele verschaffen.

Manchmal glauben wir, uns für Frieden, Liebe und Verständnis einzusetzen, während wir in Wirklichkeit vielleicht unseren eigenen Ruhm und Profit, unsere eigene Macht im Auge haben. Häufig bleiben uns unsere selbstsüchtigen Regungen verborgen, weil wir glauben, zum Wohl der Menschheit tätig zu sein. Nur allzu leicht lassen wir uns täuschen, aber durch tiefe Betrachtung erkennen wir schließlich die Wahrheit. Wir müssen unserem sehnlichsten Verlangen auf den Grund gehen, um herauszufinden, ob es wirklich gesund ist und uns zu Frieden und Verständnis leitet. Sonst gehen wir in Richtung von Leid und Verzweiflung. Wir sollten wissen, ob wir wahre oder falsche Bodhisattvas sind. Wir müssen gewiss sein, dass unsere Handlungen wirklich dem Wohlergehen, dem Frieden und der Verständigung dienen.

Bewusstsein: die vierte Nahrungsart

Die vierte Nahrungsart ist das Bewusstsein. Wenn wir uns von Täuschung, Ignoranz, Angst und Gewalt ernähren, wird unser Bewusstsein uns in eine Lebensweise führen, die Leid über uns selbst und unsere Umgebung bringt. Indem wir die rechte Art von mentaler, physischer und spiritueller Nahrung zu uns nehmen, werden wir weiser, verständnisvoller und friedfertiger. Dann achten wir zum Wohle unserer Gesellschaft und der gesamten Zivilisation auf unser Konsumverhalten.

Für die vierte Nahrungsart, das Bewusstsein, hat Buddha das Beispiel von einem Mann angeführt, der wegen seiner Verbrechen zum Tode verurteilt worden war. Am Hinrichtungsmorgen befahl der König seinen Soldaten, ihn mit hundert Schwertern zu durchbohren. Mittags berichteten die Soldaten, der Mann sei noch immer am Leben, woraufhin der König Befehl gab, ihn erneut mit hundert Schwertern zu durchbohren. Am Abend lebte der Mann, wie die Soldaten meldeten, immer noch. Wieder mussten sie ihn auf Befehl des Königs mit hundert Schwertern durchbohren, und wieder blieb er am Leben.

Wenn wir unachtsam konsumieren, ist es so, als würden wir uns selbst täglich mit hundert Schwertern durchbohren, wodurch wir nicht nur uns selbst schaden, sondern auch unseren Vor- und Nachfahren.

Bei einem Blick in die Vergangenheit sehen wir, dass sich viele Zivilisationen selbst zerstört haben. Unserer Zivilisation wird es nicht anders ergehen, falls wir nicht aufwachen. Wir müssen aufwachen, um den Lauf der Zerstörung aufzuhalten, dem wir durch unsere unbedachte Lebensweise Vorschub leisten. Um den Ausweg erkennen zu können, müssen wir als Bürger von Gemeinden, Städten und Staaten, als Bürger der Erde, tiefen Einblick in die Art und Weise nehmen, was und wie wir konsumieren. Und das müssen wir alle zusammen tun. Unser Überleben ist nicht länger Privatsache.

4
Rechtes Handeln entspringt rechtem Verständnis

1968 war ich in den Vereinigten Staaten, um mich dort für die Beendigung der amerikanischen Bombenangriffe auf Vietnam einzusetzen. Im Mai desselben Jahres wurde Saigon so heftig bombardiert, dass im Umkreis um die »Schule für sozial engagierte Jugendliche«, die meine Schüler und ich gegründet hatten, alles zerstört wurde. Über 10 000 Flüchtlinge suchten auf dem Schulgelände Zuflucht, viele von ihnen verwundet, und wir mussten uns um sie kümmern. Wir waren überhaupt nicht darauf vorbereitet, was die Ernährung, die sanitären Einrichtungen und die medizinische Versorgung betraf, und es war hoch gefährlich, das Gelände zu verlassen, um das Nötigste zu organisieren. Als unser Verbandszeug aufgebraucht war, rissen die jungen Frauen ihre langen Kleider in Streifen, um sie als Verbandsmaterial zu verwenden.

In dieser verzweifelten Lage mussten wir eine

Möglichkeit finden, um die Schwerverwundeten vom Schulgelände wegzubringen und sie durch die Kampfzone zum Krankenhaus zu transportieren. Wir beschlossen, statt der Rot-Kreuz-Fahne die fünffarbige buddhistische Fahne zu hissen. Mönche und Nonnen kleideten sich in ihre *Sanghatis*, die klösterlichen Zeremonialgewänder, und trugen die Verwundeten hinaus. Die buddhistische Fahne und die religiösen Gewänder signalisierten, dass wir eine friedliche Schar waren. Zum Glück ging alles gut, sodass wir die Patienten evakuieren konnten, von denen sonst viele gestorben wären.

Am dritten Tag der Bombardierung brach Panik auf unserem völlig überfüllten Gelände aus: Es hatte sich das Gerücht verbreitet, die Schule würde bombardiert werden, weil so viele Kommunisten unter den Flüchtlingen seien. Viele packten daraufhin ihre Habseligkeiten zusammen und machten sich auf den Weg nach draußen, aber sie gerieten in Bombenangriffe und wurden zurückgetrieben. Kommunisten und Antikommunisten bekämpften sich genau an der Grenze unseres Geländes. Angesichts dieser Situation nahm der Schuldirektor Thay Thanh Van, ein 25-jähriger Mönch, ein großes Megafon und wollte gerade die Leute zum Bleiben aufrufen, als ihm der Gedanke kam: »Was ist, wenn die Schule doch bombardiert wird?« Tausende würden umkommen – wie konnte er als junger Mönch eine solche Verantwortung auf sich nehmen? Er ließ das Megafon wieder sinken und machte keine Ansage. Aber ihm war klar, dass er mit beiden Kriegsparteien reden musste. Dazu musste er jedoch durch den Kampfbereich kriechen, sonst hätte ihn die eine oder die andere Seite erschossen. Zuerst schlug er sich zu den Antikommunisten durch und überredete den befehlshabenden Offizier, seine Bomberpiloten anzuweisen, das Schulgelände mit den vielen Flüchtlingen zu verschonen. Dann begab er sich zur kommunistischen Guerilla, die am Rande des Schulgeländes Flaks aufgestellt hatten. Er bat sie, keine gegnerischen Flugzeuge abzuschießen, da die Amerikaner dann zum Vergeltungsschlag ausholen und das Schulgelände bombardieren würden. Beide Parteien ließen sich bewegen, sich seiner Bitte entsprechend zu verhalten. Es war ein Wunder. Er führte seine Mission mit nichts anderem aus als mit Mut, Liebe und Mitgefühl.

In einer solchen Situation muss man in höchstem Maße achtsam sein. Manchmal muss man schnell handeln, aber dennoch ruhig bleiben, und wer wütend oder argwöhnisch ist, schafft das nicht. Man muss einen klaren Kopf haben. Durch den Vietnamkrieg haben wir unsere Übung der Gewaltlosigkeit noch mehr vertieft. Gewaltfreiheit kann man nicht mit dem Verstand erlernen. Gewaltfreies Handeln entsteht ganz von selbst, wenn man innerlich mitfühlend, klar und verständnisvoll ist.

Die Grundlagen rechten Handelns: die Vier Edlen Wahrheiten

Buddha hat stets gelehrt, die Vier Edlen Wahrheiten zu beherzigen:

1. Die Wahrheit des Leidens.
2. Die Wahrheit von der Entstehung des Leidens.
3. Die Wahrheit von der Aufhebung des Leidens.
4. Den Weg zur Aufhebung des Leidens.

Wenn wir uns in Achtsamkeit üben, arbeiten wir schon mit den Vier Edlen Wahrheiten. Durch die Übung der Achtsamkeit lernen wir, innezuhalten und uns zu beruhigen; dann erkennen wir ganz von selbst, dass wir und unsere Mitmenschen leiden. Leiden ist Teil des Lebens. Erst nach Aufhebung von Krieg und Gewalt im eigenen Innern können wir anderen helfen, Frieden zu finden. Als angehende Bodhisattvas geloben wir, alles Leiden im Geist der Liebe zu lindern und umzuwandeln. Indem wir denen, die leiden, aufmerksam zuhören, indem wir das Leiden und die Wurzeln des Leidens erkennen, setzen wir die Erste und Zweite Edle Wahrheit in die Tat um. Indem wir tief in uns schauen, erkennen wir die Ursache des Leidens, sehen, dass es möglich ist, das Leiden zu beenden, und erkennen auch den Weg, der zur

Aufhebung des Leidens führt. Dadurch werden die Dritte und die Vierte Edle Wahrheit in die Tat umgesetzt.

Aktiv zu werden, um das Leiden zu beenden, ist rechtes Handeln, aber die Grundlage aller guten Taten ist Verständnis. Kein Handeln ohne rechtes Verständnis könnte rechtes Handeln genannt werden. Um zu verstehen, müssen wir zuhören, aber wie erkennen wir, ob wir rechtes Verständnis haben? Wenn man jemandem helfen will und das, was man tut, die Situation am Ende nur verschlechtert, hatte man kein rechtes Verständnis. Wenn die Regierung ein ungerechtes Gesetz erlässt, liegt es daran, dass die Abgeordneten kein rechtes Verständnis von dem Problem hatten, das sie lösen wollten. Grundlage all unseres Handelns – aller privaten, politischen und humanitären Aktionen – muss ein klares Verständnis unserer selbst, unserer Situation, unserer Mitmenschen und unseres Landes sein.

Das gesammelte Zuhören und die liebevolle Rede sind wunderbare Mittel, um uns zu der Art von Verständnis zu führen, das wir als Ausgangsbasis für rechtes Handeln brauchen. Wir hören nur zu einem einzigen Zweck aufmerksam zu – damit unser Gegenüber sein Herz ausschütten kann. Das allein ist schon ein Akt der Leidenslinderung. Leid jeder Art zu beenden, wie geringfügig es auch erscheinen mag, ist eine Großtat des Friedens. Der Weg zur Aufhebung des Leidens ist in unserem eigenen Verständnis und in unserer Fähigkeit begründet, handeln zu können, ohne Schaden anzurichten oder weiteres Leid zu verursachen. Das ist mitfühlendes Handeln und unser bester Schutz.

1964 war ich auf dem Weg nach Da Nang, um mich an Hilfsaktionen für Flutopfer zu beteiligen. Ich musste mit einer Militärmaschine fliegen, weil es keine Zivilflüge gab. Während ich auf dem Militärflughafen wartete, traf ein amerikanischer Offizier ein, der mit der gleichen Maschine abfliegen wollte. Nur wir zwei waren auf dem Flugplatz. Ich hatte das Bedürfnis, ihn anzusprechen, denn ich konnte sehen, dass er einsam und sorgenvoll war. Aus Mitgefühl fragte ich ihn schließlich, ob er Angst vor den Vietkong hätte. Im selben Moment wurde mir klar, dass ich einen großen Fehler gemacht hatte: Meine Frage versetzte ihn in Panik. Amerikanische Soldaten vermuteten überall Guerillakämpfer. Sie lebten in der ständigen Furcht, jederzeit in einen Hinterhalt gelockt und getötet zu werden. Meine Frage jagte ihm einen Schauer über den Rücken. Er griff nach seiner Waffe und fragte mich: »Sind Sie ein Vietkong?«

Da ich ihm meine gesammelte Aufmerksamkeit widmete, war mir bewusst, was in ihm vorging. Ich schwieg und folgte meinem Atem. Dann erklärte ich ihm ruhig und mit leiser Stimme, ich sei ein Mönch aus Saigon und wolle den Flutopfern helfen. Durch mein achtsames Reden vermochte ich ihn wieder zu beruhigen. Hätte ich mich nicht so achtsam verhalten, hätte er mich womöglich aus lauter Angst auf der Stelle erschossen. So jedoch überwanden wir seine Angst und setzten unsere Reise mit etwas mehr Verständnis füreinander fort.

Täuschung ist der Feind

Unser Feind ist nie ein anderer Mensch; unser Feind sind seine falsche Sicht der Dinge und das Leiden in seinem Innern. Wenn ein Arzt jemanden untersucht, der leidet, versucht er dessen Krankheit zu diagnostizieren und zu heilen. Er will seinen Patienten nicht umbringen. Ein Arzt hat nicht die Aufgabe, Leute umzubringen, sondern die Krankheit in ihrem Innern zu kurieren. Genauso ist es mit einem Menschen, der schwer leidet und auch uns Leid zufügt – die Lösung besteht nicht darin, ihn umzubringen, sondern sein Leiden nach Möglichkeit zu lindern. So lautet die Anweisung unserer spirituellen Lehrer. Das ist praktisches Verständnis und tätige Liebe. Um wahrhaft lieben zu können, müssen wir erst verstehen.

Bei Konflikten leiden beide Seiten

Wenn Sie leiden, müssen Sie sich darin üben, die Ursache Ihres eigenen Leidens und des Kummers Ihres Mitmenschen herauszufinden. Sie müssen Ihre eigenen Emotionen einsehen, sie umwandeln und danach bereit sein, dem anderen zuzuhören. Dann müssen Sie durch rechtes Handeln die Ursachen ausräumen. Wenn Sie dem anderen helfen können, die Wurzeln des Leidens in seinem Innern auszureißen, wird er nicht länger leiden und auch Ihnen kein Leid mehr zufügen.

Vielleicht hat eine Freundin etwas gesagt oder getan, das Sie quält. Aus ihren Worten spricht Bitterkeit und eine falsche Sicht der Dinge, sie verurteilt und beschuldigt Sie, und das tut Ihnen sehr weh. Sie leiden auch unter ihrer Denkweise. Doch Sie sollten sich ins Gedächtnis rufen, dass Sie nicht der einzige Leidtragende sind. Denken Sie daran, dass die Freundin möglicherweise unter einem starken Leidensdruck steht, wenn sie so redet und handelt. Wenn sie nicht litte, würde sie sich anders äußern und verhalten. Das ist zwar einleuchtend, aber unter Umständen können Sie es in Ihrer Bekümmerung gar nicht sehen. Sobald Sie jedoch den Zusammenhang begriffen haben, tun Sie Ihr Bestes, um das Leid der Freundin lindern zu helfen. Und wenn sie nicht mehr leidet, wird sie Sie in Frieden lassen, und dann werden

Sie selber auch nicht länger leiden. Indem Sie ihr beistehen, helfen Sie letztlich sich selbst. Das ist klar und einfach. Sie müssen nur umdenken und einsehen, dass Ihr Gegenüber tief bekümmert ist und darunter ebenso leidet wie Sie. Indem Sie tief in sich schauen, erkennen Sie, dass auch Sie weiter leiden werden, wenn die andere Person weiter leidet.

Gehen Sie doch einmal auf die Freundin zu und sagen Sie: »Meine Liebe, ich weiß, dass du in letzter Zeit ziemlich viel ertragen musstest. Es tut mir Leid, dass ich kein Verständnis für deinen Kummer hatte und ihn durch meine Reaktion, durch das, was ich gesagt und getan habe, sogar noch vermehrt habe. Ich will nicht, dass du leidest. Ich will dir nichts Böses antun. Ich wünsche wirklich, dass du glücklich bist, denn wenn du glücklich bist, bin auch ich glücklich. Ich weiß, dass du gewisse Vorstellungen und Ansichten von mir hast. Du musst mich als Teufel, als Monster erlebt haben. Es tut mir Leid. Da ich keinen Begriff von deinem Kummer hatte, konnte ich dir nicht helfen und habe alles nur noch schlimmer gemacht. Das tut mir unendlich Leid; so darf es nicht weitergehen. Wenn du gern mit mir reden willst, wenn du mir sagen möchtest, was du auf dem Herzen hast, was ich angerichtet haben könnte, dann verspreche ich dir, dass ich dir zur Seite stehen und in Zukunft nichts mehr tun und sagen will, das dir und mir Kummer bereitet.«

Das ist Ihre Übung zur Lösung des Konflikts, und wenn Sie ehrlich sind und aus ganzem Herzen und mit aufrichtiger Hilfsbereitschaft sprechen, wird sich die andere Person öffnen und Ihnen erzählen, was ihr das Herz schwer macht.

Die Ausbreitung von Frieden

Leid, Unglück, Gewalt und Krieg eskalieren, wenn uns Wut überkommt und wir der Gegenseite Leid zufügen und sie bestrafen wollen. Wir verhalten uns so, weil wir glauben, dann selbst weniger zu leiden, aber natürlich führt es nur dazu, dass die Gegenseite auf Rache sinnt. Das ist der sicherste Weg zum Krieg. Tief im Innern wissen wir, dass dieses Verhalten kindisch und unklug ist, aber trotzdem reagieren wir meist so. Wenn wir leiden, geben wir anderen die Schuld daran. Wir wollen es ihnen heimzahlen und sie bestrafen in der Hoffnung, dann erleichtert zu sein und uns besser zu fühlen. Obwohl die katastrophalen Auswirkungen eines solchen Verhaltens bekannt sind, fallen wir immer wieder in dieses Muster zurück. Die Folge davon ist noch mehr Leid, noch mehr Terrorismus, noch mehr Gewalt und noch mehr Krieg.

Manchmal sehen Menschen keine andere Möglichkeit mehr, die Probleme, die sie mit jemandem haben, zu lösen. Dann kommen sie in Versuchung, diese Schwierigkeiten aus der Welt zu schaffen, indem sie den Betreffenden eliminieren. Sie wünschen, er möge sich in Luft auflösen, sterben oder sonstwie verschwinden. Dieser Wunsch kann so stark werden, dass sie den anderen schließlich umbringen. Einen anderen Menschen umzubringen, ist kein Akt der Befreiung, sondern ein Akt großer Unwissenheit und Verzweiflung; er bringt keine Freiheit und keinen Frieden.

Üben wir uns lieber darin, mit rechtem Verständnis und Mitgefühl zu handeln und die Tendenz zur Gewalt umzukehren. Wir können unser Leben so führen, dass sich dadurch Frieden in unserer Familie, in den Schulen und in der Gesellschaft ausbreitet. Ruhig und gütig zu lächeln – das ist eine Friedenstat. Mit den Augen des Mitgefühls zu schauen und friedvoll einen Schritt zu tun – das sind Gesten des Friedens und der Gewaltlosigkeit, die jeden Tag möglich sind. Reden Sie friedlich, gehen Sie friedlich, denken Sie friedlich, und Ihr Friede wird überallhin ausstrahlen.

Gesammeltes Zuhören

Gesammeltes, mitfühlendes Zuhören ist eine entscheidende Voraussetzung, wenn Sie Frieden schaffen wollen – ob bei sich selbst oder anderen, ob öffentlich, national oder international. Bei dieser

Übung hören Sie mit aller Achtsamkeit und Konzentration, deren Sie fähig sind, dem leidenden anderen zu, um ihm die Chance zu geben, sein Herz auszuschütten. Selbst wenn das, was er sagt, einen bitteren Unterton hat, eine Schuldzuweisung oder eine Verurteilung ist, hören Sie weiter zu, weil Sie wissen, dass Sie ihm durch Ihr Zuhören die Gelegenheit geben, sich in Richtung Frieden zu bewegen. Wenn Sie ihn jedoch ständig unterbrechen, kritisieren oder ihm dauernd widersprechen, wird er keinen Frieden schließen können. Gesammeltes Zuhören ermöglicht es dem anderen, sich auszusprechen, auch wenn das, was er sagt, auf einer falschen Betrachtungsweise, Bitterkeit und Ungerechtigkeit basiert.

Ziel des gesammelten Zuhörens ist es, die Kommunikation wiederherzustellen, denn sobald wieder Gesprächsbereitschaft besteht, ist alles möglich. Ich habe bei vielen Paaren erlebt, dass sie sich im gesammelten Zuhören und der liebevollen Rede übten und dadurch ihre problematische oder bereits zerbrochene Beziehung heilen konnten. Bei vielen Vätern und Söhnen, Müttern und Töchtern, Ehemännern und -frauen ist durch diese Übung das Glück wieder eingekehrt. Sie haben das achtsame Atmen und Gehen geübt, um sich zu beruhigen. Mithilfe des gesammelten, mitfühlenden Zuhörens und der liebevollen Rede vermochten sie sich wieder auszusöhnen.

Einem anderen Menschen voller Mitgefühl zuzuhören, kann aus ihm einen Freund machen. Unter Umständen hat ihm nie zuvor jemand Gehör geschenkt; vielleicht sind Sie der erste Mensch, der ihm wirklich zuhört, sodass er endlich einmal sein Herz erleichtern kann. Auf diese Weise werden Sie zum Bodhisattva, zu einem Wesen, das Leiden beendet. Sie verlieren einen Feind und gewinnen einen Freund.

Während des Vietnamkriegs operierten und reagierten beide Seiten aus Angst. In jedem Krieg – dem Krieg im eigenen Innern, dem Krieg mit den Eltern, dem Partner, den Kindern, mit dem Nachbarn, zwischen zwei Nationen – agieren und reagieren wir aus Angst. Wenn wir aus Angst handeln, bringen wir Unheil und Zerstörung über uns selbst und andere. Angst entsteht durch Unwissenheit und den Mangel an Mitgefühl, und genau davon ist eine kriegerische Atmosphäre geprägt. Angst wird durch Unwissenheit genährt, während Klarheit und Mitgefühl durch Verständnis gedeihen. Gesammeltes Zuhören und eine liebevolle Redeweise können einerseits verhindern, dass neue Wut und Angst entstehen, und andererseits alte Vorurteile und Schmerzen überwinden helfen. Durch Achtsamkeit können wir uns vor Gefahren schützen.

Lotos in einem Flammenmeer: engagierter Buddhismus

Von frühester Jugend an hatte ich das sehnliche Verlangen, die Lehren Buddhas in die Tat umzusetzen und dadurch die Lebensumstände der Menschen in meiner Umgebung, besonders der armen Bauern, zu verbessern. Wie ich hatten viele Mönche das tiefe Bedürfnis, den Buddhismus in jeden Lebensbereich hineinzutragen. Die Möglichkeit dazu sahen wir in dem, was ich »engagierten Buddhismus« nenne – im rechten Handeln auf der Grundlage von Mitgefühl.

In den fünfziger Jahren begann ich über die praktischen Möglichkeiten des engagierten Buddhismus nachzudenken, und 1964 schrieb ich das Buch *Engagierter Buddhismus*. In einem Essay mit dem Titel »Die grundlegenden Ideale für das soziale Engagement der buddhistischen Jugend« erläuterte ich, wie buddhistische Ideale praktisch angewendet werden können, um in Zeiten von Krieg und sozialer Ungerechtigkeit die Lebensbedingungen zu verbessern. In einem späteren, aktualisierten Buch zum selben Thema trat ich für eine Form von Buddhismus ein, die in allen Lebensbereichen praktiziert werden kann: in der Wirtschaft ebenso wie in Erziehung und Kunst, um nur einige zu nennen. Diese Schriften markieren die Geburt der Bewegung engagierter Buddhisten in Vietnam. Der engagierte Buddhismus war eine Folge von Krieg und Leid – ein Lotos, der in einem Flammenmeer erblühte.

Schon als Novize hatte ich begriffen, dass soziales Engagement nichts fruchten würde, wenn diejenigen, die sich so engagieren, nicht ruhig und fest in der Übung von Achtsamkeit und Mitgefühl verankert sind. Ich wusste auch, dass Sozialarbeiter und andere Hilfswillige erst ihr eigenes Leiden überwinden, zur Freiheit von Geist und Bewusstsein finden und ein einfaches Leben führen müssen, um Wirksamkeit zu entfalten. Und ich wusste aus eigener Erfahrung, wie schwer das ist, besonders in Kriegszeiten.

Damals spürten wir Übende in den Klöstern extrem stark, wie sehr die Menschen in unserer Umgebung litten. Als die Bomber einflogen und ihre Fracht über uns abwarfen, hörten wir unsere Landsleute in ihrem Schmerz und ihrer Qual schreien. Wir mussten uns um verwundete Kinder, Flüchtlinge und zerstörte Häuser kümmern. Wir konnten nicht einfach über all das hinwegsehen und still in unserer Meditationshalle sitzen bleiben. Wir mussten hinausgehen und helfen, aber wir wussten auch, dass uns diese Aktivitäten erschöpfen würden, wenn wir unserem eigenen Geist keine Nahrung zuführten. So bestimmten wir einen Tag pro Woche zum Achtsamkeitstag, um unsere Kräfte durch die rechte Geistesnahrung zu erneuern, während wir den leidenden

Menschen ringsum beistanden. Wir wandten in unserer Übung die Lehre Buddhas über Selbstschutz und Selbstheilung an und trugen sie in die Welt hinaus. Das war engagierter Buddhismus in seiner reinsten Form.

Selbsthilfe in den Dörfern

Im Rahmen unserer Aktivitäten als engagierte Buddhisten bauten wir während des Vietnamkrieges entlang der Front Selbsthilfedörfer auf. Zuvor sahen wir uns die Kibbuzim in Israel an und informierten uns über die Erfahrungen der Bewohner mit dem Leben im Kollektiv, einer Kombination aus Familienleben und dörflicher Gemeinschaft. Wir lernten, welche Aktivitäten besser innerhalb der Familie zu realisieren waren und bei welchen die Teilnahme aller Mitbewohner wünschenswert war. Wir versuchten, zur Steigerung der Harmonie die individuellen mit den kollektiven Anstrengungen zusammenzuführen und die Kosten gleichmäßig auf alle zu verteilen.

Zum Beispiel wurde jedem Dorfbewohner ein Stück Land zur Verfügung gestellt, auf dem er Gemüse anbauen konnte; zusätzlich gab es Flächen, die der ganzen Gemeinschaft gehörten. Die Dorfbewohner bestellten ihr eigenes Stück Land und bearbeiteten außerdem mit anderen Familien zusammen den

Gemeinschaftsacker. Das ersparte den einzelnen Familien den Kauf privater Ackergerätschaften. Die Gemeinschaft besaß einen Traktor, der allen gehörte, und jede Familie hatte das Recht, ihn für den Eigenbedarf auszuleihen. Darüber hinaus wurden Autos gemeinschaftlich angeschafft, die jeder benutzen konnte, wenn es notwendig war. Dieses Teilen sparte nicht nur Geld, sondern sorgte auch dafür, dass die Menschen innerhalb der Gemeinschaft enge Beziehungen miteinander knüpften.

Wir konnten diesen Dörfern nur sehr bescheidene finanzielle Unterstützung gewähren, da wir selbst nicht viel hatten, aber wir konnten immerhin mit unserem guten Willen, unseren technischen Kenntnissen, unserer Anteilnahme und mit Herzensgüte weiterhelfen. Da sich der Krieg hinzog, wussten wir, dass es lange dauern würde, bis wir mit Unterstützung vonseiten der Regierung rechnen konnten.

Anfang der sechziger Jahre besuchte ich Indien, die Philippinen und andere Länder, um herauszufinden, welche Möglichkeiten es sonst noch gab, zur Weiterentwicklung der Dörfer beizutragen, und gründete 1964 mit Freunden zusammen in Vietnam die »Schule für sozial engagierte Jugendliche«. Unser Lehrangebot konzentrierte sich auf vier Bereiche: Schulbildung, Gesundheitswesen, Wirtschaft und Organisationsformen in den ländlichen Gebieten. Wir hielten uns an den Grundsatz, mit dem anzufangen, was wir hatten und was wir wussten. Durch die Kombination der praktischen Kenntnisse unserer Sozialarbeiter und der Bauern konnten wir sofort die Lebensqualität der Dorfbewohner verbessern.

Als wir die Eröffnung unserer Schule bekannt gaben, meldeten sich Hunderte von Freiwilligen. Sie wollten unbedingt helfen und gleich mit der Ausbildung beginnen. Darunter waren Mönche und Nonnen, angehende Mediziner und Juristen sowie Studenten aus anderen Fachbereichen. Die Sachkenntnis der Studenten erwies sich als sehr nützlich. Beispielsweise hatten viele der Dorfkinder keine Geburtsurkunde, die jedoch für die Aufnahme in die öffentliche Schule notwendig war. Zur Ausstellung einer Geburtsurkunde waren ein Richter und zwei Zeugen erforderlich. Eines Tages brachten die Jurastudenten einen Richter mit in unser Pilotdorf; daraufhin richteten wir einen Versammlungsplatz im Freien ein, wo der Richter und seine Zeugen ihrer Arbeit nachgehen konnten. In kürzester Zeit wurden so Dutzende von Geburtsurkunden ausgestellt.

Wir richteten auch einfache medizinische Versorgungszentren unter Strohdächern ein, in denen jeweils ein Arzt und ein paar Krankenschwestern tätig waren. Zum ersten Mal brauchten die Dorfbewohner nicht mehr monatelang auf eine notwendige medizinische Behandlung zu warten. Das war damals in der ländlichen Abgeschiedenheit revolutionär. Wir alle freuten uns, dass wir so viel für die Menschen tun konnten.

Eines Nachts, als ich in dem kleinen, strohgedeckten Haus eines Bauern schlief, kam ein Skorpion aus dem Strohdach gekrabbelt und stach mich. Es war sehr schmerzhaft. Ich hatte keine Salbe und kein Medikament dabei, deshalb musste ich die Einstichstelle stundenlang massieren, um die Nacht lebend zu überstehen. Solche Verhältnisse waren für die Bauern Normalität. Viele Kinder litten unter Krankheiten, oft unter Augenerkrankungen. Auf unsere Bitte hin behandelten jeden Samstag und Sonntag ein Arzt und eine Krankenschwester mit Unterstützung der frisch gebackenen jungen Mediziner die Kinder in den Dörfern. Durch solche Erfahrungen bekamen wir engagierten Buddhisten eine realistische Vorstellung davon, wie wir mithelfen konnten.

Als Sozialarbeiter von unserer Schule kleideten wir uns für einen Dorfbesuch mehr oder weniger wie Bauern. Es war wichtig, nicht als Städter aufzutreten wie die Regierungsbeamten, die in feinen Anzügen einzutreffen pflegten und dadurch eine gewaltige Kluft zwischen sich und den armen Bauern schufen.

Wir nahmen uns zuerst die Kinder vor. Wir redeten mit ihnen und gewannen ihre Sympathie. Dann brachten wir ihnen das Singen bei und lehrten sie Lesen und Schreiben. Wir brauchten kein Schulhaus. Wir setzten uns einfach unter einen Baum und spielten mit den Kindern. Wir badeten sie im Fluss und schnitten ihnen die Nägel. Als die Eltern sahen, dass wir ihren Kindern das Lesen und Schreiben beibrachten, waren sie zutiefst dankbar, und ihre Herzen flogen uns zu. Fortan gewährte uns, wenn es einmal regnete und wir unseren Unterricht nach drinnen verlegen mussten, der eine oder andere Dorfbewohner Unterschlupf in seinem Haus.

Bald hatten wir eine große Schar Kinder um uns versammelt, alle begierig darauf, etwas zu lernen, und so baten wir die Dörfler, uns bei der Errichtung einer Schule zu helfen. Eine Familie stellte bereitwillig ein Stück Land zur Verfügung, eine andere versprach uns zwanzig Bambusstämme, und noch eine andere schenkte uns fünfzig Kokospalmenwedel als Dachbedeckung. Es dauerte nicht lange, und das ganze Dorf arbeitete mit. In dieser Weise war es eine Lust und Freude, die Schule zu bauen. Auf Regierungshilfe hätten wir noch ewig warten müssen, deshalb gingen wir allein zu Werke mit dem, was wir hatten und was wir konnten. Die Bauern wussten, wie man Häuser baut, sie waren also hervorragend in der Lage, eine schöne Schule zu bauen.

Im Dorf Binh Khanh in der Provinz Gia Dinh beteiligte ich mich am Bau der ersten Schule, die es dort überhaupt je gab und die wir Nachtigall-Schule nannten. Ich brachte den Studenten und den jungen Mönchen und Nonnen bei, wie man ein Gebäude so konstruiert, dass es innen warm bleibt. Wir flochten Wände aus Bambusstäben, die wir mit einer Mischung aus Lehm und Stroh verkleideten. So blieb es im Hausinnern auch bei kaltem Wetter warm und gemütlich. Wenn Dorfbewohner mit eigenen Händen ihre Schule bauen, passen sie auch später darauf auf und führen fällige Reparaturen selbst aus. Niemand kann kommen und diese Schule schließen oder zerstören. Eine staatliche Schule hätten die Dorfleute allerdings nicht mit der gleichen Liebe geschützt wie die selbst gebaute.

An unserer »Schule für sozial engagierte Jugendliche« gaben Sozialarbeiter schichtweise Unterricht. Später stellten wir einen Lehrer ein, der von uns ein kleines Gehalt bezog, das gerade zu einem bescheidenen Leben reichte. Damit war er zufrieden, denn es war ihm Lohn genug, die Jugendlichen zu unterrichten und glücklich zu sehen.

Wir unterrichteten aber nicht nur die Jugendlichen, sondern auch die Erwachsenen. Wir boten Abendkurse an, sodass sie Lesen und Schreiben lernen und sich Kenntnisse aneignen konnten, die für ihr Leben und ihre Gesundheit wichtig waren. Wir brachten Fachleute mit in die Dörfer, die den Bewohnern wertvolle Tipps für eine bessere Hühner- und Schweinehaltung gaben, ihnen die Kompostbereitung beibrachten und erklärten, wie man eine Kooperative gründet.

Auf diese Weise vermittelten wir den Bauern eine Menge Kenntnisse, um ihnen zu helfen, in den Bereichen Erziehung, Gesundheit und Wirtschaft eine gewisse Autarkie zu erlangen. Wir schlugen den Familien vor, sich durch kunsthandwerkliche Arbeiten ein zusätzliches Einkommen zu verschaffen. Außerdem halfen wir den Dörflern durch gemeinsames Musizieren und Konzerte, für Unterhaltung besonders der Kinder und Jugendlichen zu sorgen. Sonst wäre den Jugendlichen das Dorfleben womöglich langweilig geworden, sie wären in die Städte abgewandert, und die Dörfer wären vergreist. Wir richteten Bibliotheken ein und organisierten Feste wie etwa das Vollmondfest. Darüber hinaus boten wir den jungen Leuten Ausbildungsmöglichkeiten in den traditionellen Handwerken an.

So konnten wir ein Dorf innerhalb von sechs Monaten umwandeln. Den jungen Leuten gefiel diese Art der Sozialarbeit ebenso sehr wie den buddhistischen Mönchen und Nonnen. Bis heute unterstützen wir die Bemühungen um die ländliche Entwicklung in Vietnam, trotz aller Schwierigkeiten mit der derzeitigen Regierung.

So bleiben Mitgefühl und Herzensgüte keine philosophischen Ideale, sondern werden in die Alltagswirklichkeit übertragen. All unsere Anstrengungen sind Formen des tätigen Mitgefühls.

Selbst Buddha geht hinaus in die Welt

An unserer »Schule für sozial engagierte Jugendliche« war ein junger Mann namens An. Er ging in die Dörfer und lehrte die Kinder lesen, außerdem kümmerte er sich bis spät in die Nacht um die Kranken. Er war so fleißig, dass ihn einmal eine Frau fragte, wie viel er denn vom Staat für seine Arbeit bekäme. Er antwortete: »Ich bin kein staatlicher Angestellter. Ich bin Buddhist. Wir arbeiten, um uns Verdienste zu erwerben.« »Verdienste erwerben« ist Buddhisten ein Begriff, besonders Laien, die ihre Zeit und Kraft unentgeltlich für Arbeiten im Tempel zur Verfügung stellen. Die Frau sagte: »Verdienste erwirbt man im Tempel, nicht hier draußen.« Darauf erwiderte der junge Mann: »Liebe Frau, in dieser Leidenszeit erwerben wir lieber hier draußen Verdienste und nicht im Tempel. Die Kinder haben niemanden, der sich um sie kümmert. Ich glaube, ihnen zu dienen heißt, Buddha zu dienen.« Die Frau verstand sofort, was An meinte, und unterstützte danach unsere Bemühungen von ganzem Herzen. Ans Antwort ist eine wunderbare, einfache Erklärung des engagierten Buddhismus.

Ich selbst lehrte an unserer Schule auch keinen traditionellen Buddhismus. Stattdessen erklärte ich den Schülern, wie sich ein Sozialarbeiter, der in ein Dorf geschickt wird, dort verhalten sollte und wie er die Herzen von Alt und Jung gewinnt. Ich sagte ihnen, dass sie zuerst das Vertrauen einer Familie gewinnen und sich wie Söhne und Töchter dieser Familie verhalten müssten, um voll akzeptiert zu werden. Sobald sie von einer Familie angenommen wurden, standen sie unter deren Schutz. Die Familie, bei der sie unterkamen, musste das Vertrauen und die Hochachtung der anderen Dorfbewohner genießen. Erst wenn sie von einer Familie angenommen worden waren und deren Liebe, Vertrauen und Schutz genossen, konnten sie sich allmählich in das Dorfleben einschalten.

Unsere Arbeit sollte möglichst nicht mit direkten finanziellen Zuwendungen für die Dorfbewohner verbunden sein. Die Sozialarbeiter sollten mit leeren Händen in die Dörfer gehen. Das Erste, was sie anzubieten hatten, war gesammeltes Zuhören. Wenn sie sich solcherart Einblick in die Bedürfnisse der Dorfbewohner verschafft hatten, boten sie ihnen voller Liebe ihre Kenntnisse an. Unser Prinzip war es, die Leute zu lehren, wie sie sich selbst helfen konnten. Geld stellten wir erst dann zur Verfügung, wenn die Dorfbewohner gelernt hatten, mit ihrer Situation fertig zu werden.

Sobald unsere Sozialarbeiter von einer Familie akzeptiert worden waren, mussten sie auch die Unterstützung des örtlichen buddhistischen Tempels gewinnen. Die meisten Vietnamesen sind Buddhisten, und so gibt es in jedem Dorf einen Tempel, der die spirituelle Heimat der Dorfbewohner ist. Bei Unterstützung durch den Tempel hatten die Sozialarbeiter keine Schwierigkeiten mehr. Deshalb suchten sie das Gespräch mit dem ranghöchsten Mönch und erzählten ihm, woher sie kamen und was sie vorhatten. Wurden sie von dem Mönch akzeptiert, konnten sie in dem betreffenden Dorf erfolgreich tätig werden.

Engagierter Buddhismus heute

Wenn Sie sich sozial engagieren wollen, können Sie unsere Prinzipien auch auf Ihren eigenen Ort, Ihr eigenes Land übertragen. Wenn Sie in einem Land leben, das sich überwiegend zum Christentum bekennt, und sich ehrenamtlich betätigen wollen, wenden Sie sich am besten an einen evangelischen oder katholischen Geistlichen in Ihrer Gegend. Sie können sich in der Gemeinde nützlich machen und dann in der Kirche oder in einem Kloster anfragen, ob Sie und andere Freiwillige dort wohnen und Kurse für Kinder und Erwachsene abhalten dürfen.

Entscheidend sind Ihre theoretischen und praktischen Erfahrungen mit der Achtsamkeitsübung; diese bildet den Kern Ihres rechten Handelns und Ihres Engagements in der Welt. Sie müssen sich darin üben, überall für Frieden und Versöhnung einzutreten, sei es in Ihrer Gastfamilie, in einer Kirche oder im Kloster. Sie lehren den Weg der Achtsamkeit, ohne ausgebildeter Lehrer zu sein. Sie machen Sozialarbeit, ohne ausgebildeter Sozialarbeiter zu sein. Eigentlich sind Sie nichts, und doch können Sie für Menschen, die Ihre Hilfe brauchen, alles sein.

Ein Mathematiklehrer aus Nordamerika kam mehrmals zu Retreats nach Plum Village. Er war ein ausgezeichneter Lehrer, hatte jedoch jahrelang Schwierigkeiten mit seinen Schülern, weil er schnell aufbrauste. Bevor er die Übung der Gewaltlosigkeit aufnahm, hatte er Schüler, die ihn ärgerten, angebrüllt oder Kreide nach ihnen geworfen. Oft hatte er in seiner Gereiztheit Kommentare unter ihre Hausarbeiten geschrieben wie: »Dümmer geht's wohl nicht!«

Nachdem er sich eine Zeit lang in Achtsamkeit geübt hatte, ging eine drastische Veränderung mit ihm vor. Er betrat das Klassenzimmer, indem er sich im meditativen Gehen übte. Er ging zur Tafel und übte sich beim Wegwischen in Achtsamkeit. Seine erstaunten Schüler fragten: »Herr Lehrer, sind Sie krank?«, worauf er lächelnd antwortete: »Nein, ich bin nicht krank, ich versuche nur, alles achtsam zu tun.« Er unterwies sie in der Übung der Achtsamkeit und schlug vor, dass alle Viertelstunde ein Schüler in die Hände klatschen und dann die gesamte Klasse innehalten und das Atmen und Lächeln üben sollte.

Seinen Schülern machte es Freude, mit ihm zu üben, und ihre Zuneigung zu ihm wuchs. Statt unter ihre Arbeiten zu schreiben: »Dümmer geht's wohl nicht!«, schrieb er jetzt: »Du hast es nicht verstanden, das ist mein Fehler.« Seine Klasse machte große Fortschritte. Es dauerte nicht lange, und alle Klassen an seiner Schule folgten dieser Methode. Als seine Pensionierung bevorstand, wurde der Lehrer gebeten, nach Möglichkeit noch einige Jahre zu bleiben. Er ist inzwischen ein Achtsamkeitslehrer – und ein achtsamer Lehrer.

Das ist ein reales Beispiel für die Übung, für Fortschritt und Frieden. Durch achtsames Handeln können wir ganz allmählich uns selbst, unsere Familie, unsere Schule, unseren Arbeitsplatz, unser Wohnviertel, die Stadtverwaltung, die Regierung unseres Landes und die globale Staatengemeinschaft verändern. Ob als Lehrer, Eltern, Journalisten, Therapeuten oder Schriftsteller, immer können wir unsere Begabung in den Dienst einer solchen Veränderung stellen. Wir sollten gemeinschaftlich meditieren, denn die tiefe Einsichtnahme in unsere Situation ist keine Privatsache mehr. Wir müssen unsere persönlichen Einsichten mit der kollektiven Weisheit verbinden.

Eine gewaltfreie Armee

Während des Vietnamkrieges bewegten sich die Angehörigen unserer Schule oft auf gefährlichem Terrain. Da wir die Herzen der Menschen so schnell gewannen, verdächtigten uns beide Kriegsparteien der Kollaboration mit der Gegenseite und wollten uns eliminieren. Beide Seiten hatten Angst vor uns. Sie unterstellten uns politische Motive, die wir gar nicht hatten. Friedensaktivisten ergreifen im Krieg nicht Partei. Sie treten vielmehr für Versöhnung ein und versuchen, die Gegner an einen Tisch zu bringen. Damit begibt man sich in große Gefahr. Obwohl uns nur unsere Bodhicitta motivierte, der Geist der Liebe, töteten beide Kriegsparteien aus Unverständnis viele von uns.

Der eigentliche Mörder war das Unverständnis. Wir waren eine gewaltfreie Armee und kämpften ausschließlich mit den Waffen der Liebe und Hilfsbereitschaft, trotzdem hatten wir Verluste wie andere Armeen auch. Bruder Nhat Tri und sieben weitere Sozialarbeiter wurden auf dem Weg zu einem abgelegenen Dorf ermordet. Für mich waren sie wie Söhne und Töchter gewesen. Ich empfand den Verlust wie ein Vater, der acht Kinder von seinem eigenen Fleisch und Blut verloren hat. Ich litt schwer, und dieses Leid spricht aus vielen meiner Gedichte.

Das nachfolgende Gedicht habe ich 1965 eigens

für die jungen Leute unserer Schule geschrieben, die während des Krieges Tag für Tag ihr Leben aufs Spiel setzten, als Rat, sich darauf vorzubereiten, ohne Hass zu sterben. Da einige bereits gewaltsam ums Leben gekommen waren, warnte ich die anderen davor, Hass zu empfinden. Unser Feind seien unsere eigene Wut und Gier, Hass, Fanatismus und Diskriminierung, sagte ich ihnen. Für einen gewaltsamen Tod sollte man durch Meditation über das Mitgefühl gerüstet sein, um denen vergeben zu können, die einen töten. Wenn man im Bewusstsein dieses Mitgefühls stirbt, ist man wahrhaft ein Kind des Erwachten. Wenn man durch Tyrannei, Schande und Gewalt umkommt und mit einem Lächeln der Vergebung sterben kann, hat man große Kraft.

Als ich die Zeilen dieses Gedichts noch einmal las, verstand ich plötzlich den Abschnitt des Diamant-Sutras über *Kshanti*, die Geduld oder Toleranz:

> *Mit ungebrochenem Mut,*
> *die Augen freundlich, ruhig*
> *(auch wenn sie keiner sieht),*
> *wird aus deinem Lächeln*
> *eine Blume erblühen.*
> *Und die dich lieben,*
> *werden deiner gedenken*
> *über zehntausend Welten von Geburt*
> *und Tod hinweg.*

Wer im Geist des Mitgefühls stirbt, ist wie eine Fackel, die unseren Weg erhellt.

RATSCHLAG

Versprich mir,
versprich mir noch heute,
versprich mir jetzt gleich
unter der Sonne hoch am Himmel,
die genau im Zenit steht,
versprich mir:

Auch wenn sie dich
niederschlagen
mit einem Berg von Hass und Gewalt;
auch wenn sie dich treten und zermalmen
wie einen Wurm,
auch wenn sie dich aufschlitzen und
*   zerstückeln,*
denke daran, Bruder,
denke daran:
Nicht der Mensch ist unser Feind.

Das Einzige, was deiner würdig ist,
*   ist Mitgefühl –*
unerschütterlich, grenzenlos, bedingungslos.
Mit Hass wirst du niemals
dem Tier im Menschen begegnen können.

*Eines Tages, wenn du dem Tier allein
  begegnest,
mit ungebrochenem Mut,
die Augen freundlich, ruhig
(auch wenn sie keiner sieht),
wird aus deinem Lächeln
eine Blume erblühen.
Und die dich lieben,
werden deiner gedenken
über zehntausend Welten von Geburt
  und Tod hinweg.*

*Wieder allein,
werde ich weitergehen mit gesenktem Haupt,
in dem Wissen, dass die Liebe ewig währt.
Auf der langen, rauen Straße
werden Sonne und Mond
weiter scheinen.*

Durch Unverständnis ausgelöste Tragödien ereigneten sich nicht nur das eine Mal. Das erste Massaker, bei dem Sozialarbeiter unserer Schule ums Leben kamen, verursachten schwer bewaffnete Soldaten von einer der beiden Krieg führenden Parteien, die in das Schulgelände eindrangen und Handgranaten in den Wohntrakt warfen, wodurch zwei junge Sozialarbeiterinnen ums Leben kamen. Eine weitere junge Frau wurde schwer verletzt – sie wurde von 300 Granatsplittern durchsiebt. In der Nacht verlor sie so viel Blut, dass sie fast gestorben wäre. Zum Krankenhaus waren es vier Stunden Weg, außerdem gab es dort keine Blutbank. Masako Yamanouchi, eine japanische Freiwillige, die bei uns mitarbeitete, rettete das Leben der verwundeten Studentin, indem sie ihr Blut spendete. Die Verletzte musste mehrere Jahre in Vietnam und Japan behandelt werden und hat noch immer über hundert Granatsplitter im Körper.

1966 kam eines Nachts eine Schar bewaffneter Männer in ein Dorf, in dem sich sechs von unseren jungen Leuten aufhielten. Sie drangen in das Haus ein, in dem sie schliefen, weckten sie auf, fesselten ihnen die Hände und brachten sie ans Ufer des Flusses. Obwohl sie die jungen Menschen gewaltsam wegschleppten, sprachen sie ohne Hass mit ihnen. Am Ufer fragten sie unsere Sozialarbeiter, ob sie zur »Schule für sozial engagierte Jugendliche« gehörten. Die jungen Leute bejahten diese Frage. Nachdem die Bewaffneten noch ein zweites Mal gefragt hatten, wohl, um ganz sicher sein zu können, erklärten sie unseren Freunden: »Es tut uns sehr Leid, aber wir müssen euch töten.« Dann erschossen sie alle sechs am Flussufer. Sie hatten von ihren Vorgesetzten, die uns als Feinde betrachteten, Befehl erhalten, jeden, der unserer Schule angehörte, zu töten, weil wir es gewagt hatten, in den Dörfern tätig zu werden.

Das Erschießungskommando hatte geglaubt, alle

sechs getötet zu haben, aber einer überlebte. Am nächsten Tag machte sich Schwester Chan Khong, meine Schülerin und spätere Mitbegründerin von Plum Village, mit einigen unserer Freunde auf den Weg und schaffte den Überlebenden ins Krankenhaus, wo er erzählte, was geschehen war.

Obgleich wir lauteren Herzens unsere Arbeit getan hatten, hielten sie uns irrtümlich für ihre Feinde. Wir wollten nur Liebe verbreiten und Hilfe leisten. Wir hatten keinerlei politische Ambitionen, und doch fielen wir dem Argwohn und der Gewalt zum Opfer.

Zur Zeit des Überfalls war ich gerade in Paris. Ich bereitete mich auf eine Reihe von Vorträgen vor, die ich in Frankreich, den Vereinigten Staaten, Australien, Neuseeland, den Philippinen und Japan halten wollte. An dem Abend, als ich erfuhr, dass fünf meiner Schüler ermordet worden waren, hatte ich nicht einmal Tränen. Es dauerte Monate, bis ich weinen konnte. Auch diese jungen Leute waren mir wie Kinder gewesen. Sie hatten meine Vorträge über engagierten Buddhismus gehört, waren zu uns gekommen, um mit uns gemeinsam den Mitmenschen zu dienen, und nun waren sie plötzlich tot. Ich musste erst üben und mein Leid umwandeln, ehe ich meiner Trauer Ausdruck geben konnte. Monate später, in New York, als ich eben ein Stück mit dem Titel *Der Weg der Rückkehr und die Lebensreise* fertig geschrieben hatte, konnte ich endlich weinen – und beim Weinen klang mein Schmerz allmählich ab.

Nach jedem Überfall sorgten Schwester Chan Khong und andere Führungskräfte der Schule für Bestattungsfeiern, auf denen jeweils Texte verlesen wurden, die noch einmal unsere Intention darlegten, nur lieben und helfen zu wollen, statt zu hassen oder zu töten. Die Texte lauteten etwa so: »Liebe Freunde, ihr versteht uns nicht, und darum habt ihr uns getötet. Wir wollen niemandem Schaden zufügen. Wir wollen nur helfen.« Nie sprachen Bitterkeit oder Hass aus dem, was wir sagten.

Manchmal, wenn ein Dorf bombardiert wurde, fürchteten unsere Sozialarbeiter um ihr Leben und wollten fliehen. Ich bat sie jedoch, die Bauern nicht im Stich zu lassen, denn anders als für sie war die Situation für die Dorfbewohner ausweglos. Also blieben unsere Leute und halfen beim Wiederaufbau des zerstörten Dorfes. Wurde dasselbe Dorf noch einmal bombardiert, bauten sie geduldig wieder alles neu auf. Es war wichtig, die Häuser wieder herzurichten, aber noch wichtiger war es, die Dorfbewohner psychologisch zu betreuen und ihnen neue Hoffnung einzuflößen.

In dieser Zeit großer Verluste war ich in Paris; ich wusste, dass unsere Freunde und Kollegen an der Schule in Vietnam schwere Zeiten durchmachten. Trotzdem vertraute ich darauf, dass sie durchhalten würden. Wir litten im Grunde weniger als diejenigen, die uns als ihre Feinde betrachteten, weil wir am Geist der Offenheit, Liebe und Barmherzigkeit festhielten. Dass wir uns nach jedem Angriff eifrig und unerschütterlich weiter in Liebe und Achtsamkeit übten, rührte die Mörder schließlich im Herzen, sodass sie keine Anschläge auf uns mehr verübten. Am Ende bewiesen wir ihnen durch unsere liebevolle Rede, dass wir ihnen gar nicht feindlich gegenüberstanden.

Mitgefühl ist der beste Schutz

Um bei einem Konflikt beide Seiten verstehen zu können und zu erkennen, was wir tun können und was nicht, müssen wir auf unsere eigenen Einsichten, auf unsere eigenen Erfahrungen und auf unser Verständnis vom Unterschied zwischen der Wahrheit und einer falschen Sicht der Dinge vertrauen. Wir müssen dem Einfluss von öffentlicher Meinung und Propaganda standhalten können. Diese Kraft stellt sich durch mitfühlende tiefe Einsichtnahme und unerschütterliche Übung ein. Diejenigen, die die politischen Strategien entwerfen und die Nachrichten verbreiten, haben einen starken Einfluss auf die Menschen. Politische Parteien und Politiker versuchen mit ihrer Überredungskunst stets, uns zu überzeugen.

Sie wollen, dass wir umdenken und anders fühlen, deshalb müssen wir fest in uns selbst und in unserer Übung gegründet sein und uns in tiefer Einsicht üben, um nicht in die Irre zu gehen. Wenn wir uns diese Festigkeit und Einsicht nicht bewahren, kommen wir schnell ins Wanken. Bitte denken Sie daran, dass rechtes Handeln rechtem Verständnis entspringt und dass wir nur dann verständnisvoll sein können, wenn wir das gesammelte Zuhören üben. Wenn Sie sich an diesen Rat halten, werden Sie ein Bodhisattva des Friedens und der Versöhnung sein.

5
Versöhnung:
Friedensübungen für
Einzelne und Paare

König Bimbisara, der Herrscher eines Königreiches im alten Indien, war einer der engsten Freunde und Schüler Buddhas. Eines Tages wurde Buddha durch einen Mönch darüber informiert, dass König Bimbisara zugunsten seines Sohnes, des Thronfolgers Prinz Ajatasattu, abgedankt habe und dann unter Hausarrest gestellt worden sei.

Schließlich kam Königin Videhi, die Gemahlin des Königs, selbst zu Buddha und erzählte ihm, dass die königlichen Wachen einen Monat zuvor den Prinzen dabei überrascht hatten, wie er spät des Nachts in das Gemach seines königlichen Vaters eindringen wollte. Da sie sein Verhalten verdächtig fanden, durchsuchten sie ihn und entdeckten unter seinen Gewändern versteckt ein Schwert. Sie nahmen ihn gefangen und brachten ihn zum König. Der König sah seinen Sohn an und fragte ihn: »Ajatasattu, warum wolltest du mit einem Schwert in mein Zimmer kommen?«

»Ich hatte die Absicht, dich zu töten«, antwortete Ajatasattu.

»Aber warum wolltest du mich umbringen?«

»Ich will selber König werden.«

»Warum solltest du denn deinen eigenen Vater töten, um König zu werden? Wenn du es mir gesagt hättest, hätte ich sofort abgedankt.«

»Ich habe nicht geglaubt, dass du das tun würdest. Ich habe einen großen Fehler begangen, und ich bitte dich um Vergebung.«

Obwohl es mitten in der Nacht war, ließ der König seine vertrautesten Berater rufen. Einer von ihnen meinte, ein Mordversuch am König sei ein Verbrechen, das nur mit der Todesstrafe zu ahnden sei, und der Prinz müsse enthauptet werden.

Dem stimmte der König nicht zu. »Ich kann Ajatasattu nicht töten lassen. Er ist doch mein eigener Sohn!«

Ein zweiter Berater sagte: »Eure Majestät, Euer Mitgefühl hat nicht seinesgleichen! Ihr seid ein würdiger Schüler des Erhabenen. Wie aber wollt Ihr in dieser Sache verfahren?«

Der König sagte: »Ich will morgen meinem Volk bekannt geben, dass ich zugunsten meines Sohnes abdanken werde. In zehn Tagen soll seine Krönung sein.«

»Aber was ist mit seinem verbrecherischen Mordversuch?«

»Ich vergebe ihm. Ich hoffe, dass er daraus etwas lernt.«

Zwei Tage, nachdem der König die Entscheidung getroffen hatte, abzudanken, wurde er von seinem Sohn Ajatasattu unter Hausarrest gestellt. Die Königin berichtete Buddha: »Das Leben des Königs ist in großer Gefahr. Ajatasattu plant, ihn Hungers sterben zu lassen.« Sie erzählte Buddha, sie hätte beim Anblick des Königs weinen müssen, aber Bimbisara hätte sie getröstet und ihr gesagt, er empfinde trotz der Missetat ihres Sohnes keinen Hass gegen ihn. Er würde lieber verhungern, als das Land in einen Bürgerkrieg zu stürzen.

Buddha schwieg, während die Königin zu schluchzen begann. Nach einer langen Pause fragte er sie, wie es um den körperlichen und geistigen Gesundheitszustand des Königs bestellt sei. Die Königin erwiderte, er hätte zwar viel Gewicht verloren, sei aber noch bei Kräften und wohlgemut. Der König empfände weder Hass noch bereue er seinen Entschluss. Er lächele und führe Gespräche, als sei nichts geschehen. Er nutze seine Gefangenschaft zur Meditation. Vor seinem Schlafgemach gäbe es einen langen Flur, wo er das meditative Gehen übe. Von einem Fenster seines Zimmers aus sei der Geierberg zu sehen, dort säße er täglich viele Stunden in Meditation.

Ein paar Wochen später erfuhr Buddha, dass der König Hungers gestorben war.

Einige Monate nach dem Tod seines Vaters fiel König Ajatasattu mit seinem Heer in das Reich König Pasendadis ein, des Bruders seiner Mutter. Sechs Monate tobte der Krieg und forderte auf beiden Seiten zahllose Opfer, aber am Ende waren König Pasendadis Truppen siegreich und konnten König Ajatasattu lebend gefangen nehmen.

Danach suchte König Pasendadi Buddha auf. Er schilderte ihm die schrecklichen Verluste, die der Krieg verursacht hatte. »Erhabener, König Ajatasattu hat seinen eigenen Vater umgebracht, um den Thron besteigen zu können, und er hat mein Land überfallen. Aber er ist mein Neffe. Ich kann ihn nicht töten lassen und habe auch kein Verlangen, ihn ins Gefängnis zu werfen. Bitte helft mir, einen weisen Entschluss zu fassen.«

Buddha sagte: »Eure Majestät, Ihr seid von treuen Freunden und Helfern umgeben. Es ist kein Wunder, dass Ihr aus diesem Krieg als Sieger hervorgegangen seid. König Ajatasattu ist von üblen Elementen umgeben, deshalb ist er in die Irre gegangen. Ich rate Euch, ihn mit allem Respekt zu behandeln, der einem König gebührt. Nehmt Euch aber auch Zeit, Euren Neffen zu belehren. Macht ihm unmissverständlich klar, wie wichtig es ist, Freunde und Getreue um sich zu scharen, die einen guten Charakter haben und loyal sind. Dann könnt Ihr ihn wieder in sein Königreich zurückschicken. Ob es dauerhaften Frieden geben wird, hängt von der Geschicklichkeit ab, mit der Ihr diese Angelegenheit regelt.«

Wenig später wurde König Ajatasattu freigelassen und durfte als Herrscher in sein Reich zurückkehren. Um die Wunden, die der Hass geschlagen hatte, durch Liebe zu heilen, gab ihm König Pasendadi noch seine Tochter, Prinzessin Varaja, zur Frau, sodass der Neffe nun auch sein Schwiegersohn wurde. Er folgte von ganzem Herzen dem Rat Buddhas, und in diesem Geist machte er Ajatasattu außerdem noch das Reich, das durch den Krieg eigentlich ihm selbst zugefallen war, zum Hochzeitsgeschenk.

Nach der Rückkehr in sein Reich plagte König Ajatasattu sein Gewissen. Der Tod seines Vaters ließ ihn nicht mehr los, und er konnte keine Ruhe finden. Seine Nerven rebellierten, und er hatte nachts Angst vor dem Einschlafen, weil ihn dann grausige Alpträume plagten. Viele Ärzte und Hohepriester wurden gerufen, um ihn zu heilen, aber dennoch wurden die Geistesqualen Ajatasattus drei Jahre lang von Tag zu Tag unerträglicher.

Eines Tages saß der König mit seiner Gemahlin, dem gemeinsamen Sohn Udayibhadda und seiner eigenen Mutter, Königin Videhi, bei Tisch. Da dem knapp dreijährigen Prinzen Udayibhadda vom König jeder Wunsch erfüllt wurde, war er ein verwöhntes, ungezogenes Kind. Diesmal verlangte der kleine Prinz, dass sein Hund mit an der Tafel sitzen dürfe, und obwohl das normalerweise verboten war, gab der König dem Wunsch des Sohnes nach. Es war ihm jedoch peinlich, und so sagte er, an seine Mutter gewandt: »Es ist unangenehm, einen Hund am Tisch sitzen zu haben, nicht wahr? Aber was soll ich machen!«

Königin Videhi erwiderte: »Du liebst deinen Sohn, deshalb hast du ihm gestattet, seinen Hund neben sich sitzen zu lassen. Daran ist nichts Ungewöhnliches. Weißt du noch, wie dein eigener Vater einmal deine Hand geheilt hat, weil er dich liebte?«

Ajatasattu konnte sich an den Vorfall nicht mehr erinnern. Da erzählte es ihm die Mutter: »Eines Tages, du warst noch klein, wurde dein Finger rot und schwoll an. Unter deinem Fingernagel bildete sich ein Geschwür. Es bereitete dir so große Schmerzen, dass du Tag und Nacht geweint hast. Die Sorge um dich raubte deinem Vater den Schlaf. Er hob dich auf seine Kissen, nahm deinen entzündeten Finger in den Mund und lutschte daran, um den Schmerz zu lindern. Vier Tage und vier Nächte lutschte er ununterbrochen an deinem Finger, bis das Geschwür aufplatzte und er den Eiter heraussaugen konnte. Aus Angst, du könntest noch mehr Schmerzen leiden, wagte er nicht, deinen Finger aus dem Mund zu nehmen und den Eiter auszuspucken. Also schluckte er ihn hinunter und lutschte weiter an deinem Finger. Daran siehst du, wie sehr dein Vater dich liebte.«

Da nahm der König plötzlich den Kopf zwischen beide Hände und eilte aus dem Saal. Danach verschlechterte sich sein Geisteszustand zusehends. Der Arzt Jivaka wurde gerufen. Jivaka hörte sich Ajatasattus Leidensgeschichte an, vernahm auch, dass kein Priester und kein Arzt ihm hätte helfen können, sagte jedoch kein Wort. Der König fragte: »Jivaka, warum sagst du nichts?«

Jivaka antwortete: »Der Erhabene ist der einzige Mensch, der dir helfen kann, deine Seelenqualen zu überwinden. Geh zum Buddha und lasse dich von ihm unterweisen.«

Der König schwieg eine Zeit lang. Schließlich murmelte er: »Aber er hasst mich bestimmt.«

Jivaka sagte: »Der Erhabene hasst niemanden. Er war der Lehrer und engste Freund deines Vaters. Ihn aufzusuchen wird so sein, als würdest du zu deinem Vater gehen. Suche ihn auf, und du wirst Frieden finden. Meine Heilungsfähigkeiten sind nichts im Vergleich zu denen des Erhabenen.«

Der König willigte ein, und es wurde vereinbart, dass er Buddha in dessen Meditationshalle besuchen sollte. In einer mondhellen Nacht machte sich der König, auf einem Elefanten reitend, mit großem Gefolge auf den Weg. Als er sich der Meditationshalle näherte, war alles still. Jivaka hatte ihm erzählt, dass tausend Mönche ihr Leben mit Buddha teilten. Wenn das der Wahrheit entsprach, dachte Ajatasattu, wie konnte es dann so still sein? Stimmte da etwas nicht? Wurde er vielleicht in einen Hinterhalt gelockt? Er wandte sich zu Jivaka um und fragte ihn, ob dies eine Verschwörung sei, um Vergeltung an ihm zu üben für den Mord an seinem Vater.

Jivaka lachte und wies auf die Meditationshalle, aus deren Fenstern Licht drang. Er sagte: »Der Erhabene weilt zurzeit mit all seinen Mönchen dort.«

Der König stieg von seinem Elefanten und betrat mit seiner Familie und seinem Gefolge die Meditationshalle. Jivaka deutete auf einen Mann, der auf einem Podest saß, den Rücken an eine Säule gelehnt, und sagte: »Das ist der Buddha.«

Der König war beeindruckt von der intensiven Stille. Tausend Mönche saßen in vollkommener Lautlosigkeit rings um den Buddha. Nicht einmal ein Gewand raschelte.

Buddha lud den König ein, Platz zu nehmen. Der König verbeugte sich und sagte: »Erhabener, ich habe Euch im Palast sprechen hören, als ich noch ein kleiner Junge war. Heute Nacht will ich Euch eine Frage stellen. Welche Art von Frucht trägt das spirituelle Leben, dass Hunderte oder gar Tausende ihretwegen ihr Haus verlassen?«

Buddha fragte den König, ob er diese Frage schon einmal anderen Lehrern gestellt hätte. Der König sagte, er hätte sie schon ein Dutzend Mal gestellt, jedoch nie eine befriedigende Antwort erhalten.

Da sagte Buddha: »Eure Majestät, ich will Euch von den Früchten erzählen, die diese Lehre trägt, von Früchten, die in diesem Augenblick genossen werden können, und von Früchten, die in Zukunft reifen werden. Ihr braucht nicht nach komplizierten Erklärungen zu suchen. Schaut einfach hin, und Ihr seht diese Früchte so deutlich wie eine Mango in Eurer Hand.

Bedenkt Folgendes: Ein Mönch führt eine Reihe von Übungen aus, durch die er in Ruhe und Frieden zu verweilen vermag. Leute, die keine solche Übungspraxis einhalten, gehen leicht fehl. Sie begehen Verbrechen, indem sie lügen, trinken, sich sexuellen Ausschweifungen hingeben, stehlen oder sogar morden. Damit ziehen sie sich grausame geistige und körperliche Strafen zu. Die Übungen bewahren uns davor, in die Irre zu gehen, und ermöglichen uns so ein sorgenfreies Dasein.

Eure Majestät, ein Mönch hat nur wenige Besitztümer und folglich keine Angst, einen Verlust zu erleiden oder beraubt zu werden. Es steht ihm frei, im Wald allein unter einem Baum zu nächtigen, entspannt und sorglos. Freiheit von Angst ist ein großes Glück. Ein Mönch jagt weder Reichtum noch Ruhm nach. Er begnügt sich mit dem, was er braucht, und haftet nicht an Begierden. So in sorgloser Unbekümmertheit zu leben ist ein großes Glück. Auch das ist eine Frucht spiritueller Übung, die gleich hier im gegenwärtigen Augenblick genossen werden kann.

Wenn Ihr Euch auf die Übung des bewussten Atmens und der Meditation versteht, könnt Ihr das Glück desjenigen erfahren, der dem Weg folgt. Es ist das Glück, das Meditation mit sich bringt. Mithilfe der Meditation können wir durch das bewusste Atmen Freude und Glück erzeugen, die den Geist und den Körper nähren und uns helfen, Fortschritte auf dem Weg der Erleuchtung zu machen. Freude und Glück der Meditation durchdringen Geist und Körper, sie sind ein Heilmittel gegen Angst, Kummer und Verzweiflung und versetzen den Übenden in die Lage, die Wunder des Lebens zu erfahren. Mit der Meditation durchschneidet Ihr die Stricke der Sklaverei, mit denen die meisten Menschen gefesselt sind – die Stricke der Gier, des Hasses, der Wollust, der Faulheit, des Zweifels, eines falschen Selbstbildes, extremer, falscher und verzerrter Ansichten. Die Befreiung ist ein großes Glück und eine der wunderbarsten Früchte spiritueller Übung. Diese Frucht kann jetzt, hier, in diesem Leben, geerntet werden.

Dank seines Verständnisses braucht sich der Übende keine Sorgen zu machen oder zu ängstigen. Aufgrund seines inneren Friedens kann er anderen helfen, sich aus der Verstrickung in Begierde, Hass und Unwissenheit zu befreien. Ein Mönch beteiligt sich nicht am Streit der Parteien, sondern trägt dazu bei, Frieden, Freude und Tugend in der Gesellschaft zu verbreiten. Die Früchte seiner spirituellen Übung dienen nicht der Erbauung und dem Wohl eines Einzelnen. Sie sind vielmehr das Erbe der Menschheit und der ganzen Welt.«

Da erhob sich der König und legte mit größter Hochachtung die Hände zusammen. Er sagte: »Erhabenster Lehrer! Mit Euren schlichten Worten habt Ihr wiederaufgebaut, was in Trümmern lag, enthüllt, was verhüllt war, den Weg gewiesen zu dem, was verloren war, und Licht in die Dunkelheit gebracht. Bitte nehmt mich als Euren Schüler an, wie Ihr einst meine Eltern angenommen habt.«

Buddha nickte zustimmend.

Danach besuchte der König den Erhabenen häufig. Bei diesen Begegnungen behandelte Buddha Ajatasattu wie einen Sohn, sodass der König sein Herz ausschütten und seine früheren Vergehen beichten konnte. In der Nacht nach der ersten Begegnung sah Ajatasattu im Traum seinen Vater, der ihm zulächelte, und hatte das Gefühl, wieder heil und ganz zu sein. Das Herz des Königs hatte sich verwandelt.

Die Übung des Neubeginns und der Versöhnung

Da wir Menschen sind, machen wir Fehler. Mit ungeschickten Gedanken, Worten und Taten fügen wir uns selbst und unserer Umgebung Schaden zu. Wenn wir jemanden verletzt haben oder selbst verletzt wurden, machen wir meist aus Stolz keine Anstrengung, uns mit dem betreffenden Menschen wieder zu versöhnen und unsere Beziehung zu erneuern. Ohne Versöhnung können wir unser Verständnis nicht vertiefen und verursachen nur noch mehr Leid.

Zu unseren Übungen gehört es, unsere Beziehungen regelmäßig zu erneuern. Wir haben zwar immer Zeit für einen Konzert- oder Kinobesuch, einen Einkaufsbummel und andere Zerstreuungen, aber wir nehmen uns selten die Zeit, unsere Beziehungen mit den Menschen, die uns nahe stehen, mit unseren Angehörigen, Freunden und Kollegen, aufzufrischen.

Die Übung des Neubeginns ist zugleich eine Übung der Versöhnung. Das Neubeginnen kann zu zweit oder in einer Gruppe geübt werden. Während einer spricht, hört der andere mit gesammelter Aufmerksamkeit zu, ohne ihn zu unterbrechen, sodass er aus tiefstem Herzen reden kann.

Drei Schritte führen zum Neubeginn: die gegenseitige Wertschätzung, die Reuebezeigung und die Offenlegung von Verletzungen und Schwierigkeiten. Mit dem ersten Schritt, der gegenseitigen Wertschätzung, üben wir uns darin, die positiven Eigenschaften unseres Gegenübers zu sehen und zu würdigen. In jedem von uns ist sowohl Gesundes als auch Ungesundes im Keim angelegt. Wenn wir zum Ausdruck bringen, wie sehr wir die guten Eigenschaften des anderen schätzen, geben wir ihm Gelegenheit, sie in seinem Innern selbst zu erkennen. Gleichzeitig geben wir den guten Eigenschaften in unserem eigenen Bewusstsein Nahrung. Hier ein Beispiel: Nehmen wir an, Sie haben einen Sohn, einen freundlichen und fleißigen Menschen. Er gibt sich große Mühe in der Schule und hilft Ihnen oft bei der Hausarbeit. Aber ab und zu macht er einen Fehler, und sofort korrigieren Sie ihn streng. Da Sie ihm nie gesagt haben, wie sehr Sie ihn schätzen, hört er aus Ihrer Äußerung nur Kritik und Vorwurf heraus. Diese Situation erschwert Ihren Umgang miteinander. Um etwas daran zu ändern, üben Sie sich in gegenseitiger Wertschätzung. Wenn Ihr Sohn in der Schule gut ist, loben Sie ihn. Genauso halten Sie es mit Ihrem Partner, dem Ehemann oder der Ehefrau, mit Freunden und anderen Menschen aus Ihrem Lebenskreis. Wir können einander jederzeit unsere Wertschätzung ausdrücken.

Der zweite Schritt zum Neubeginn ist der, Reue zu bezeigen. Wir nehmen die Gelegenheit wahr, dem anderen mitzuteilen, dass wir das, was wir gesagt oder getan haben und womit wir ihn verletzt haben mögen, bereuen. Das setzt Demut und die Bereitschaft voraus, den eigenen Schmerz und Stolz fahren zu lassen.

Im dritten Schritt zum Neubeginn sprechen wir mit sorgsam gewählten, liebevollen Worten von unserer eigenen Verletzung, ohne Vorwürfe zu machen oder Kritik zu üben. Wir reden so, dass der andere zuhören und alles in sich aufnehmen kann, was wir sagen. Wenn wir den anderen beschuldigen und verdammen, verhärtet sich sein Herz, und dann kann er nichts mehr hören. Wir bitten unser Gegenüber, uns zu einem besseren Verständnis dessen zu verhelfen, was er gesagt oder getan hat und was uns solchen Schmerz bereitet. Vielleicht kann er es später einmal gründlicher erklären, damit wir ihn besser verstehen können. Falls uns starke Emotionen überkommen, wenn wir gerade von unserem Kummer sprechen, halten wir einfach inne und folgen so lange unserem Atem, bis das Gefühl abgeklungen ist. Unser Gesprächspartner könnte uns darin unterstützen, indem er ebenfalls seinem Atem folgt, bis wir fortfahren können.

Die Übung des Neubeginns können wir regelmäßig mit unserem Partner, unserer Familie oder mit Kollegen durchführen. Durch diese Praxis verhüten wir, dass sich kleine Missverständnisse zu großen auswachsen. Wir nehmen uns lieber ihrer an, sowie sie aufkommen. Zugleich machen wir uns die positiven Eigenschaften bewusst, mit denen unsere Lieben unser Leben bereichern, und würdigen sie. Durch Verständnis wird alles möglich.

Die Friedensbotschaft im Portemonnaie

Wenn wir wütend sind, fehlt es uns an Klarheit. In dem Augenblick sagen und tun wir vielleicht etwas Verletzendes, es sei denn, wir wissen, wie wir uns in Achtsamkeit üben und uns und andere schützen können. Wenn wir verletzt sind und von schmerzlichen Gefühlen heimgesucht werden, fehlt es uns an Klarheit. Dann neigen wir dazu, die Person, von der wir verletzt worden zu sein glauben, zu beschuldigen und zu verurteilen.

Aber es gibt auch Zeiten, in denen wir klar sehen und ruhig sind. Diese Gelegenheit müssen wir beim Schopf ergreifen, um eine Friedensbotschaft zu schreiben. Wir schreiben auf einen Zettel: »Meine Liebe/mein Lieber, ich leide, und ich möchte, dass du es weißt.« Das schreiben wir auf und stecken den Zettel in unser Portemonnaie. Wir sind zwar verletzt und leiden, wollen es aber dem geliebten Menschen aus Stolz nicht eingestehen. Wir schließen uns in unser Zimmer ein und sagen: »Ich brauche dich nicht, warum sollte ich dich auch nötig haben? Mir geht's gut, lass mich in Ruhe.« Doch inzwischen haben wir die Friedensbotschaft geschrieben: »Meine Liebe/mein Lieber, ich leide, und ich möchte, dass du es weißt.« Wir schreiben diese Friedensbotschaft im Voraus, sodass wir sie bei Bedarf nur hervorzuholen brauchen und selber lesen können oder einfach dem

Betreffenden zu lesen geben. Wir sind uns darüber im Klaren, dass wir leiden, und öffnen der Kommunikation, dem Frieden und der Versöhnung die Tür.

Auf einen anderen Zettel schreiben wir: »Meine Liebe/mein Lieber, ich tue mein Bestes. Bitte hilf mir.« Auch diesen Zettel schieben wir in unser Portemonnaie. Wenn wir uns dann einmal von Ärger und Gereiztheit haben mitreißen lassen, können wir unseren Zettel hervorziehen und ihn selbst lesen oder der Person vorlesen, auf die wir wütend sind. Die kurze Botschaft bedeutet: »Ich bin mir meines Zorns bewusst. Ich tue mein Bestes, mich darin zu üben, wieder ruhig zu werden, meinen Ärger zu umarmen und tiefen Einblick in die Ursachen meines Ärgers zu nehmen. In meiner Wut und Gereiztheit will ich nichts sagen oder tun, und deshalb brauche ich deine Unterstützung. Ich brauche deine Hilfe.« Das sind Worte der Liebe und des Friedens.

Diese Art der Übung ist nicht schwer, aber vielleicht erinnern wir uns nicht rechtzeitig daran, auch wenn sie uns bekannt ist. Nehmen wir einmal an, Sie haben ein schwieriges Verhältnis zu Ihrer Mutter und schreiben zu einem Zeitpunkt, an dem Sie klar und ruhig sind, eine Friedensbotschaft an sich selbst: »Meine Mutter ist gut. Sie ist voller Liebe und Mitgefühl, aber manchmal ist sie auch unangenehm und schwer zu ertragen. In solchen Augenblicken muss ich ihr helfen, statt sie zu hassen oder zu bestrafen.«

Ob Tochter, Sohn oder Partner, jeder von uns kann eine solche Friedensbotschaft aus tiefstem Herzen schreiben und in seinem Portemonnaie aufheben. In schwierigen Momenten kann uns dieser Erinnerungszettel eine Mahnung zur Achtsamkeit sein, Liebe und Mitgefühl wieder in uns wecken und uns helfen, keine Anklagen und Bosheiten zu äußern oder in unserer Wut und Verärgerung etwas Unüberlegtes zu tun.

Wenn Sie wissen, dass Sie Ihrem Kind gegenüber bisweilen zu streng sind, können Sie etwas Ähnliches aufschreiben und es Ihrem Kind geben: »Mein lieber Sohn, ich will dir nicht weh tun, aber gelegentlich bin ich nicht in Form, sondern gereizt und schwer zu ertragen. Bitte habe Mitleid und Geduld mit mir und hilf mir, statt mich zu hassen.« Wir alle sind dazu in der Lage, der jeweiligen Situation entsprechende Sätze zu schreiben, solange wir einen klaren Kopf haben und nicht verärgert sind, denn es gibt Zeiten, in denen bei jedem die Saat der Erleuchtung aufgeht, die Blume des Mitgefühls. Glauben Sie nicht, es sei unnötig und unter Ihrer Würde, so etwas zu schreiben, weil Sie es nur mit Ihrem Kind zu tun haben. Was Sie aufschreiben, ist Ausdruck Ihrer tiefen Liebe und Zuneigung. Es ist die Stimme Buddhas oder Gottes in Ihnen, die Ihnen diese Sätze diktiert.

Sie geben Ihr Bestes, wenn Sie so liebevolle Sätze schreiben. Falls Ihr Kind oder Partner eifrig geübt hat, wird er (oder sie) den Zettel selbst hervorholen, wenn Sie sich aufregen oder ärgern, und Ihnen vorlesen, was Sie geschrieben haben. Dann wissen Sie, dass er (oder sie) der Übung folgt. Wenn auch Sie eifrig geübt haben, werden Sie sogleich in Ihrem Tun innehalten, wieder zu sich kommen und sich um Ihre aufgewühlten Emotionen kümmern. Als Partner oder Eltern mit Kind werden Sie gemeinsam üben wollen. Auch im Umgang mit Freunden und Kollegen können Sie die Übung befolgen. Wenn Sie auf diese Weise Krisen bewältigen, ist das ein echter Sieg, nicht nur für Sie, sondern für alle.

Familienschreine

Heute sind viele Menschen, auch solche, die in einer Partnerschaft oder innerhalb einer Familie leben, isoliert und einsam. Sie können das, was sie auf dem Herzen haben, nicht gegenüber denen, die sie lieben, zum Ausdruck bringen. Daher ist es wichtig, Gelegenheiten zu bieten, zu denen die Familie zusammenkommen und die Einsamkeit der modernen Gesellschaft überwinden kann. Indem wir uns wieder auf unsere Zusammengehörigkeit und unsere Traditionen besinnen und aus unserer Vergangenheit lernen, finden wir unseren gemeinsamen Boden wieder.

In Vietnam ist in jedem Haus ein Ahnenschrein. Zum Jahrestag eines wichtigen Ereignisses wie etwa dem Tod von Vater oder Mutter versammelt sich die ganze Familie im Haus des ältesten Kindes. Diese Tradition ist in Vietnam noch immer lebendig, und jeder, auch die Kinder, nimmt daran teil. Sie liefert die besonderen Anlässe, bei denen sich alle, die dem größeren Familienkreis angehören, wiedersehen, Zeit miteinander verbringen, gemeinsam ein fröhliches Mahl einnehmen und der lieben Verstorbenen gedenken.

Für viele Menschen der westlichen Länder wäre es ein Segen und eine Freude, die Sitte aufzugreifen, sich seiner Ahnen zu erinnern und sich ihrer Unterstützung zu versichern. Vielleicht ist ein Familienschrein nicht das Richtige, doch es kann durchaus erfreulich sein, Familienfotos aufzustellen oder einen Stammbaum aufzuhängen, auf dem die Generationen unserer Vorfahren zu sehen sind. Um unsere Ahnen zu ehren und ihrer zu gedenken, können wir den Platz in der Nähe dieser Bilder mit einem Blumenstrauß oder mit Erinnerungsstücken schmücken. Wenn wir uns etwa am Geburtstag der verstorbenen Großmutter oder an einem anderen Festtag mit allen Verwandten treffen, können wir uns gemeinsam an die guten Seiten der Großmutter oder des Großvaters erinnern. Wir erwähnen die positiven Leistungen der Großmutter. Sie war liebenswert und zu jedermann freundlich. Großvater war großzügig. Er hat vielen Menschen geholfen. Vater war ein aufrichtiger Mensch, der hart arbeitete und große Opfer brachte, um seine Kinder und Eltern zu ernähren. Wir denken an diese schönen Eigenschaften unserer Vorfahren, und es tut uns und unseren Kindern wohl, diese Charakterzüge auch bei uns selbst festzustellen. Wenn wir uns auf diese Weise mit unseren Ahnen verbinden, werden wir gestärkt und meistern die Schwierigkeiten in unserem Leben mit frischem Mut.

Wurzeln schlagen

In Plum Village üben wir regelmäßig die »Fünf Erdberührungen«, um uns mit unseren leiblichen und spirituellen Ahnen zu verbinden. Wir versichern uns ihrer Kraft und bitten um Schutz und Weisung. Diese Übung lässt uns unsere Wurzeln spüren und transformiert unsere Gefühle der Isolation und Einsamkeit. Im Allgemeinen führen wir sie einmal pro Woche aus zur Stärkung unserer Festigkeit.

Die Fünf Erdberührungen

1. Dankbar verbeuge ich mich vor allen Generationen meiner leiblichen Herkunftsfamilie.

[Auf ein Glockenzeichen berühren wir die Erde.]

Ich sehe meine Mutter und meinen Vater, deren Fleisch und Blut ich bin und deren Blut und Vitalität in meinen Adern kreisen und jede Zelle in mir nähren. Hinter ihnen sehe ich meine vier Großeltern. Generationen von Ahnen haben zu ihrer Weisheit, ihren Erwartungen und Erfahrungen beigetragen. In mir vereinigen sich Leben und Blut, Erfahrung und Weisheit, Glück und Leid aller Generationen vor mir. Um das Leiden und sonstige Elemente, die einer Transformation bedürfen, umzuwandeln, übe ich. Ich öffne mein Herz und meinen Körper, um die Energie der Einsicht, Liebe und Erfahrung, die mir von all meinen Vorfahren übertragen wurde, in mich aufzunehmen. Ich erkenne meine Wurzeln in meiner Mutter, meinem Vater, meiner Großmutter, meinem Großvater und in all meinen Vorfahren. Ich weiß, dass ich nur die Reihe meiner Ahnen fortsetze. Bitte unterstützt und schützt mich mit eurer Energie. Ich weiß, dass da, wo Kinder und Kindeskinder sind, immer auch Ahnen sind. Ich weiß, dass Eltern immer ihre Kinder und Enkel lieben und unterstützen, auch wenn sie ihre Liebe aufgrund eigener Probleme oft nicht richtig zum Ausdruck bringen können. Ich erkenne, dass meine Vorfahren sich um eine Lebensweise bemüht haben, die auf Dankbarkeit, Freude, Vertrauen, Achtung und Herzensgüte beruhte. Als Nachkomme dieser Ahnenreihe verbeuge ich mich tief und lasse mich von ihrer Energie durchströmen. Ich bitte meine Ahnen um Beistand, Schutz und Kraft.

[Wir atmen 3-mal ein und aus]
[Glockenzeichen, wir stehen auf]

2. Dankbar verbeuge ich mich vor all den Generationen von Ahnen in meiner spirituellen Familie.

[Glockenzeichen, wir berühren die Erde]

Ich erkenne in mir meine Lehrer, alle die, die mir den Weg der Liebe und des Verständnisses gezeigt haben, durch die ich die Übung des Atmens, Lächelns und Vergebens aufgenommen und gelernt habe, voll und ganz im gegenwärtigen Augenblick zu sein. Ich sehe hinter meinen Lehrern alle Lehrer aus vielen Generationen und Traditionen bis hin zu denen, die vor Tausenden von Jahren meine spirituelle Familie begründeten. Ich betrachte Buddha und Christus, Patriarchen und Matriarchen als meine Lehrer und spirituellen Vorfahren. Ich sehe, dass ihre Energie und die Energie vieler Generationen von Lehrern auf mich übergegangen ist und Frieden, Freude, Verständnis und Herzensgüte in mir weckt. Ich weiß, dass die Energie dieser Lehrer die Welt tief greifend verwandelt hat. Ohne all diese spirituellen Ahnen wüsste ich nichts vom Übungsweg, durch den ich Glück und Frieden in mein Leben und in das Leben meiner Familie und der Gesellschaft bringen kann. Ich öffne mein Herz und meinen Körper, um die Kraft des Verständnisses, der Herzensgüte und des Schutzes zu empfangen, die von den Erwachten, ihrer Lehre und der Übungsgemeinschaft vieler Generationen ausgeht. Ich setze ihre Reihe fort. Ich bitte diese spirituellen Vorfahren, mir ihre unerschöpfliche Quelle der Energie, des Friedens, der Festigkeit, des Verständnisses und der Liebe zu übertragen. Ich gelobe zu üben, um das Leiden in mir und in der Welt aufzuheben und die Kraft meiner spirituellen Familie an zukünftige Generationen von Übenden weiterzugeben. Meine spirituellen Ahnen hatten mit eigenen Schwierigkeiten zu kämpfen und waren nicht immer in der Lage, die Lehre richtig zu übermitteln, aber ich akzeptiere sie so, wie sie sind.

[Drei Atemzüge]
[Glockenzeichen, wir stehen auf]

3. Dankbar verbeuge ich mich vor diesem Land und all seinen Ahnen, die es bewohnbar gemacht haben.

[Glockenzeichen, wir berühren die Erde]

Ich sehe, dass mich dieses Land und alle Lebewesen, die hier gelebt haben und mir mit all ihren Bemühungen das Leben hier ermöglicht und erleichtert haben, gesund erhalten, schützen und ernähren. Ich sehe all die Bekannten und Unbekannten, die dieses Land mit Geschicklichkeit, Ausdauer und Liebe zu einer Heimat für Menschen unterschiedlichster Herkunft und Hautfarbe gemacht haben – all diejenigen, die Großes geleistet haben, um Schulen, Krankenhäuser, Brücken und Straßen zu bauen, die Menschenrechte zu wahren, Wissenschaft und Technik zu entwickeln und für Freiheit und soziale Gerechtigkeit zu kämpfen. Ich sehe, wie ich eins mit meinen Ahnen bin, die über lange Zeit in diesem Land lebten und wussten, wie man mit der Natur in Frieden und Harmonie lebt und die Berge, Wälder, Tiere, Pflanzen und Mineralien dieses Landes schützt. Ich spüre, wie mir die Kraft dieses Landes in Leib und Seele dringt, wie sie mich annimmt und stützt. Ich gelobe, diese Kraft zu pflegen und zu erhalten und an kommende Generationen weiterzugeben. Ich gelobe, meinen Teil dazu beizutragen, dass Gewalt, Hass und

Täuschung überwunden werden, die noch tief im kollektiven Bewusstsein dieser Gesellschaft sitzen, damit zukünftige Generationen in mehr Sicherheit, Freude und Frieden leben können. Ich bitte dieses Land um seinen Schutz und Beistand.

[Drei Atemzüge]
[Glockenzeichen, wir stehen auf]

4. Voll Dankbarkeit und Mitgefühl verbeuge ich mich und gebe meine Kraft an die weiter, die ich liebe.

[Glockenzeichen, wir berühren die Erde]

All die Kraft und Energie, die ich empfangen habe, will ich nun an meinen Vater, meine Mutter, an alle, die ich liebe, und an alle, die meinetwegen und um meinetwillen gelitten und sich Sorgen gemacht haben, weitergeben. Ich weiß, dass ich im täglichen Leben nicht achtsam genug war. Ich weiß auch, dass diejenigen, die mich lieben, eigene Probleme haben. Sie haben gelitten, denn sie hatten nicht das Glück, in einer Umgebung zu leben, die sie zu ihrer vollen Entwicklung ermutigte. Ich gebe meine Energie an meine Mutter, meinen Vater, meine Brüder, meine Schwestern, an alle, die ich liebe, an meinen Mann, meine Frau, meine Tochter und meinen Sohn weiter, damit ihr Kummer gelindert wird, damit sie lächeln und sich ihres Lebens freuen können. Ich wünsche ihnen allen Gesundheit und Freude. Ich weiß, dass ihr Glück auch das meine ist. Ich hege keinen Groll mehr gegen irgendeinen von ihnen. Ich bete, dass sowohl meine leiblichen als auch meine spirituellen Ahnen ihre Energien auf jeden Einzelnen konzentrieren, um sie alle zu schützen und zu stärken. Ich weiß, dass ich nicht von ihnen getrennt bin. Ich bin eins mit allen, die ich liebe.

[Drei Atemzüge]
[Glockenzeichen, wir stehen auf]

5. Verständnisvoll und mitfühlend verbeuge ich mich, um mich mit all denen zu versöhnen, die Leid über mich gebracht haben.

[Glockenzeichen, wir berühren die Erde]

Ich öffne mein Herz und sende die Kraft meiner Liebe und meines Verständnisses all jenen, die Leid über mich gebracht haben und jenen, die vieles in meinem Leben und im Leben meiner Lieben zerstört haben. Ich weiß heute, dass diese Menschen selbst viel Leid erfahren haben und dass ihre Herzen voller Schmerz, Wut und Hass sind. Ich weiß, dass jeder, der so schwer leidet, das Leiden an seine Umgebung weitergibt. Ich weiß, dass sie unglücklich waren und vielleicht keine Chance hatten, weil sie nie umsorgt und geliebt wurden. Das Leben und die Gesellschaft haben ihnen viel Not und Elend aufgebürdet. Sie sind ungerecht behandelt und missbraucht worden. Sie sind nicht auf den Lebensweg der Achtsamkeit geleitet worden. Sie haben sich viele falsche Ansichten über das Leben, über mich und uns alle zu Eigen gemacht. Sie haben uns und unsere Lieben ungerecht behandelt. Ich bete zu meinen leiblichen Ahnen und meiner spirituellen Familie, diesen Menschen, die Leid über uns gebracht haben, die Kraft der Liebe und des Schutzes zukommen zu lassen, damit ihre Herzen den Nektar der Liebe empfangen und wie eine Blume erblühen können. Ich bete, dass sie verwandelt werden mögen, sodass sie Lebensfreude empfinden und aufhören, sich selbst und anderen Leid zuzufügen. Ich sehe ihr Leid und möchte ihnen keine Gefühle des Hasses oder der Wut entgegenbringen. Ich will nicht, dass sie leiden. Ich lasse ihnen die Kraft meiner Liebe und meines Verständnisses zukommen und bitte alle meine Ahnen, ihnen zu helfen.

[Drei Atemzüge]
[Zwei Glockenzeichen, wir stehen auf]

Im Geist der Liebe

Wenn Sie nicht wissen, wie Sie sich Ihrer selbst annehmen und sich um die Gewalt in Ihrem eigenen Innern kümmern können, werden Sie auch nicht in der Lage sein, für andere zu sorgen. Sie müssen erst liebevoll und geduldig sein, ehe Sie Ihrem Partner oder Kind Gehör schenken können. Wenn Sie gereizt sind, können Sie nicht zuhören; Sie müssen das bewusste Atmen üben und Ihren Ärger umarmen und verwandeln. Seien Sie einfach verständnisvoll und mitfühlend Ihrem Partner und Kind gegenüber – dann üben Sie sich wahrlich in Liebe.

Um für Partner und Kind sorgen zu können, müssen Sie lernen, sich des Kindes in Ihrem eigenen Innern anzunehmen. Da Sie sehr beschäftigt sind, hatten Sie noch keine Zeit, zu sich selbst zu finden und sich um das verletzte, vernachlässigte Kind in Ihrem Innern zu kümmern. Wenden Sie sich jetzt diesem inneren Kind zu; reden Sie voller Mitgefühl mit ihm: »Mein Liebes, ich weiß, dass du da bist. Wir haben sehr gelitten. Ich habe dich vernachlässigt, weil ich so beschäftigt war. Jetzt bin ich zu Hause und werde mich fürsorglich um dich kümmern.« Sie müssen sich Ihre alten Wunden eingestehen, sie mit Liebe umfangen und durch Achtsamkeit verwandeln, ohne Gewalt anzuwenden. Sie müssen durch Ihre Zuwendung dazu beitragen, dass diese inneren Wunden heilen. Dann wird Ihr inneres Kind wachsen und zu einem fürsorglichen, spirituellen Erwachsenen heranreifen.

Ihr inneres Kind steht auch in Wechselbeziehung zu Ihrem Sohn oder Ihrer Tochter. Buddha hat gesagt: »Dies ist so, wie es ist, weil jenes so ist, wie es ist.« Indem Sie sich um das eine kümmern, kümmern Sie sich auch um das andere. Ihr Partner sollte es ebenso machen. Wenn Sie sich des verletzten kleinen Mädchens in Ihrem Innern annehmen können, werden Sie auch helfen können, dass er sich des verletzten kleinen Jungen in seinem Innern annimmt. Das ist ein wahrhaft sinnvolles Bemühen. Was nützen 24 Stunden am Tag, wenn wir das nicht tun? Wir müssen unsere Zeit dazu verwenden, das verletzte Kind in uns selbst und in unserem Partner zu heilen, denn wenn wir das unterlassen, werden wir unseren Sohn oder unsere Tochter nicht so aufziehen können, wie es sein sollte. Der erste Schritt ist der, auf das Kind im eigenen Innern und im Innern des Partners zu lauschen.

Geist und Körper achten

Gegenseitige Achtung ist für jede Beziehung entscheidend. Wir müssen Körper und Geist des anderen Menschen achten. Wenn es Dinge gibt, über die er nicht reden will, sollten wir nicht in ihn dringen. Selbst mit kleinen Kindern müssen wir respektvoll umgehen. Ein Kind hat seinen eigenen Kummer und Schmerz. Das müssen wir respektieren, statt uns darüber lustig zu machen. Wir dürfen nicht in die tiefsten Geheimnisse seines Herzens eindringen. Es wäre unhöflich und unfreundlich. Im Grunde wäre es sogar eine Form von Gewaltanwendung.

Jeder von uns hat schmerzliche Erinnerungen, die wir anderen nicht mitteilen wollen. Wenn wir das verstanden haben, dringen wir auch nicht in die verbotene Stadt eines anderen ein, es sei denn, die Tore werden geöffnet und man bittet uns, einzutreten. Wenn der andere uns als Freund glaubt und vertraut, wird er selbst die Tür für uns öffnen. Nur dann dürfen wir hinein; andernfalls müssen wir draußen bleiben und uns in Geduld üben.

Nach den Lehren Buddhas sind Körper und Geist nicht getrennt voneinander, sondern eins. Achtung vor dem Geist setzt Achtung vor dem Körper voraus und umgekehrt. Wenn wir jemanden achten, achten wir nicht nur seinen Geist, sondern auch seinen Körper. Man kann uns auf die Schulter klopfen, aber es gibt Körperpartien, die niemand das Recht hat, zu berühren. In Asien ist der Kopf für viele Menschen ein heiliger Körperteil. Er wird als Ahnenschrein betrachtet. Aus Respekt berührt man niemanden außer Kinder am Kopf. Wenn man eine Beziehung mit jemandem unterhält, achtet man seinen oder ihren Körper, denn auch da gibt es Zonen, die tabu sind. Nicht nur Herz, Geist und Bewusstsein der betreffenden Person sind zu respektieren, sondern auch der Körper, denn Körper und Geist sind eins. Achtung spielt eine sehr große Rolle in den Lehren aller Kulturen.

Man braucht einen anderen Menschen nicht mit den Händen zu berühren, um ihn zu verletzen. Auch wie man ihn ansieht, wie man spricht und wie man handelt, kann als Misshandlung gedeutet werden. In unserer Gesellschaft werden täglich Kinder und Erwachsene missbraucht, weil wir nicht gelernt haben, Achtung zu bezeigen.

Ein spirituelles Dienstjahr für Paare

Für eine bindende Verpflichtung wie zum Beispiel eine Ehe ist eine spirituelle Übungspraxis unerlässlich. Durch eine Heirat können Sie viel Leid über sich und Ihren Partner bringen. In Ihnen beiden schlummert sowohl positive als auch negative Saat, die Sie von Ihren Eltern, Großeltern und allen anderen Vorfahren übernommen haben. Wenn Sie diese negative Saat nicht erkennen, werden Sie zulassen, dass sie weiter begossen wird, und Sie selbst, Ihr Partner und Ihre

Kinder werden darunter leiden. Dann steht das Glück vieler Menschen auf dem Spiel. Kinder sollten nicht in einer gespannten Atmosphäre oder unter Stress aufwachsen. Ihren Kinderwunsch sollten Sie sich nur erfüllen, wenn Ihr Partner und Sie eine harmonische Ehe führen können. Sich zu verheiraten und eine Familie zu gründen birgt Gefahren, wenn man nicht darauf vorbereitet ist.

In Plum Village raten wir Paaren, sich ein Jahr lang in Achtsamkeit zu üben, ehe sie heiraten, um erst einmal zu lernen, sich um sich selbst zu kümmern. Erst wenn Sie mit sich selbst zurechtkommen, werden Sie sich auch um Ihren Partner kümmern können. Dann werden Sie wissen, was Sie tun dürfen und was Sie unterlassen sollten, um Ihren Partner oder Ihre Partnerin glücklich zu machen. Eigentlich müssten wir »Übungszentren für das Glück eines Mitmenschen« einrichten, wo jeder sich darin üben könnte. Dort würden Sie lernen, wenigstens einen anderen Menschen, insbesondere den eigenen Partner oder die eigene Partnerin, glücklich zu machen. In einem solchen Zentrum würden Sie sich ein Jahr lang in der Kunst des selektiven Begießens üben. Sie würden nur die positive Saat in Ihrem eigenen und im Innern des anderen pflegen und die negative links liegen lassen. Nach einem Jahr würden Sie ein Zeugnis erhalten, das Sie dazu berechtigt, sich zu verheiraten.

Diese Idee ist nicht neu. Sie ist schon in vielen

buddhistischen Ländern verwirklicht worden. Beispielsweise ist es in Thailand Sitte, dass jeder junge Mann erst einmal ein Jahr in einem buddhistischen Tempel verbringt, ehe er sich verheiraten darf. Es ist kein Wehrdienst, sondern ein spiritueller Dienst. Selbst der Sohn des Königs muss diesen Dienst ableisten. Wenn der Prinz sich nicht ein Jahr lang als Mönch übt, darf er weder heiraten noch den Thron besteigen. Ein solches spirituelles Dienstjahr wäre auch für junge Männer und Frauen im Westen von Vorteil. In einem »Übungszentrum für das Glück eines Mitmenschen« brauchten Sie sich nicht das Haupt zu scheren und Mönch oder Nonne zu werden. Sie müssten nur die Übung der Achtsamkeit erlernen. Nach einem Schulungsjahr wären Sie in der Lage, eine Ehe einzugehen, ohne einander Gewalt anzutun.

Die Achtung lebendig erhalten

Jedes Mal, wenn es in Plum Village eine Hochzeit gibt, ermahnen wir das heiratswillige Paar, sich in Achtung zu üben. Die Partner müssen einander achten, denn Respekt ist das Fundament der Liebe. Von dem Augenblick an, in dem man die Achtung vor dem anderen verliert, entgleitet einem allmählich die Liebe. Darum verbeugen sich Braut und Bräutigam bei der Trauung voreinander, was so viel heißt wie: »Liebling, ich gelobe, dich zu achten. Dein Mann oder deine Frau zu sein heißt nicht, dass ich alles tun kann, was mir in den Sinn kommt. Alles, was ich tue und was die Achtung dir gegenüber vermissen lässt, ist ein Bruch meines Gelübdes. Ich weiß, dass unsere Liebe ohne Achtung nicht gedeihen kann.« Bitte leben Sie zu Ihrem eigenen Besten so, dass Ihr geliebter Partner, Ihre geliebte Partnerin ein Leben lang Ihr guter Engel bleibt.

In einer Klostergemeinschaft versuchen wir, so zu leben und zu üben, dass unsere Brüder und Schwestern stets die guten Engel sind, die wir brauchen. Wir wissen, dass jeder von uns für die anderen ein Nachfolger Buddhas sein sollte. Dass jemand unser Schüler, ein jüngerer Bruder oder eine jüngere Schwester ist, gibt uns nicht das Recht, uns anders als mit größter Hochachtung zu verhalten. Als Mönche und Nonnen praktizieren wir die Übung der Achtsamkeit, weil der gegenseitige Respekt unsere Basis ist.

Friedensvertrag für Paare

Bei vielen Paaren sind heftige Konflikte an der Tagesordnung, aber selbst in den schwierigsten Beziehungen gibt es auch Augenblicke der Harmonie und Freude. In solchen Momenten, in denen das Gefühl der Zusammengehörigkeit überwiegt, bringen wir normalerweise ungern schmerzliche Angelegenheiten zur Sprache. Wenn wir diese Fragen jedoch einfach zurückdrängen, treten die gleichen Probleme immer wieder auf, jedes Mal schlimmer als vorher. Wir sollten guten Gebrauch von den Augenblicken machen, in denen wir ruhig, liebevoll und anteilnehmend sind. Sie sind der richtige Zeitpunkt, um einen Friedensvertrag zu schließen. Wir gehen zu unserem Partner oder unserer Partnerin und sagen im freundlichsten Ton: »Liebste/Liebster, ich schätze unsere gemeinsamen Augenblicke voller Liebe und Zuneigung über alle Maßen. Ich hoffe, wir erleben solche Augenblicke noch viel öfter. Können wir etwas dazu beitragen, dass sie sich öfter einstellen? Können wir vorbeugend etwas tun, damit solche schwierigen Situationen gar nicht erst entstehen und unsere Beziehung zerstören? Wollen wir nicht um unserer Liebe, unserer gegenseitigen Verpflichtung und unserer Kinder willen diesen Friedensvertrag miteinander schließen, um unseren Zorn in den Griff zu bekommen?«

Sie werden den Wortlaut des folgenden Mustervertrages wahrscheinlich Ihrer eigenen Situation anpassen und mit Ihrer Familie besprechen wollen oder den Vertrag sogar an die Wand hängen, damit alle ihn lesen können. Er ist das Versprechen, mit Blick auf das eigene Wohl und das Wohl des Partners und der Kinder Frieden zu halten. Er enthält konkrete

Vorschläge dafür, wie Sie sich Ihrer Wut und Verärgerung sorgsam annehmen können. Er ist ein wunderbares Dokument.

Muster eines Friedensvertrags für Paare

Damit wir in Frieden und Glück zusammenleben mögen, damit unsere Liebe und unser Verständnis ständig wachsen und sich vertiefen, geloben wir, die Unterzeichner, Folgendes zu beachten und zu üben:

Ich, der (die) ich verärgert bin, willige ein:

1. Nichts zu sagen oder zu tun, was weiteren Schaden anrichten oder zum Ansammeln von Wut führen könnte.

2. Das bewusste Atmen zu üben und zu mir selbst zurückzukehren, um mich meines Ärgers anzunehmen.

3. Der Person, die mich verärgert hat, innerhalb von 24 Stunden mit ruhigen, liebevollen Worten mündlich oder durch Aushändigung einer Friedensbotschaft von meinem Kummer und meiner Wut zu berichten.

4. Mündlich oder schriftlich um eine Verabredung gegen Ende der Woche zu bitten, zum Beispiel am

Freitagabend, um diese Angelegenheit eingehender zu besprechen.

5. Meine Gefühle nicht zu verleugnen oder zu unterdrücken und nicht zu sagen: »Ich bin gar nicht wütend, es ist alles in Ordnung, mich bedrückt nichts. Es gibt nichts, worüber ich mich ärgern würde.«

6. Überall, ob im Sitzen, Stehen, Gehen oder Liegen, tiefe Einsicht in meinen Lebensalltag zu nehmen, um zu erkennen,
   - wie ungeschickt ich selbst mich bisweilen verhalten habe;
   - wie ich selbst aus reiner Gewohnheit so unachtsam war, die andere Person zu verletzten;
   - dass die starke Saat der Wut in mir selbst die Hauptursache meiner Wut ist;
   - dass die andere Person nur eine Nebenursache ist;
   - dass die andere Person nur nach Linderung ihres Leidens verlangt;
   - dass ich selbst, solange die andere Person leidet, nicht wahrhaft glücklich sein kann.

7. Mich sofort zu entschuldigen, sobald ich meine eigene Ungeschicklichkeit und meine Unachtsamkeit eingesehen habe, statt erst die Verabredung am Freitagabend abzuwarten;

8. Das Treffen am Freitagabend zu verschieben, wenn ich das Gefühl habe, für eine Begegnung mit der anderen Person nicht ruhig genug zu sein.

Ich, der (die) ich den Ärger des anderen erregt habe, willige ein:

1. Die Gefühle des anderen Menschen zu respektieren, ihn nicht lächerlich zu machen und ihm Zeit zu lassen, sich zu beruhigen.

2. Nicht auf ein sofortiges Gespräch zu drängen.

3. Der Bitte des anderen um eine Zusammenkunft mündlich oder schriftlich zu entsprechen und ihm oder ihr zu versichern, dass ich da sein werde.

4. Das bewusste Atmen und die tiefe Einsicht zu üben, um zu erkennen,
   - dass in mir selbst die Saat der Wut und Unfreundlichkeit schlummert, die den anderen Menschen unglücklich macht;
   - dass ich irrtümlich gedacht habe, mir Erleichterung in meinem Leid zu verschaffen, wenn ich dem anderen Leid zufüge;
   - dass ich selbst leide, wenn ich dem anderen Leid zufüge.

5. Nicht erst das Treffen am Freitag abzuwarten, sondern mich gleich zu entschuldigen, sobald mir

meine Ungeschicklichkeit und Unachtsamkeit bewusst wird, ohne dabei den Versuch zu machen, mich zu rechtfertigen.

In der achtsamen Gegenwart unserer Familie und unserer Sangha geloben wir aus tiefstem Herzen, uns an diese Vorsätze zu halten und sie von ganzem Herzen zu üben. Wir bitten darum, dass sie uns Schutz, Klarheit und Zuversicht gewähren.

Unterzeichnet von

_____

_____

am _____ Tag des Monats _____

im Jahre _____

in _____

Achtsamkeit zum Selbstschutz und zum Schutz von Beziehungen

Um die Schutzmaßnahmen besser zu verstehen, studieren Sie bitte die fünf Achtsamkeitsübungen in Kapitel 3, besonders die dritte, in der es um unsere sexuelle Verantwortung geht. Mit der dritten Achtsamkeitsübung schützen wir unsere Familie, die Gesellschaft und uns selbst. Außerdem lernen wir durch all diese Übungen, im Essen maßvoll und bei der Arbeit aufmerksam zu sein und unseren Alltag so zu organisieren, dass wir anderen helfen können. Das kann ein großes Glück für uns sein und unseren Frieden und unser inneres Gleichgewicht wiederherstellen.

Die Sexualität mit Liebe und Mitgefühl verbinden

Tiere folgen ihren Instinkten, aber Menschen sind anders. Wir brauchen unser Verlangen nicht so zu stillen wie Tiere. Wir können uns dafür entscheiden, unserer Sexualität nur aus Liebe Ausdruck zu verleihen. Auf diese Weise vertiefen wir die Liebe und sorgen für Harmonie und Gewaltlosigkeit. Sich nur gewaltfreiem Sex hinzugeben heißt für Menschen, einander zu respektieren. Der Geschlechtsakt kann ein heiliger Ausdruck von Liebe sein.

Die dritte Achtsamkeitsübung lehrt uns, dass die körperliche Liebe etwas Schönes und über sich selbst Hinausweisendes sein kann. Wenn Sie eine sexuelle Beziehung ohne Zuneigung und Liebe unterhalten, bringen Sie Leid über sich selbst und Ihren Partner, aber auch über Ihre Familie und die ganze Gesellschaft. In einer Kultur des Friedens und der Gewaltfreiheit ist ein zivilisiertes Sexualverhalten ein wichtiger Schutz. Es entspringt nicht der bloßen Gier nach Sex, sondern wahrer Liebe und tiefem Verständnis.

Zu unserer Verantwortung stehen

Sich dem Sexualakt ohne Mitgefühl und Verständnis hinzugeben, ist eine Gewalttat, mit der wir die Zivilisation verleugnen. Viele Menschen wissen nicht mit ihrem Körper und ihren Gefühlen umzugehen. Ihnen ist nicht klar, dass ein nur wenige Minuten langer Akt das Leben eines anderen Menschen zerstören kann. Sexuelle Ausbeutung und sexueller Missbrauch, begangen an Erwachsenen und Kindern, belasten die Gesellschaft schwer. Viele Familien sind schon an sexuellem Fehlverhalten zerbrochen. Kinder, die in solchen Familien aufwachsen, leiden unter Umständen ihr Leben lang darunter, aber wenn sie Gelegenheit zur Übung erhalten, können sie ihr Leid umwandeln. Sonst treten sie womöglich als Erwachsene in die

Fußstapfen ihrer Eltern und vergrößern das Leid noch, besonders das Leid derer, die sie lieben.

Wir wissen, dass mit dem Ausmaß des sexuellen Fehlverhaltens auch das Ausmaß des Leidens zunimmt. Deshalb müssen wir als Familie zusammenkommen und nach Wegen suchen, um das Leben unserer jungen Leute zu schützen und ihnen zu helfen, ein zivilisiertes Leben zu führen. Wir müssen unserer Jugend zeigen, dass man auch ohne schädliches Sexualverhalten glücklich sein kann. Teenagerschwangerschaften sind eine tragische Angelegenheit. Die jungen Mädchen sind noch nicht reif genug, um zu verstehen, dass zur Liebe Verantwortungsbewusstsein gehört. Ein 12- oder 13-jähriger Junge und ein Mädchen gleichen Alters, die miteinander schlafen, folgen beide nur ihren natürlichen Trieben. Wenn ein so junges Mädchen schwanger wird und ein Kind bekommt, leiden darunter auch seine Eltern. Überall in den Vereinigten Staaten gibt es an den öffentlichen Schulen Tagesstätten, wo für Säuglinge gesorgt wird, deren Mütter noch die Schulbank drücken. Die jungen Väter und Mütter stehen selbst noch nicht auf eigenen Füßen – wie könnten sie da für einen neuen Menschen sorgen? Es dauert Jahre, bis jemand für die Mutter- oder Vaterschaft reif ist.

Die dritte Achtsamkeitsübung unterstützt uns dabei, zivilisierte Menschen zu werden und Beziehungen verantwortungsvoll einzugehen. Wir sind »des

Leidens gewahr, das durch sexuelles Fehlverhalten entsteht«. Um jungen Menschen und Erwachsenen und der ganzen Gesellschaft dieses Leiden bewusst zu machen, sollten wir Leute einladen, die uns von ihren Lebenserfahrungen berichten. Wenn wir des Leidens gewahr sind, »geloben wir, Verantwortung zu üben«. Man ist kein zivilisierter Mensch, wenn man nicht verantwortungsvoll handelt. Verantwortungsbewusstsein ist Liebe. Wir versichern einander: »Ich beschütze dich, weil ich dich liebe. Ich unterlasse gewisse Dinge, weil sie uns beiden schaden würden. Ich will mich an die Achtsamkeitsübungen halten, und das fällt mir auch nicht schwer, denn ich liebe dich. Ich möchte, dass du glücklich bist, und deshalb will ich uns beide schützen.« Das ist Liebe. Die bloße Befriedigung der animalischen Triebe ist keine Liebe – sie wirkt sich verheerend aus. Vielleicht haben Sie sich auch schon mal destruktiv verhalten und anderen geschadet, sodass Sie das Leiden kennen. Glücklich zu sein bedeutet vor allem, frei zu sein. Darum geloben wir, »Wege zu erlernen, um die Sicherheit und Integrität von Einzelnen und Paaren, Familie und Gesellschaft zu schützen«.

Bei der dritten Achtsamkeitsübung sind wir zudem »entschlossen, keine sexuelle Beziehung einzugehen, ohne Liebe zu empfinden und ohne zu einer dauerhaften Bindung bereit zu sein«. Und wir geloben: »Um anderen und mir selbst das Glück zu erhalten, bin ich entschlossen, meine und die Bindungen anderer zu respektieren. Ich will alles in meiner Macht Stehende tun, um Kinder vor sexuellem Missbrauch zu schützen und zu verhindern, dass Paare und Familien durch sexuelles Fehlverhalten auseinander brechen.« Das ist die richtige Arznei für unsere Zeit.

Bei allen Parlaments- und Kommunalwahlen sollten wir uns daran erinnern, dass wir das Recht haben, herauszufinden, ob sich die Kandidaten an die wesentlichen Elemente der dritten Achtsamkeitsübung halten und uns wirklich repräsentieren können. Wir haben einen Anspruch darauf, das zu erfahren. Wenn sie ihre familiären Verpflichtungen nicht wahrnehmen, unverantwortlich handeln und ihre eigenen Familien zerstören, wie können sie uns dann in der Regierung vertreten? Nicht nur das, was sie sagen, sondern auch ihre Lebensweise sollten wir unter die Lupe nehmen. Wir sollten nur Kandidaten wählen, deren Leben sich an den Grundsätzen der Zivilisation und Gewaltfreiheit orientiert.

Wir können die Gelöbnisse der fünf Achtsamkeitsübungen allein, als Partner, als Familienangehörige und als Mitglieder der Gesellschaft gemeinsam rezitieren und darüber diskutieren, wie wir unser Leben nach diesem Ideal von Schutz und Heilung ausrichten können, um unsere Verpflichtungen einzuhalten. Die Übung der Achtsamkeit ist eine praktische Möglichkeit, Gewaltfreiheit zu kultivieren.

6

Lieben heißt wahrhaft präsent sein: Frieden üben mit Kindern

Ein Kind ist eine große Verantwortung für Arme wie für Reiche gleichermaßen. In einem Kind leben Sie selbst weiter, in ihm setzen sich Ihr Blut und Ihr Geist fort. Wenn Sie Kinder haben, denken Sie bitte daran, dass die Umgebung, in der Kinder aufwachsen, einen starken Einfluss auf sie hat. Wenn Sie sich im Frieden üben wollen, müssen Sie etwas tun, damit sich die Welt zum Wohle Ihrer eigenen Kinder und aller Kinder zum Besseren verändert.

Mit das Wichtigste, was Sie tun können, ist, Frieden mit Ihrem Partner zu schließen. Einer konfliktbelasteten Atmosphäre sind Kinder hilflos ausgeliefert. Selbst wenn die Eltern nicht offen gewalttätig werden, merkt das Kind, dass keine Harmonie zwischen ihnen herrscht. Kinder haben ein extrem feines Gespür für die versteckten Emotionen ihrer Eltern und leiden darunter, weil sie nicht die Macht haben, etwas an der Situation zu ändern.

Früher, als die Menschen noch in Großfamilien und dörflichen Gemeinschaften lebten, konnte ein Kind, wenn in seiner Familie eine gespannte Atmosphäre aufkam, ins Freie flüchten, in den Garten oder an einen Teich, um in der Natur bei anderen Lebewesen, bei den Bäumen, Fischen und Vögeln, Schutz zu suchen. Oder es fand Unterschlupf im Haus seiner Tante und seines Onkels, die als »Ersatzeltern« fungierten und es trösteten. Heute gibt es fast nur noch Kleinfamilien, bestehend aus Mutter, Vater und ein bis zwei Kindern; diese Familien leben auch nicht mehr in Häusern, die genug Platz bieten für drei oder vier Generationen und andere Bewohner, bei denen die Kinder Trost suchen könnten. Wenn die Eltern miteinander im Streit liegen, haben die Kinder niemanden, zu dem sie Zuflucht nehmen können. In dieser Ausweglosigkeit kann es dazu kommen, dass Gewaltfantasien ihr Innenleben allmählich beherrschen.

Wir Erwachsenen müssen zuerst uns selbst in Achtsamkeit üben und dann unseren Kindern helfen, achtsam zu werden. Wir müssen sie lehren, sorgsam zu sein und sich zu schützen, und wir müssen dafür sorgen, dass sich ihr natürliches Mitgefühl für andere entfaltet und wächst. Die beste Methode, Kinder zur Achtsamkeit anzuleiten, ist die, selbst achtsam zu leben. Durch unser Vorbild wird ihnen das achtsame Leben schließlich selbst zur Gewohnheit. Wenn wir jedoch immer abwesend sind, können wir unseren Kindern kein gutes Beispiel sein. Nur allzu oft sind wir nicht einmal ganz präsent, wenn wir zu Hause sind. Vielleicht beschäftigen uns noch berufliche Probleme. Körperlich sind wir zwar da, geistig jedoch abwesend.

Sobald Sie merken, dass Sie geistesabwesend sind, sollten Sie das bewusste Atmen üben, um wieder zu sich zu kommen, und dann können Sie zu Ihrem Kind sagen: »Mein Liebes, ich bin jetzt ganz für dich da.«

Wenn Sie das achtsame Atmen üben, wird es Ihnen nicht schwer fallen, für die Menschen, die Sie lieben, da zu sein. Einfach dadurch, dass Sie Ihre Aufmerksamkeit auf das Ein- und Ausatmen richten, werden Ihr Körper und Geist wieder eins. Dann sind Sie fest im Hier und Jetzt verankert und können Ihren Lieben das kostbarste Geschenk überhaupt machen: wahrhaft präsent zu sein.

Wahrhafte Präsenz können Sie beim Frühstückzubereiten, beim Essen, Trinken oder Tischabräumen üben und damit sich selbst und Ihrer Familie einen Liebesdienst erweisen. Wenn Sie nach dem Essen gemeinsam das Geschirr abwaschen, üben Sie dabei das bewusste Atmen, damit die gemeinsam verbrachte Zeit für alle sinnvoll und angenehm ist. Denken Sie nicht, Sie müssten sich beeilen, um endlich in einen Sessel sinken und Kaffee trinken zu können. Sobald

Sie sich abhetzen, verschwenden Sie kostbare Zeit, die Zeit zum Lebendigsein. Bei wahrhafter Präsenz jedoch können Sie auch bei den alltäglichsten Verrichtungen wie eine Blume erblühen. Das bekommt Ihr Kind mit, und es wird Ihnen nacheifern. So kann es später selber mit seinen Kindern ein glückliches Leben führen.

DIE APFELSINEN-MEDITATION

Sie können Ihrem Kind die Übung auf einfache Weise nahe bringen, indem Sie achtsam eine Apfelsine mit ihm essen. Normalerweise sind wir dabei unaufmerksam, wir hängen unseren Gedanken nach und vergessen uns und die Apfelsine. Wir machen uns Sorgen um alle möglichen Dinge und lassen uns völlig von Vergangenheit und Zukunft vereinnahmen. Nehmen Sie sich die Zeit, gemeinsam voller Achtsamkeit eine Apfelsine zu essen. Dazu brauchen Sie nur eine Viertelstunde. Setzen Sie sich entspannt hin, nehmen Sie die Orange in die Hand, betrachten Sie sie und lächeln Sie, sodass Ihr Kind und Sie wirklich voll präsent sind. Dadurch ist auch die Apfelsine vollkommen präsent. Wenn Sie wirklich ganz da sind, offenbart sich die Apfelsine als ein Wunder, denn sie ist im Grunde nichts anderes als ein wahres Wunder. Stellen Sie es sich einmal bildlich vor: Ein

Orangenbaum bringt eine winzige Blüte hervor. Genährt von Sonne und Regen, entsteht aus dieser Blüte eine winzige Frucht. Erde und Himmel, ja der gesamte Kosmos kommen zusammen, damit diese Frucht zu einer wunderschönen Apfelsine heranreifen kann. Und jetzt liegt diese Apfelsine auf Ihrer Hand. Es ist wirklich ein Wunder. Auch Sie sind ein Wunder. Die Begegnung zweier Wunder ist das wahre Leben.

Kindern gefällt die Apfelsinen-Meditation im Allgemeinen so gut, dass sie danach anfangen, in jeder Minute ihres Lebens achtsam zu sein. Außerdem lernen sie, sich zu konzentrieren, und Konzentration ist die Quelle von Verständnis und Weisheit. Wer sein Leben in Achtsamkeit und Konzentration führt, hat mehr Verständnis für andere und weiß, wie er helfen kann und was er besser unterlässt, um nicht noch mehr Leid zu verursachen.

Der Atemraum

Jede Familie sollte einen friedvollen Raum einrichten, ein Atemzimmer, in das sich jedes Familienmitglied bei Bedarf zurückziehen kann. In diesem neuen Jahrhundert wird es Zeit, dass jeder eine wahre Zufluchtsstätte hat. Es ist wichtig, einen Platz zu haben, an dem man sich erholen kann, an dem man seinen

Frieden und die innere Festigkeit wiedererlangen kann. Als New York Sitz der Vereinten Nationen wurde, hielt man es allgemein für notwendig, innerhalb des Gebäudekomplexes auch ein spirituelles Zentrum einzurichten, und so wurde das Kirchenzentrum für die Vereinten Nationen erbaut, in dem sich auch ein kleiner Meditationsraum befindet. Obwohl weder mit einem Kreuz noch mit einer Buddhastatue ausgestattet, ist dieser Raum eine Zufluchtsstätte, in deren Stille die Menschen wieder zu sich selbst finden können.

Der »Atemraum« braucht nicht groß zu sein. Es genügt schon ein abgeteilter Bereich in einem sonst anders genutzten Zimmer. Oder auch eine Kammer, die ausgeräumt und gesäubert wird und genügend Platz bietet, um bequem zu sitzen und dem Atem zu folgen. Wir brauchen einfach nur einen Ort, an den wir uns zurückziehen können, wenn wir aus den Fugen geraten und mit uns selbst im Unfrieden sind. Wir haben ein Esszimmer, ein Gästezimmer, ein Fernsehzimmer und ein Tischtenniszimmer, wir haben für alles einen Raum, nur nicht für den Frieden. Ich würde es begrüßen, wenn es in Schulen, Krankenhäusern, Rathäusern, Bürohäusern und Gefängnissen Friedensbereiche gäbe – Räume, deren Frieden niemand stören dürfte.

Ihr Atemraum zu Hause sollte ein Bereich sein, in dem jeder Immunität genießt und beschützt und sicher ist. Sie können ihn Ihren Bedürfnissen entsprechend einrichten; er muss nicht buddhistisch, christlich, jüdisch oder sonstwie geprägt sein. Statten Sie den Raum nach Belieben mit Blumen, ein paar Sitzkissen und einer kleinen Glocke aus. Laden Sie Ihre Kinder ein, Ihnen bei der Einrichtung des Raumes zu helfen, und zeigen Sie ihnen, wie man ihn benutzt. Wenn Sie oder Ihr Partner aus dem Gleichgewicht geraten oder verärgert sind, steht Ihnen dieser Raum zur Verfügung, und Sie können sich jederzeit dorthin zurückziehen und wieder zu sich kommen. Sobald jemand in diesem Raum Zuflucht sucht, sollten alle anderen darauf Rücksicht nehmen, zum Beispiel, indem sie den Fernseher ausschalten, und das Bedürfnis des Betreffenden nach Ruhe und Frieden respektieren. Um eine Übungsmöglichkeit für die ganze Familie zu schaffen, einigen Sie sich am besten mit allen Familienmitgliedern darauf – vielleicht sogar schriftlich –, dass der Raum nur zur Wiederherstellung von Ruhe und Frieden genutzt werden darf.

EIN GUTER TAG

Sie können den Atemraum auch in Ihr Alltagsleben integrieren, statt nur dann Zuflucht dort zu suchen, wenn Sie innerlich aufgewühlt sind. Jeden Morgen, bevor Sie aus dem Haus gehen, können Sie mit Ihrem

Kind zusammen ein paar Minuten das bewusste Atmen üben. Sie können eine Gewohnheit daraus machen: Statt einander bloß einen guten Tag zu wünschen, können Sie den Tag auf diese Weise ganz konkret gut angehen lassen. Betreten Sie den Raum schweigend, lassen Sie dreimal das Glöckchen ertönen und finden Sie zu sich selbst. Mit dieser Übung fängt ein Tag immer gut an.

Auch am Abend, vor dem Schlafengehen, könnte Ihr Kind noch einmal den Raum aufsuchen, die Glocke läuten und achtsam seinem Atem folgen. Leisten Sie ihm dabei Gesellschaft, auch wenn es für Sie noch zu früh zum Zubettgehen ist, und begleiten Sie es hinterher auf sein Zimmer. Danach können Sie sich wieder anderen Dingen widmen. Bevor Sie schließlich selbst zu Bett gehen, setzen Sie sich noch einmal in den Atemraum, lauschen auf den Klang der Glocke und lächeln. Mit dieser Übung beenden Sie und Ihr Kind den Tag friedlich und können den nächsten Tag friedvoll beginnen.

Aufgewühlte Gemütswogen glätten

Wenn trotz Ihres Friedensvertrages Spannungen zwischen Ihnen und Ihrem Partner aufkommen, sollte Ihr Kind eine Ausweichmöglichkeit haben. Es könnte einfach sagen: »Ich gehe mal in den Atemraum.« Bitte betrachten Sie das als Mahnung zur Achtsamkeit, und machen Sie sich bewusst, was Sie Ihrem Kind oder Ihrem Partner gerade antun. Helfen Sie Ihrem Kind, indem Sie sofort innehalten in dem, was Sie gerade sagen oder tun; und richten Sie Ihre Aufmerksamkeit auf Ihren Atem und die Notwendigkeit, den Frieden wiederherzustellen. Tun Sie es aus Liebe zu Ihrem Kind, dem Sie jede Form von Gewalt ersparen möchten.

Am besten sagen Sie sofort: »Ich schließe mich an, Liebes, und komme mit.« Nehmen Sie Ihr Kind bei der Hand und üben Sie auf dem Weg zum Atemraum gemeinsam das langsame meditative Gehen und das bewusste Ein- und Ausatmen. Zeigen Sie ihm, dass Sie beide Friedenswahrer sind. Öffnen Sie dann achtsam die Tür und betreten Sie den Raum gemeinsam. Setzen Sie sich beide hin und üben Sie das Anschlagen der Glocke und das Lauschen auf den Glockenklang. Ein paar Minuten bewussten Atmens können eine tief greifende Veränderung bewirken.

Gelegentlich werden Sie nicht fähig sein, Ihr Kind gleich in den Atemraum zu begleiten. Sie sind vielleicht so aufgeregt und wütend, dass Sie einfach weiter Ihrer Beschäftigung nachgehen. Aber wenn Sie zum Beispiel gerade das Essen zubereiten, werden Sie bald merken, dass Sie keine Freude am Möhrenschneiden haben, sondern Ihre Wut in diese Tätigkeit einfließen lassen und abreagieren. Doch kaum lässt Ihr Kind im Atemraum die Glocke erklingen, fassen Sie es als Mahnung auf, wieder zu Ihrem Atem zurückzukehren und sich zu beruhigen. Schon werden Ihre Bewegungen sanfter, sodass die Möhren weniger leiden müssen. Jetzt werden Sie denken, dass es zwar wichtig ist, das Essen zuzubereiten, aber noch wichtiger, sich um Ihr Kind zu kümmern. Sie legen das Messer weg und üben sich auf dem Weg zum Atemraum im meditativen Gehen. Sie treten leise ein, setzen sich neben Ihr Kind und üben mit ihm gemeinsam das bewusste Ein- und Ausatmen. Damit sind Sie ihm eine große Hilfe – das ist Liebe.

Ihr Kind wird sich getröstet fühlen, wenn seine Mutter bei ihm ist, und die Veränderung, die mit Ihnen vorgegangen ist, wird ihm ein Ansporn sein. Wenn Ihr Partner Ihre Übungspraxis miterlebt, wird auch er sich besinnen. Ihm sind jetzt Sie und Ihr Kind eine Mahnung zur Achtsamkeit. Unter Umständen gesellt er sich schon ein paar Minuten später zu Ihnen. Dann üben Sie sich alle drei im bewussten Atmen und heilen Ihre problematischen Emotionen.

Das ist das Schönste, was einer Familie passieren kann. So wird der Weg bereitet für Frieden, Gewaltfreiheit und Liebe. Sie mögen Millionen von Dollar besitzen oder ein Gemälde von van Gogh an Ihrer Wohnzimmerwand hängen haben, nichts ist so kostbar und schön wie das gemeinsame Sitzen und Üben mit dem Kind, die gemeinsame Friedensübung.

In unsere Kinder investieren

Organisieren Sie Ihr Familienleben so, dass Ihr Kind sich darin zu Hause und von der Liebe seiner Eltern und Geschwister umfangen fühlt. Heißen Sie seine Freunde willkommen, und nehmen Sie möglichst oft Anteil an seinem Leben. Wenn Sie gern mit Ihrem Kind fernsehen, sollten Sie eine gute Sendung auswählen, die Sie sich gemeinsam anschauen und voller Spannung genießen können. Klären Sie es über Programme auf, die ihm schaden und die Saat der Gewalt, des Hasses und der Angst in ihm nähren. Wenn Sie nichts gemeinsam machen, wird Ihr Kind auch nichts von Ihnen lernen.

Geschicklichkeit in der Methode

In dem Bemühen, das Leiden eines geliebten Menschen zu lindern, wird ein Bodhisattva manchmal etwas tun, was er für gewöhnlich nicht tut. Das erfordert Geschicklichkeit. Ein Bodhisattva wird angeln gehen, wenn die Person, der er helfen will, gern angeln geht. Dabei will er nicht wirklich Fische fangen, sondern nur mit der Person zusammen sein, die seine Hilfe braucht. Oder er setzt sich zu Trinkern an eine Bar. Nicht, weil er selbst etwas trinken will, sondern weil er denen helfen möchte, die ihren Kummer in

Alkohol ertränken. Das nennen wir »Geschicklichkeit in der Methode«. Sie machen etwas gemeinsam mit Ihrem Kind, um es dabei in die richtige Richtung zu lenken.

Die Zeit, die Sie mit Ihrem Kind verbringen, ist eine Investition in die Zukunft. Ihre Hauptaufgabe besteht darin, das Kind so aufzuziehen, dass es eine Zukunft hat. Sie leben weiter in Ihrem Kind, und wenn es keine Zukunft hat, haben auch Sie keine Zukunft. Als Lehrer empfinde ich genauso, was meine Schüler betrifft: Wenn meine Schüler keine Zukunft haben, habe auch ich keine Zukunft. Die Zeit, die ich mit ihnen verbringe, ist eine gute Investition zugunsten der Gesellschaft und der ganzen Welt. Wir müssen bemüht sein, unseren Schülern oder Kindern nur das Beste zu vermitteln.

Richten Sie Ihren Alltag so ein, dass genug Zeit bleibt, die Sie Ihren Kindern widmen können. Wenn Sie sich einander entfremden, werden Sie nicht glücklich sein. Bei Eltern und Kindern, die nicht miteinander kommunizieren können, treten Probleme auf. Ihr Leben wird Ihnen seinen wahren Sinn offenbaren, wenn Sie Ihren Kindern Ihr Bestes geben. Darum haben Sie beispielsweise als Mutter vornehmlich die Aufgabe, Zeit, Energie und Liebe zu investieren, und wenn Sie Ihren Partner ebenfalls dafür gewinnen können, wird sich echte Kameradschaft einstellen.

Eltern sind den älteren Blättern einer Bananenstaude vergleichbar, die die Aufgabe haben, die sprießenden jungen Blätter zu nähren und in ihrem Wachstum zu fördern. Die Jagd nach Ruhm, Geld oder Sex verliert an Bedeutung, wenn wir von einem höheren Verlangen beseelt sind. Sich voll und ganz für Kinder, für Schüler und generell für andere Menschen einzusetzen macht wahrhaft glücklich.

Nehmen Sie sich vor, wie ein Orangenbaum zu sein, der alles daransetzt, zu blühen und wunderbare Früchte zu tragen. Das ist tätige Liebe. Wer sagt eigentlich, dass ein Orangenbaum nicht lieben kann? Er weiß genau, was Liebe ist. Tag für Tag ist er mit der Sonne, dem Regen, der Luft und dem Erdreich in Berührung, um das, was ihm das Liebste ist, zu ernähren: seine Blätter, Blüten, Früchte und die Kerne in den Früchten. Wie der Orangenbaum verstehen auch Tiere zu lieben; sie lehren ihre Jungen das Laufen und das Fliegen und die Futtersuche. Sie wissen, wie sie für ihre Jungen sorgen müssen. Wenn wir Tag und Nacht und Stunde um Stunde in unsere Kinder investieren, tun wir es ihnen gleich.

Gesammeltes
Zuhören und liebevolle Rede innerhalb der Familie

Wir alle haben alte Herzenswunden und brauchen jemanden, der uns aufmerksam zuhört und Verständnis für unseren Kummer hat. Besonders Kindern müssen wir Gehör schenken und Verständnis entgegenbringen. Nicht nur ihr Wohlergehen, auch ihre Probleme sollten uns am Herzen liegen. Dabei sollten wir Rücksicht nehmen auf ihre Empfindlichkeit und Verwundbarkeit. Eltern sind der erste Lehrer, Arzt, Beistand, Tröster und Verteidiger ihres Kindes. Sie sind für ihr Kind ein Bodhisattva und immer bestrebt, sein Leid zu lindern. Man muss kein Buddhist sein, um auf diese Weise zu üben. Jeder kann sich darin vervollkommnen, ganz präsent zu sein und mit gesammelter Aufmerksamkeit zuzuhören, ob Muslim, Jude, Christ, Buddhist oder Atheist.

Das gesammelte Zuhören und die fünf Achtsamkeitsübungen eröffnen Einzelnen wie Familien einen Ausweg aus der inneren Gewaltbereitschaft und dem äußeren Konflikt. Wir können mit unserer Familie zusammen üben, um bei jedem Familienmitglied die Saat des Mitgefühls und der Liebe zu pflegen und die Saat der Wut und Gewalt verdorren zu lassen. Und wir können in den Schulen und Gemeinden üben, um an einer friedvollen Welt zu bauen.

Wenn Sie das gesammelte Zuhören im Familienkreis üben wollen, setzen Sie sich zueinander und sprechen Sie über Ihre Erfahrungen. Erzählen Sie Ihrer Familie, welche Hilfe Ihnen das aufmerksame Zuhören und die liebevolle Rede im Alltagsleben sind und wie sehr Ihnen die fünf Achtsamkeitsübungen geholfen haben. Auch von einem Erfahrungsaustausch mit anderen Familien und Freunden können wir eine Menge lernen, etwa, wie wir verhüten können, dass sich Gewalt in unserem Herzen und Geist ausbreitet, wie wir verhindern können, dass sie Wurzeln schlägt und wächst, und wie wir Pfeile in Blumen verwandeln können. Indem wir aus den Erfahrungen anderer lernen, helfen wir bei der Ausbreitung der Gewaltlosigkeit.

Heilsames Zuhören

Sie sollten sich unbedingt zu Ihren Kindern setzen, ihnen aufmerksam zuhören und Verständnis für ihre Sorgen und Nöte haben. Sie müssen in Erfahrung bringen, ob Ihr Kind verletzt ist, und ihm in diesem Fall möglichst viel Zeit und Kraft widmen. Suchen Sie nach einer Möglichkeit, mit Ihrem Kind zu reden, damit es sich von Ihrer Zuneigung und Fürsorge liebevoll umfangen fühlt. Sprechen Sie es auf eine Weise an, die sein Vertrauen stärkt und ihm Mut macht, Ihnen zu erzählen, was in seinem Leben vorgefallen ist. Unter Umständen hat es Schwierigkeiten in der Schule oder mit seinen Freunden. Vielleicht ist es beschimpft oder misshandelt worden, oder es ist einsam und niedergeschlagen und hat Angst, es Ihnen zu sagen. Sie müssen ein Vertrauensverhältnis zu Ihrem Kind aufbauen, das es ihm ermöglicht, ehrlich zu sein. Ermutigen Sie es dazu, Ihnen die Wahrheit zu sagen. Machen Sie es ihm leicht, sich seinen Kummer vom Herzen zu reden, und stehen Sie ihm nach besten Kräften mit Rat und Tat zur Seite.

Nehmen Sie sich Zeit, Ihrem Kind zuzuhören, nehmen Sie sich Zeit zum Lieben. Wahre tätige Liebe beweisen Sie, wenn Sie Ihrem Kind zuhören, um seinem Kummer auf den Grund zu gehen. Für Notwendigkeiten wie Nahrung, Kleidung und Medikamente zu sorgen ist nicht die einzige Möglichkeit, ihm Ihre Liebe zu zeigen. Noch wichtiger ist es, dem Kind Zeit zu schenken und ihm mit weit offenem Herzen zuzuhören.

Durch Zuhören Leid zu lindern ist eine Friedensübung, ein Liebesdienst. Liebe ist das Wichtigste überhaupt. Natürlich sind wir sehr beschäftigt, aber sind wir so beschäftigt, dass wir nicht lieben können? Wir haben Zeit, um einen Roman oder eine Zeitschrift zu lesen, oder Zeit zum Fernsehen, aber füreinander haben wir oft keine Zeit. Nehmen Sie sich Zeit zum Zuhören.

Seien Sie da für Ihr Kind, wenn es zu Ihnen kommt. Sie sollten hundertprozentig da sein, nach dem Motto (oder Mantra): »Mein Schatz, ich bin hundertprozentig für dich da.« Das gelingt Ihnen durch Achtsamkeit. Es wird Ihnen kaum gelingen, wenn Sie keine Achtsamkeit üben, sondern sich fortreißen lassen von Plänen und Problemen. Wenn Sie nicht für Ihr Kind da sind, sobald es Sie braucht, sind Sie zwar seine leibliche Mutter oder sein leiblicher Vater, aber keins von beidem ganz, denn Sie sind anderweitig beschäftigt und vollkommen von Ihren Gedanken, Sorgen und Tätigkeiten eingenommen. Darum ist es so wichtig, dass Sie sich durch Übung des bewussten Atmens bereithalten. Lernen Sie, für Ihre Kinder voll und ganz gegenwärtig zu sein.

Falls Sie sich noch nie darin geübt haben, Ihrem Kind mit gesammelter Aufmerksamkeit zuzuhören, fangen Sie am besten gleich jetzt damit an. Alle Familienmitglieder sollten Ihrem Beispiel folgen. Sagen Sie: »Mein Liebes, ich sehe deine Probleme und verstehe deinen Kummer. Ich will mein Bestes tun, um dir beizustehen.« Wir müssen genau zuhören, um die guten Anlagen unserer Kinder zu pflegen, sie vor Leid zu bewahren und ihren Kummer nicht noch zu vermehren.

Haben Sie endlich erfahren, was Ihr Kind bedrückt, geben Sie ihm Ratschläge und stärken ihm den Rücken, indem Sie liebevoll mit ihm reden. Zu einem späteren Zeitpunkt müssen Sie unter Umständen mitleidsvoll handeln, zum Beispiel der Schule Ihres Kindes einen Besuch abstatten oder mit anderen Eltern sprechen. Auch das ist tätige Liebe.

Manchmal sind wir so gereizt und wütend, dass wir unseren Kindern unmöglich zuhören können. Ist dieser Fall eingetreten, müssen wir uns diese Gefühle bewusst machen und wieder zu uns selbst finden. Wir müssen innehalten, achtsam sein und unsere Wut in Mitgefühl verwandeln. Wenn unser Herz voll Erbarmen ist, fühlen wir uns wie neu geboren und sind liebevoll, und dann wissen wir, dass wir zuhören können.

Jeder durchlebt schwierige Augenblicke und sollte Zeit für sich allein haben, um mit ihnen fertig zu werden. Wenn Ihr Kind etwas auf dem Herzen hat, das es Ihnen unbedingt sofort mitteilen will, ohne dass Sie darauf vorbereitet sind, sollten Sie Ihr Kind bitten, ein wenig zu warten. Sie könnten beispielsweise sagen: »Liebes, ich bin im Augenblick einfach nicht in der Verfassung, dir zuzuhören. Bitte gib mir ein paar Stunden Zeit.« Das wird Ihr Kind verstehen.

Ebenso können Sie, wenn Ihr Kind noch nicht bereit ist, Ihnen sein Herz auszuschütten, voller Liebe präsent sein und ihm anbieten, später darüber zu reden. Sie könnten sagen: »Ist in Ordnung. Du brauchst jetzt nicht darüber zu reden. Erzähle es mir, wann immer dir danach zumute ist. Ich weiß, dass du bekümmert bist und mir heute nichts sagen kannst, aber vielleicht erzählst du es mir ein andermal. Ich habe dich sehr, sehr lieb; wir werden uns zusammensetzen, und dann helfe ich dir.« In dieser Weise sollten Sie sich für Ihr Kind bereithalten, denn es braucht Sie. Niemand sonst auf der Welt könnte ihm diese Art von Gegenwärtigsein bieten. Sie handeln wie ein Bodhisattva des aufmerksamen Zuhörens, wie jemand, der wahrhaft für andere da ist.

Kinder zu einer friedfertigen Sprache anleiten

Es kommt vor, dass ein Kind innerlich so sehr leidet, dass es glaubt, seinen Gefühlen lautstark und wütend Luft machen zu müssen. Auch in diesem Fall tut Hilfe Not. Sie könnten sagen: »Mein Liebes, ich bin bereit, dir zuzuhören, ich habe alle Zeit der Welt, um dir zuzuhören, aber bitte folge erst einmal deinem Atem, und dann erzählst du mir ruhig, was anliegt.« Das ist die Kunst der liebevollen Rede. Sowohl Eltern als auch Kinder können sich liebevoll ausdrücken. Mit einiger Übung kann das jeder. Es ist wichtig, das Kind zu einer freundlichen Ausdrucksweise anzuleiten, denn wenn es schon Ihnen gegenüber einen rauen Ton anschlägt, wird es mit anderen erst recht Probleme haben.

Lassen Sie Ihr Kind in einer Krise nicht allein. Wenn Sie von Geburt an das bewusste Atmen mit ihm geübt haben, wissen Sie, wie Sie Stürmen begegnen können, sowie sie aufziehen. Bleiben Sie bei Ihrem Kind, wenn es von starken Gefühlen überwältigt wird. Schimpfen Sie nicht gleich, und reagieren Sie nicht sofort auf seine Wut. Zeigen Sie ihm lieber, wie es achtsam atmen und gehen und seine Gefühle liebevoll umfangen kann. Zu Anfang wird es das nicht allein fertig bringen. Aber wenn Sie weiter mit ihm üben, wird es allmählich lernen, selbst mit seinen Emotionen zurechtzukommen.

Sie sollten Ihr Kind bereits sehr früh in der Kunst des gesammelten Zuhörens und der liebevollen Rede unterweisen. Sobald es gelernt hat, ruhig mit Lehrern, Mitschülern, Freunden und anderen zu sprechen, wird es sich in jeder Situation mit seiner Einsicht behaupten können. Wenn sich beide, Eltern und Kinder, in der liebevollen Rede und im aufmerksamem Zuhören schulen, ist das wahre Erziehung zum Frieden.

Eine Abmachung zwischen Ihnen und Ihrem Kind ist ein Friedensvertrag. Wenn Sie sich nicht an diesen Friedensvertrag halten, wie können Sie dann erwarten, dass andere ihn einhalten? Wenn Sie sich von Ihrem Ärger und Ihrer Verzweiflung fortreißen lassen, brechen Sie den Friedensvertrag, und Ihr Kind fällt Ihrem Verhalten zum Opfer. Die Einhaltung des Vertrags zwischen Ihnen und Ihrem Kind ist Ehrensache und eine Friedensübung. Sie ist entscheidend für Frieden und Gewaltlosigkeit in der Welt.

Zuhören im Familienkreis

Die Übung des gesammelten Zuhörens und der liebevollen Rede ist der richtige Weg zur Transformation von Gewalt und Konflikt zwischen Eltern und Kindern. Sie trägt dazu bei, die Kommunikation aufrechtzuerhalten und kann sie wieder in Gang bringen, wenn sie einmal ins Stocken geraten ist.

Bei einstündigen Sitzungen im Familienkreis hat jeder die Chance, Gehör zu finden. Allerdings wird in der ersten Sitzung niemand so recht reden wollen, deshalb könnte die Anwesenheit eines Außenstehenden, der nicht zur Familie gehört, aber von allen geachtet wird, ratsam sein. Eine dritte Partei kann Ruhe und Ungestörtheit gewährleisten, sodass es Eltern und Kindern leichter fällt, zuzuhören und wieder miteinander ins Gespräch zu kommen. Manchmal ist es notwendig, die Hilfe eines professionellen Therapeuten in Anspruch zu nehmen, aber es muss sichergestellt sein, dass dieser aufmerksam zuhören kann – davon hängt die Heilung ab. Wenn der Therapeut wirklich konzentriert zuzuhören vermag, wird es jedem bereits nach einem einstündigen Gespräch leichter ums Herz sein. Sie können das Gleiche jedoch auch im Familienkreis erreichen, ohne fremde Hilfe hinzuzuziehen. Damit die Liebe wieder erblühen kann, müssen wir nur wieder lernen, einander zuzuhören.

Ein Friedensvertrag zum Schutz der Familie

Schließen Sie einen Pakt mit Ihrem Partner: »Liebste/Liebster, wir müssen unser Kind beschützen. Jedes Mal, wenn die Spannung wächst und wir kurz davor sind, unserem Ärger Luft zu machen, müssen wir uns dessen gewahr werden. Wir dürfen unsere Aggressivität nicht vor unserem Kind zeigen. Lass uns um seinetwillen, um der Zukunft willen zusammenkommen. Lass uns einen Vertrag abschließen, in dem wir uns darauf verständigen, dass wir uns nicht vor unserem Kind streiten wollen. Jedes Mal, wenn wir gerade einen Streit vom Zaun brechen wollen, sollten wir einander daran erinnern, dass unser Kind zugegen ist.« Wir können uns mit einem Wort, wie zum Beispiel »Frieden«, oder durch ein anderes Zeichen, wie etwa Zusammenlegen der Hände und Neigen des Kopfes, signalisieren, dass wir innehalten und unserem Atem folgen wollen.

Darin kann sich jeder üben. Viele Eltern achten

darauf, keinen Lärm zu machen, wenn ihr Kind schläft; sie bewegen sich ganz leise in ihrem Haus, um das Kind nicht aufzuwecken. Ein Kind vor Gewaltausbrüchen zu schützen ist damit vergleichbar. Jedes Mal, wenn Gewaltbereitschaft spürbar wird, müssen Sie aufpassen und etwas dagegen unternehmen. Üben Sie das bewusste Atmen und denken Sie an das, was Sie versprochen haben: »Mein Kind ist hier. Ich darf keinen Wutanfall bekommen, denn es braucht meinen Schutz.«

Sie können Ihrem Friedensvertrag noch eine weitere Klausel hinzufügen: »Jedes Mal, wenn wir spüren, dass die Energie von Wut und Gewalt in uns aufsteigt, müssen wir das bewusste Atmen und Gehen üben und tiefe Einsicht in unseren Ärger nehmen.«

Kinder als Friedensengel der Familie

In Plum Village fassen wir den Klang der Klosterglocke, das Stundengeläute oder die ersten drei Klingelzeichen des Telefons als Mahnung zur Achtsamkeit auf. Wenn wir den Klang der Glocke hören, halten wir in dem inne, was wir gerade denken, sagen oder tun, und konzentrieren uns darauf, ein- und auszuatmen. Die Glockenmahnung zur Achtsamkeit gibt uns Gelegenheit, uns körperlich zu entspannen und zu uns selbst zurückzukehren. Dann werden uns die Wunder des Lebens wieder bewusst, die vor uns ausgebreitet sind, und wir freuen uns, dass wir lebendig sind. Indem wir dreimal ein- und ausatmen, stellen wir Ruhe und Frieden wieder her. Wir werden frei. Wir halten inne und folgen unserem Atem, nicht feierlich oder steif, sondern fröhlich. Danach befriedigt uns unsere Arbeit wieder mehr, und außerdem fühlen wir uns den Menschen um uns herum inniger verbunden.

Wenn im Haus ein Gewitter aufzieht, ist ein Kind durchaus in der Lage, für die ganze Familie die Mahnglocke anzuschlagen. Das kann im Friedensvertrag vermerkt sein. Wenn das Kind die Glocke läutet, müssen die Eltern innehalten, ihren Streit beenden und zu ihrem Atem zurückkehren. Das Kind handelt als Bodhisattva, als erleuchtetes Wesen. Auch Eltern können Bodhisattvas sein und die Glocke anschlagen, um Spannungen abzubauen. Alle Familienmitglieder können sich auf diese Weise gegenseitig unterstützen.

Ich kenne in der Schweiz eine Familie mit sieben oder acht Kindern. Alle haben bei einem Aufenthalt in Plum Village Gefallen gefunden an der Übung der Achtsamkeit. Wieder in der Schweiz, war das Familienleben monatelang von Frieden und Harmonie geprägt. Mit der Zeit wurden jedoch alle immer nachlässiger im Üben. Eines Tages hörte das jüngste Kind, das sechs Jahre alt war, seine älteren Brüder und Schwestern laut miteinander streiten. Alle schrien gleichzeitig. Das hatte es seit dem Aufenthalt in Plum Village nicht mehr gegeben. Tief enttäuscht nahm das Kind die kleine Glocke vom Tisch und läutete. Die Geschwister hielten inne, um Luft zu holen, dann fingen sie an zu lachen. Die Atmosphäre hatte sich vollkommen verändert.

Kuchen im Kühlschrank

Es gibt eine weitere leichte Friedensübung für Kinder, die ich »Kuchen im Kühlschrank« nenne. Wenn ein Kind mitbekommt, wie sich seine Eltern zanken, und keine Glocke im Haus ist, kann es einfach seine Mutter bei der Hand nehmen und sagen: »Mami, ich glaube, im Kühlschrank ist noch Kuchen.« Als Mutter werden Sie sofort verstehen, dass es damit sagen will: »Mutter, ich leide, ich kann das nicht ertragen.« Das Kind kann immer von Kuchen sprechen, ob nun welcher im Kühlschrank ist oder nicht. Jetzt lächeln Sie und sagen: »Das stimmt, Liebes, geh schon mal in den Garten und rücke Tisch und Stühle zurecht. Mami geht derweil in die Küche, macht etwas Leckeres zu trinken für alle und holt den Kuchen heraus.« So haben Sie beide Gelegenheit, sich aus der Situation zu befreien. Ihr Kind kann sofort in den Garten rennen oder sich in den Atem- oder einen anderen Friedensraum zurückziehen, und Sie können in die Küche gehen. Ihr Kind hat dem Krieg ein Ende gesetzt.

Machen Sie sich keine Gedanken darum, dass gar kein Kuchen da ist. Sie können immer schnell eine Kleinigkeit zaubern, zum Beispiel Saft oder Tee und ein paar Plätzchen. Schon ist der Familienfriede wiederhergestellt. Das ist ein Wandel zum Guten, den ein Kind auslösen kann, eine einfache Methode, mit der Kinder dazu beitragen können, Konflikte zwischen ihren Eltern zu beenden.

Ich habe schon viele Retreats angeboten, an denen junge Menschen teilgenommen haben, während ihre Eltern kein Interesse zeigten. In dieser Zeit wurde den Jugendlichen allmählich klar, dass auch ihre Eltern litten. Eltern würden oft gern die Gewalt in ihrem Haus beenden, sind jedoch aus Stolz nicht dazu in der Lage. Als die Kinder und Jugendlichen von ihren Retreats wieder nach Hause zurückgekehrt waren, übten sie fleißig, um den Druck und die leidvollen Spannungen in ihrer Familie zu beenden. Irgendwann begannen auch die Eltern zu üben. Kinder und Jugendliche können Friedenstaten vollbringen und für Harmonie in der Familie sorgen.

Familienmahlzeiten in Achtsamkeit

Eine der besten Übungen, um in der Familie, welcher Religion und welchem Kulturkreis sie auch angehören mag, Frieden zu halten, ist das achtsame Einnehmen eines gemeinsamen Mahls. Früher war es in Familien allgemein üblich, vor dem Essen den Kopf zu senken und mit einem Gebet für die Nahrung auf dem Tisch zu danken. In solchen Momenten kam stets ein tiefes Gefühl der Zusammengehörigkeit auf. Allen wurde bewusst, dass sie als Familie um den Tisch saßen. Man braucht nicht religiös zu sein, um diese Dankbarkeit und Zusammengehörigkeit zu empfinden. Etwas, das einem schön, gut und wahr erscheint und an das man sich hält, hat einen ebensolchen Stellenwert wie »Gott«. Es ist wundervoll, als Familie am Tisch zu sitzen, achtsam seinem Atem zu folgen, zu lächeln und sich zusammengehörig zu fühlen.

In Plum Village sagen wir vor jeder Mahlzeit die fünf Essenssprüche auf, um uns dankbar zu erweisen und während des Essens achtsam zu bleiben. Diese Übung ist einem Tischsegen zu vergleichen. Zu Hause, bei einer gemeinsam eingenommenen Familienmahlzeit, können Sie Ihre Kinder bitten, die fünf Essenssprüche laut vorzulesen. Mit dem ersten Spruch erinnern wir uns: »Diese Nahrung ist ein Geschenk der Erde und des Himmels, ja des ganzen Universums und hat viel Liebe und Mühe gekostet.« Mit dem zweiten Spruch bitten wir: »Mögen wir in Achtsamkeit leben und essen, damit wir die empfangene Nahrung verdienen.« Es ist nicht schwer, der Nahrung würdig zu sein, die man empfängt. Wir müssen lediglich voll gegenwärtig sein und mit Achtsamkeit und Freude essen. Wenn wir beim Essen verärgert, unaufmerksam oder gereizt sind, an etwas anderes denken als an das Mahl und unsere Angehörigen, wissen wir die Gaben auf dem Tisch vor uns nicht zu würdigen und verhalten uns undankbar. Die nächsten drei Essenssprüche lauten: »Mögen wir unsere Unvollkommenheit überwinden und lernen, maßvoll zu essen. – Mögen wir nur Nahrung zu uns nehmen, die uns stärkt und vor Krankheit schützt. – Wir nehmen diese Nahrung an, um den Weg des Verständnisses und der Liebe zu vollenden.« Beim Rezitieren sollte sich jeder einzig auf das Essen konzentrieren, das er zu sich nimmt, damit das Mahl wirklich ein Labsal für Leib und Seele wird.

Unsere Achtsamkeit, unsere Dankbarkeit und unser Zusammengehörigkeitsgefühl halten wir nach Möglichkeit nicht nur während des Aufsagens der fünf Essenssprüche aufrecht, sondern bis zum Ende der Mahlzeit. Das ist die Übung, um den Familienfrieden zu wahren.

DIE FÜNF ESSENSSPRÜCHE

- Diese Nahrung ist ein Geschenk der Erde und des Himmels, ja des ganzen Universums und hat viel Liebe und Mühe gekostet.
- Mögen wir in Achtsamkeit leben und essen, damit wir die empfangene Nahrung verdienen.
- Mögen wir unsere Unvollkommenheit überwinden und lernen, maßvoll zu essen.
- Mögen wir nur Nahrung zu uns nehmen, die uns stärkt und vor Krankheit schützt.
- Wir nehmen diese Nahrung an, um den Weg des Verständnisses und der Liebe zu vollenden.

Versuchen Sie, mindestens eine gemeinsame Mahlzeit am Tag mit Ihrer Familie einzunehmen. Das ist manchmal nicht so einfach, denn Berufstätige können in der Regel nicht für die Mahlzeiten nach Hause kommen, also müssen wir unseren Verstand gebrauchen und erfinderisch sein. Gestalten Sie den Tagesablauf so, dass er dem Familienleben möglichst viel Raum lässt. Mit einer gemeinsamen Mahlzeit feiern Sie Ihre Familienzusammengehörigkeit.

In Plum Village nehmen wir alle Mahlzeiten gemeinsam ein. Es dauert seine Zeit, bis wir uns alle angestellt, mit Speisen bedient und langsam wieder unsere Plätze eingenommen haben, aber wir warten trotzdem, bis alle sitzen, ehe wir zu essen anfangen. Das ist keine Zeitverschwendung, denn wir üben uns darin, jeden Augenblick zu genießen. In Gemeinschaft zu essen bestärkt uns in unserem Gefühl der Zusammengehörigkeit. Es tut uns wohl, mit dieser wunderbaren Sangha zusammen zu sein wie eine Familie und gemeinsam zu üben.

Wenn wir auf diese Weise gemeinsam essen, sind wir vollkommen präsent. Während wir uns Speisen aufgeben, folgen wir unserem Atem, lächeln und konzentrieren uns auf das Essen, immer im Gewahrsein jeder Bewegung, die wir ausführen. Wir freuen uns und sind mit den Blumen, Bäumen und zwitschernden Vögeln draußen in Berührung. Jeder Augenblick ist eine Freude. In Plum Village schweigen wir die ersten zwanzig Minuten einer Mahlzeit und vermeiden oberflächliche Unterhaltungen, die unser Zusammengehörigkeitsgefühl stören könnten.

Vielleicht probieren Sie und Ihre Familie es auch einmal, schweigend zu essen, und sei es nur fünf Minuten lang. Bei dieser Esswise werden Sie der kostbaren Nahrung und wunderbaren Gegenwart Ihrer Familie gewahr. Nach Ablauf der Zeitspanne, in der Sie schweigend essen, sind Sie ruhig und präsent. Dann werden Ihre Gespräche mehr in die Tiefe gehen, und Sie werden Ihr Glück und Ihre Zusammengehörigkeit noch stärker empfinden.

Weitere Achtsamkeitsübungen für Familien

Das meditative Gehen

Das meditative Gehen ist ebenfalls eine gute Methode, um in der Familie Gewaltfreiheit zu etablieren. Um Ihren Kindern zu zeigen, welche Freude das meditative Gehen sein kann, üben Sie es am besten mit der ganzen Familie. Kinder bekommen sehr schnell mit, wie das Gehen die Gefühle beschwichtigt und uns wieder mit Frieden erfüllt.

Wenn Sie verstimmt oder traurig sind, sollten Sie in dem innehalten, was Sie gerade tun, und mit achtsamen Schritten zum Atemraum gehen. Dort angekommen, wird es Ihnen schon erheblich besser gehen. Ist Ihr Kind einmal wütend oder bekümmert, dann nehmen Sie es bei der Hand und laden Sie es zum langsamen, aufmerksamen Gehen ein. Ergreifen Sie die Hand Ihres Kindes (oder Ihres Partners) und zeigen Sie ihm, wie es die Füße setzen sollte, um seine Wut oder seinen Kummer loszuwerden. Lehren Sie es so, dass es Gefallen am meditativen Gehen findet, damit es negative Gefühle abbauen und mit dem Positiven in ihm selbst und in seiner Umgebung in Berührung kommen kann.

Bitte denken Sie daran, dass Sie Ihrem Kind nicht gleich zu viel zumuten dürfen. Sie selbst üben vielleicht gern über lange Strecken in dieser Weise, aber Ihr Kind kann sich unter Umständen nicht so lange konzentrieren. Ein Kleinkind kann wahrscheinlich nur fünf oder zehn achtsame Schritte tun, bei denen es sich wohl fühlt. Danach wird ihm erlaubt, schneller zu laufen, und dann wird es zu weiteren fünf bis zehn achtsamen Schritten ermuntert, nach denen es wieder laufen darf. Zu Beginn wird es der Anleitung bedürfen, aber mit der Zeit wird es Gefallen an der Übung finden und sie alleine ausführen können.

Die Natur bewundern

Spaziergänge machen uns glücklich und sorgen für Frieden und Harmonie. Ein Picknick mit der Familie oder mit Freunden bietet die richtige Gelegenheit, sich an der Schönheit der Natur zu erfreuen. Die Natur ist unsere Mutter, und wenn wir von ihr abgeschnitten sind, werden wir krank. Wir müssen lernen, im Einklang mit der Natur zu leben, und unsere Kinder ebenfalls dazu anleiten. Zu unserem eigenen Besten sollten wir alles in unserer Macht Stehende tun, um mit der Natur in Berührung zu kommen und unsere Umwelt zu schützen. Es gibt kleine Dinge, die wir tun können: Wir können uns an der Pflege öffentlicher Parkanlagen beteiligen. Wir können zelten oder wandern gehen und dabei Wildreservate und

Naturparks besuchen. Wir können an einem Carpool teilnehmen, um dadurch das Verkehrsaufkommen und den Verbrauch fossiler Brennstoffe zu senken. Wir können es unterlassen, giftige, höchst schädliche Dünge- und Schädlingsbekämpfungsmittel in unserem Garten zu verwenden. Wir können Bücher lesen, die uns die Natur näher bringen. Wir können im Einvernehmen mit unseren Nachbarn unsere Gartenzäune abbauen und so hinter unseren Häusern eine große, zusammenhängende Grünfläche schaffen. Das sind nur ein paar Beispiele dafür, was wir tun können, um uns wieder mit der Natur zu verbinden und sie zu schützen.

Das Interesse eines Kindes an der Natur wird meist dadurch geweckt, dass es selbst für ein paar Pflänzchen sorgen darf. Bepflanzen Sie mit Ihrem Kind zusammen ein Beet in Ihrem Garten, oder gehen Sie mit ihm zu einer Gärtnerei oder einem Blumenladen und kaufen Sie ein paar Blumenzwiebeln oder Zimmerpflanzen. Widmen Sie sich gemeinsam der Pflege dieser Pflanzen. Lernen Sie, die Pflanzen glücklich zu machen, denn von ihrem Gedeihen hängt auch Ihr eigenes Wohlergehen ab.

Achtsamkeit beim Fernsehen

Jede Familie muss kluge Entscheidungen treffen, was das Fernsehen betrifft. In den meisten Fällen funktioniert es nicht, den Kindern einfach das Fernsehen zu verbieten. Die Familie sollte zusammenkommen und gemeinsam erörtern, wie der Hausfrieden erhalten werden kann und Meinungsverschiedenheiten ausgeräumt werden können.'

Einmal war ich bei einer Familie in Boston zu Besuch. Die Großmutter in dieser Familie ist sehr konservativ und sieht normalerweise nicht fern. Ab und zu schaut sie sich jedoch ganz gern mit ihrer Familie zusammen einen Film an. Wenn es einmal wieder so weit ist, findet sie sich fünf Minuten vor Beginn des Films so schön gekleidet ein, als ginge sie ins Kino. Die anderen gesellen sich zu ihr und tragen ebenfalls ihren besten Staat, nur weil sie sich gemeinsam, als Familie, einen Film anschauen wollen. Die ganze Familie geht im eigenen Wohnzimmer ins Kino.

Als Eltern sollten wir unseren Kindern erklären, warum wir manche Sendungen für schädlich halten. Durch das Fernsehen können wir unser Bewusstsein mit Gewalt, Hass und Angst vergiften. Schutz davor bietet uns und unseren Kindern die fünfte Achtsamkeitsübung über den Konsum (vgl. Kapitel 3). Erlauben Sie Ihren Kindern, Fragen zu stellen und Entscheidungen mitzutragen; sie sind intelligent genug, um die Sache zu verstehen und bei diesem Thema mitzureden.

Sie werden nicht wünschen, dass Ihre Kinder sich vor den Fernseher hocken, um Zeit totzuschlagen. Wir klagen gern, dass wir nicht genug Zeit haben, aber wenn wir endlich einmal 15 Minuten oder eine Stunde für uns selbst haben, wissen wir oft nicht, was wir machen sollen. Kaum jemand kann es ertragen, sich einsam zu fühlen, und so nehmen wir uns ein Buch oder eine Zeitschrift vor, suchen im Kühlschrank nach etwas Essbarem oder telefonieren, um das Vakuum zu füllen. Konsum als Flucht vor uns selbst ist ein ernstes Problem. Sie wollen sicher, dass Ihre Kinder jeden Augenblick als kostbar und wundervoll erleben lernen. Kontrollieren Sie, was sich Ihre Kinder im Fernsehen oder Internet anschauen, wo sie eine Vielzahl von Giften in sich aufnehmen können. Blinder Konsum kann irreparablen Schaden bei ihnen anrichten. Freiheit funktioniert nur, wenn sie mit Verantwortung einhergeht.

Verpflichten Sie sich als Eltern, mit Klugheit zu konsumieren und nur Positives zu konsumieren. In uns selbst und in unserer Umgebung gibt es eine Menge Gesundes, Erfrischendes und Heilsames. Wenn wir auf eine Weise konsumieren, die das Gesunde in uns schützt, beschützen wir auch das Gesunde in unserer Umgebung. Das ist die Essenz der fünften Achtsamkeitsübung und eine sehr tief greifende

Praxis. Sprechen Sie mit Ihrer Familie darüber, wie schön es wäre, wenn Sie sich alle zusammen dieser friedvollen Lebensweise verschreiben.

Gemeinsam tief entspannen

Ihre Kinder und Sie müssen sich tief entspannen können, um mit dem Stress des heutigen Lebens fertig zu werden. Ihre Kinder müssen lernen, wie sie sich erholen können, denn auch die Schule kann sehr anstrengend sein. Sie können Ihren Kindern die Tiefentspannung beibringen und ihnen anbieten, sie jeden Tag vor dem Abendessen oder Schlafengehen dazu anzuleiten. Unter Umständen will Ihr Kind nach einiger Zeit selbst die Leitung übernehmen. 15 oder 20 Minuten Tiefentspannung unter Anleitung Ihres Kindes sind köstliche Minuten gemeinsam verbrachter Zeit.

Kinder und Ahnen

Eine Verbindung zu Ihren Vorfahren und deren Erbe können Sie herstellen, indem Sie im Kinderzimmer oder im Atem- oder Friedensraum einen Familien- oder Friedensschrein errichten. Sie könnten auch Familienfotos aufstellen, ein Fotoalbum mit Aufnahmen der Großeltern und Urgroßeltern anlegen oder einen Stammbaum zeichnen, um den Kindern anschaulich zu machen, wie sie mit ihren Ahnen verwandt sind. Erzählen Sie Ihren Kindern die Familiengeschichte. Bei dieser Gelegenheit können Sie von Ihrer Herkunft sprechen und Ihren Kindern Einblick in den größeren Familienkreis geben.

Friede an den Schulen

Sie und Ihre Familie sind die Keimzelle des Friedens, das Fundament für alles andere. Je fester und glücklicher die Familienbande sind, umso besser können Sie anderen helfen. Sind Sie zu Hause mit Ihren Bemühungen erfolgreich, können Sie als Nächstes die Schule ins Auge fassen. Eine gute Zusammenarbeit zwischen Eltern und Lehrern dient dem Schutz des Kindes; ohne einen solchen Dialog wird Ihr Kind nicht so aufwachsen können, wie Sie es sich erhoffen. Sie müssen die Lehrer dabei unterstützen, aus der Schule eine Erweiterung der Familie zu machen. Als ich zur Schule ging, war uns der Lehrer Vater und Mutter, älterer Bruder und ältere Schwester zugleich, und das Verhältnis von Lehrern und Schülern war von Liebe und Gesprächsbereitschaft geprägt. Die Schule war ein Ort, an dem man leben lernte. Heute ist sie meist nur noch Informationsstätte oder sogar ein gefährlicher Aufenthaltsort. An vielen Schulen sind die zwischenmenschlichen Beziehungen nicht mehr von Belang, und die Schüler betrachten sich kaum noch als Brüder und Schwestern.

Eltern und andere besonnene Menschen müssen den Schullehrern, die oft mit den widrigsten Umständen zu kämpfen haben, helfen. Wir müssen ihnen die Hand reichen und daran mitwirken, dass die Gewalt zwischen Lehrern und Schülern abnimmt. Viele Lehrer wissen nicht einmal mit schwierigen Emotionen im eigenen Innern umzugehen, und die Gewalt, von der ihre Situation geprägt ist, gibt dieser problematischen inneren Saat täglich frische Nahrung. Besorgte Eltern können Versammlungen für Eltern und Lehrer organisieren, um Erkenntnisse und praktische Möglichkeiten gemeinsam zu erörtern. Vielleicht können wir Retreats und Gesprächsgruppen für Lehrer einrichten, durch die sie Wege zum Frieden erlernen und üben können. Übungszentren können Tage der Achtsamkeit für Lehrer anbieten. Die Umgebung eines Übungszentrums kann eine starke, wohltuende Wirkung entfalten, aber nur, wenn das Zentrum wie eine Familie funktioniert. Aktive Mitarbeit ist das beste Mittel, unsere Kinder zu behüten und unsere Schulen in Friedensstätten umzuwandeln, wo Schüler und Lehrer einander vertrauen und respektieren. Wir können nur in einer Atmosphäre des Vertrauens und der Liebe wachsen und gedeihen.

Den Frieden über die Familiengrenzen hinaustragen

Bitte machen Sie Ihren Kindern klar, dass sie zu Liebe und Anteilnahme für andere Kinder, andere Lebewesen fähig sind. Wenn sie heranwachsen, müssen sie erfahren, was in der Welt vorgeht. Viele Kinder wissen, dass sie in glücklichen Verhältnissen aufwachsen, und empfinden Dankbarkeit dafür und für den Frieden in ihrem Leben. Sie wissen auch, dass viele Kinder Tag und Nacht arbeiten müssen, um ihren Lebensunterhalt zu verdienen, dass Kinder sterben, weil ihnen selbst eine minimale Versorgung mit Nahrung und Medikamenten vorenthalten wird. Darüber hinaus wissen viele Kinder, dass sie Altersgenossen haben, deren Leben tagtäglich durch Bomben und Landminen bedroht ist und die durch Krieg und Krankheit zu Waisen werden.

Wir können diese Einsichten unserer Kinder lenken, indem wir sie dazu ermutigen, sich zu engagieren und aktiv etwas für den Frieden zu tun. Zum Beispiel können wir sie bitten, weniger Geld für sich selbst auszugeben und lieber etwas zu spenden, damit für arme Kinder Medikamente gekauft werden können. Oder ein Waisenkind in einem fernen Land zu unterstützen, um dessen Grundversorgung mit Nahrung und anderem zu gewährleisten.

Es geht dabei nicht bloß um die Spende von ein

paar Euro im Monat: Vielmehr öffnen wir durch Gebefreudigkeit die Tore unseres Bewusstseins. Egal, ob Kinder in New York, Los Angeles, Frankfurt oder Paris leben, sie können immer anderen die Hand reichen und helfen. Sie können mit anderen Kindern, die weniger vom Glück begünstigt sind als sie, in einen Briefwechsel treten. Wenn wir Kindern konkrete Möglichkeiten aufzeigen, wie sie das Leid anderer lindern helfen können, und den Wunsch in ihnen wecken, liebevoll und hilfsbereit zu sein, werden sie kleine Bodhisattvas und sind vor der Gewalt, dem Hass und der Wut geschützt, die sich in unserer Gesellschaft ausgebreitet haben.

Zuerst mag es Ihrem Kind noch schwer fallen, Interesse für das Weltgeschehen aufzubringen. Aber wenn ihm einmal die Augen aufgegangen sind, wird sein Mitleid aufblühen wie eine Blume, und dann wird es mit Feuereifer das Leid anderer vermindern wollen. Wenn Sie und Ihre Familie einem bedürftigen Kind ein Glas Sojamilch anbieten können, zeigen Sie Mitgefühl, und schon leiden Sie selber weniger. Sie sind glücklich, und Ihr Leben hat wieder mehr Sinn. An dieser Übung in Frieden und Großzügigkeit kann die ganze Familie teilnehmen, und sie wird allen gut tun.

Wir sorgen für unsere Kinder und ihren Schutz durch unser praktisches Beispiel. Alles, was wir tun, ob wir meditieren, uns bilden oder miteinander kommunizieren, sollten wir tun, um ein tieferes Verständnis zu gewinnen und das Mitgefühl in uns zu wecken. Unsere Übung muss den Bedürfnissen der jungen Menschen angepasst sein. Wir müssen die Jugend darin unterstützen, Mitgefühl zu entwickeln, ihr Bewusstsein zu entfalten und sich für das eigene Erwachen einzusetzen. Wir müssen lernen, uns sorgsam um die jungen Menschen zu kümmern, und ihnen dabei helfen, kleine Bodhisattvas zu werden. So können wir am besten verhüten, dass Gewalt in ihre Herzen einzieht.

7
Den Frieden schützen: Übungen für Gemeinschaft und Sangha

Wenn ich mit meiner spirituellen Gemeinschaft, meiner Sangha, zusammen sitze, folge ich aufmerksam meinem Atem und bin mir der uralten Bande bewusst, die mich an die Gemeinschaft binden. Vor 2600 Jahren hat Buddha die Sangha gegründet. Während all dieser Jahrhunderte und in vielen Ländern der Welt hat sie Verständnis, Festigkeit und Freude verbreitet. So ist es bis heute.

Als Mitglied der Sangha bin ich wie eine Zelle in einem Körper. Zugleich fühle ich, dass ich der ganze Körper, die Sangha, bin. Der Körper ist 2600 Jahre alt, und deshalb habe ich das Gefühl, auch 2600 Jahre alt zu sein. Sie sind vielleicht noch jung, aber gleichzeitig sind Sie uralt, denn wir alle sind mit Generationen von Ahnen und ihrer Geschichte verbunden, mit ihren Freuden und Leiden, ihren Fehlschlägen und ihrer Freiheit. Wenn Sie sich zum Üben mit einem spirituellen Lehrer oder mit Ihren älteren

Brüdern und Schwestern in der Sangha verbinden, werden auch Sie zur Sangha. Ihre spirituelle Gemeinschaft hilft Ihnen, fest zu bleiben und weise zu werden. Durch Ihre Lehrer kommen Sie mit vielen anderen früheren Lehrern Ihrer spirituellen Familie in Berührung.

Die Verbindung zur leiblichen und spirituellen Ahnenreihe

Wenn ich einen Vortrag halte oder die fünf Achtsamkeitsübungen erkläre, atme ich aufmerksam ein und aus und werde gewahr, dass es keine Person mit individuellem, getrenntem Selbst ist, die diesen Vortrag hält. Es ist keine Einzelperson, die die Achtsamkeitsübungen lehrt, denn ich bin die Sangha. Generationen von Lehrern übermitteln die Lehre durch mich, aber nicht durch mich allein. Wer mich aufmerksam anschaut, sieht in mir meine Lehrer und in meinen Lehrern ihre Lehrer, immer weiter zurück bis hin zu Buddha. Die ganze Reihe der vorherigen Lehrer, die die Achtsamkeitsübung überliefert haben, offenbart sich dann. Was immer ich auch tue, es wird von meiner ganzen spirituellen Ahnenreihe getan. Durch die Verbindung mit dem Lehrer und den Mitübenden ist man zugleich mit allen früheren Lehrern und Mitübenden verbunden.

Indem Sie Zuflucht zu einer spirituellen Gemeinschaft nehmen, verwurzeln Sie sich fest in der Erfahrung, Weisheit und Bewusstheit all derer, die vor Ihnen da waren. Gleichzeitig werden Sie selbst zum Wurzelstock für alle Jüngeren, die nach Ihnen mit der Übung fortfahren. Ihr Leben währt also ewig. Wenn ich einen jungen Menschen das achtsame Gehen und Atmen üben sehe, sehe ich in ihm mich selbst. Dann fühle ich mich sehr jung. Ich weiß, dass dieser Mensch die Übung fortsetzen und mich in die Zukunft weitertragen wird. Ich weiß, dass ich mit all meinen Schülern den Berg des 21. Jahrhunderts ersteigen werde. Wir werden gemeinsam durch das nächste Jahrhundert gehen. Mein Leben wird sich fortsetzen, nicht in einem individuellen, getrennten Ich, sondern in der Sangha.

Wenn Sie sich in Achtsamkeit üben, verbinden Sie sich auch mit Ihrer leiblichen Familie, mit Brüdern und Schwestern, Mutter und Vater, Großeltern und Urgroßeltern. Durch sie sind Sie mit der ganzen Linie Ihrer Vorfahren verbunden. Ist die Verbindung mit Ihrer leiblichen oder spirituellen Familie unterbrochen, werden Sie schwach und gehen in die Irre. Unter Umständen verflüchtigt sich dann Ihr Entschluss zum rechten Handeln wie ein Tropfen Wasser. Wenn Sie sich Ihrer Familie entfremden, müssen Sie alles daransetzen, wieder mit ihr in Kontakt zu kommen. Wenn Sie einen Sohn oder eine Tochter haben, die Ihnen fremd geworden sind, nehmen Sie bitte wieder Verbindung zu ihnen auf. Es sind Ihre Kinder, die Sie in die Zukunft tragen und dafür sorgen, dass Sie geistig jung bleiben. Wir müssen üben, um unsere Probleme zu überwinden. Indem wir uns selbst schützen, schützen wir auch unsere ganze Familie, und jeder von uns kann seinen Angehörigen helfen, negative Saat in positive umzuwandeln. Durch die Unterstützung unserer Familie und der Gemeinschaft werden wir stark und können achtsam mit unseren Schwierigkeiten umgehen.

Diese Übungspraxis macht sehr froh. Wenn Sie die Verbindung zu Ihren Vorfahren herstellen, werden Sie sich von ihnen und von allen Lehrern Ihrer spirituellen Tradition unterstützt fühlen. In dieser Erkenntnis werden Sie furchtlos, denn Sie wissen, dass Sie als lebendige Tradition, als Fortsetzung einer ganzen Ahnenreihe weiterleben. Mit dieser Einsicht ist der Tod überwunden und Sie bleiben ewig jung. Zugleich sind Sie so alt wie Sonne und Mond.

Die Übung: Markenzeichen einer wahren Sangha

Um eine echte spirituelle Gemeinschaft, eine Sangha zu werden, brauchen wir nicht vollkommen zu sein. Auch die Sangha zu Lebzeiten Buddhas war nicht vollkommen. Das ist tröstlich zu wissen. Als Menschen haben wir alle unsere Schwächen, aber das hält uns nicht davon ab, eine echte Sangha zu sein. Jede Sangha, die sich aufrichtig bemüht, zu üben und die positive Saat in allen Mitgliedern zu pflegen, ist eine wahre Sangha.

Wenn negative Saat in Form von Eifersucht oder Diskriminierung aufkeimt, sollten wir als Brüder und Schwestern in der Übung einander darauf aufmerksam machen, darüber lächeln und die positive Saat bitten, stärker zu wachsen. Wir sollten einander keine Vorwürfe machen oder uns gegenseitig verurteilen. Vielmehr sollten wir uns stets erinnern, dass wir alle nur Menschen sind und nach besten Kräften üben. Von Zeit zu Zeit werden sich Anzeichen von Gewalt und Ärger bei Mitübenden bemerkbar machen, aber dann lächeln wir nur und umfangen diese Emotionen mit Liebe.

Befreiung aus dem Ich-Gefängnis

Die zweite Hälfte des 20. Jahrhunderts war von Individualismus gekennzeichnet, von dem Wunsch, nur das eigene, individuelle Ich in den Mittelpunkt zu stellen. Unsere Gesellschaft wurde von dem Verlangen nach materiellem Besitz, Ruhm und Reichtum und von hedonistischer Genusssucht beherrscht. Infolgedessen haben sich viele Menschen von ihren spirituellen Traditionen und ihren Familien losgesagt. Ein gesundes Familienleben und eine gute Kommunikation sind nicht möglich, solange wir glauben, nur das Streben nach Macht, Sex und Reichtum mache uns glücklich. Glück stellt sich nicht durch Konsum ein.

Es ist eine Tragödie, dass die Menschen in den Dritte-Welt-Ländern den Materialismus des Westens nachahmen. In China, Vietnam und anderen Ländern haben schon viele ihre spirituellen Traditionen aufgegeben. Sie gieren danach, sich endlich das neueste und beste Videogerät, Handy, Fernsehgerät und anderes elektronisches Spielzeug kaufen zu können. Im Mittelpunkt ihres Lebens steht jetzt der Konsum. Viele Menschen glauben an nichts mehr und haben auch keine Ideale mehr; für sie gibt es kein höheres Ziel mehr, dem sie dienen.

Wir müssen tiefen Einblick in unser Leben nehmen, um zu erkennen, wohin wir damit steuern. Im 20. Jahrhundert haben wir den Wildwuchs des Individualismus zugelassen und damit, offen gesagt, ein Chaos angerichtet. Jetzt, im 21. Jahrhundert, müssen wir neu anfangen; wir müssen eine neue, eine andere Richtung einschlagen. Wir können nicht länger so weitermachen wie bisher und uns selbst und den Planeten, auf dem wir leben, zerstören. Mit der rechten Entschlossenheit können wir den Egokult des Individualismus fahren lassen und in Harmonie, im Geist des Interseins, leben und wirken.

An der Sangha, der spirituellen Gemeinschaft, orientieren wir uns neu, und der Aufbau einer Sangha ist unsere vornehmste Aufgabe. Damit eine Sangha entstehen kann, müssen wir lernen, offen füreinander zu werden und unsere Erfahrungen und Einsichten, unsere Zeit und unsere Liebe miteinander teilen. Die Sangha muss in diesem Jahrhundert für uns alle ein Zufluchtsort sein.

Aus der Erkenntnis des Nichtselbst leben

Gehirnforscher haben – ebenso wie wir in unserer Meditationsübung – entdeckt, dass es kein einzelnes Selbst gibt. Das menschliche Gehirn besteht aus Milliarden von Hirnzellen, so genannten Neuronen, die ihrerseits wieder mit Milliarden weiterer Neuronen kommunizieren. Da ist kein Manager, kein Direktor und kein Boss als oberste Instanz des Gehirns, und doch herrscht vollkommene Harmonie. Wenn Wissenschaftler untersuchen, wie sich die Neuronen verhalten, erkennen sie, dass diese ununterbrochen miteinander kommunizieren. Jedes Neuron feuert mit einer Geschwindigkeit von über 350 Stundenkilometern in Abständen von Sekundenbruchteilen elektrische Impulse an andere Neuronen ab. Die Kommunikation reißt nie ab, unentwegt wird gesendet und empfangen. Die Neuronen leben und arbeiten als Gemeinschaft harmonisch zusammen.

Die Zellen unseres Körpers sind nicht etwa aktiv, weil es ihre Pflicht und Schuldigkeit wäre; sie funktionieren einfach als Sangha. Die Lunge tut ihr Bestes, um das Blut durch Sauerstoffaufnahme zu erneuern. Die Lunge sagt nicht: »Hör mal, Blut, du brauchst mich für deine rote Farbe und deinen Sauerstoffgehalt. Du musst mir dankbar sein.« So würde die Lunge niemals denken. Es macht ihr Freude, ein und auszuatmen und die Blutkörperchen mit Sauerstoff zu versorgen. Die Blutkörperchen schwimmen zu allen Zellen im Körper und setzen dort Sauerstoff und andere Nährstoffe frei. Sie sagen nie: »Wir legen solche Riesenstrecken zurück, nur um euch mit Sauerstoff zu versorgen. Ihr solltet uns dankbar sein. Wir haben schon viel zu viel getan; es wird Zeit, dass wir in den Ruhestand treten.« So etwas würden sie nie sagen. Ein Blutkörperchen erfüllt seine Aufgabe zum Wohle des ganzen Körpers gern. Im Körper gibt es keine Unterschiede und keine Diskriminierung. Wenn Sie ein Wissenschaftler wären und sich anschauen würden, wie der menschliche Körper funktioniert, würden Sie feststellen, dass alle Elemente des Körpers im Einklang mit der Erkenntnis des Nichtselbst operieren. Alle Zellen unseres Körpers enthalten die Weisheit der Nichtunterscheidung; alle leben als Sangha zusammen.

Beim Beobachten eines Bienenstocks werden Sie das Gleiche sehen. Keine Biene spielt den Boss. Keine Biene sagt zur anderen: »He, Biene Nummer eins, tu dies für mich, und du, Biene Nummer zwei, flieg dorthin und hol mir Pollen.« Es gibt keinen Bienenstockdirektor. Die Königin ist nicht die Chefin; sie ist keine Königin in dem Sinne, dass sie herrschen und Befehle erteilen würde. Ihre Pflicht als Bienenkönigin besteht darin, Eier für die nächste Bienengeneration zu produzieren. Doch auch ohne Boss oder Chefin im Bienenstock kooperiert jede Biene perfekt mit allen anderen Bienen im Schwarm. Bienen brauchen sich nicht gegenseitig zu erklären, was zu tun ist. Die Art und Weise, wie sie ihr tägliches Leben führen und wie sie handeln, ist ihre Botschaft füreinander. Sie kommunizieren durch die Art und Weise, wie sie etwas tun. Manchmal kommt eine Biene zum Stock zurück und beginnt zu tanzen. Mit ihrem Tanz gibt sie anderen Bienen einen Hinweis, wo Pollen zu finden ist.

Diese Art von Harmonie ist auch bei anderen Staaten bildenden Insekten zu finden. Termiten erledigen ebenfalls alles in gut organisierter Teamarbeit. In solchen Gemeinschaften sind Intelligenz und Weisheit am Werk. Niemand erteilt Befehle, und doch fließt die Kommunikation. Wissenschaftler haben festgestellt, dass jede Biene Chemikalien absondert, die der Kommunikation dienen. Alle Bienen sind in ständiger Empfangsbereitschaft für die gegenseitigen Informationen und reagieren störungslos darauf. Keine Biene schreibt der anderen vor, wie sie sich zu verhalten hat.

Obwohl viele Wissenschaftler dieses Nichtselbst im menschlichen Körper und in der Natur als erwiesen ansehen, haben bisher nur wenige im eigenen Leben Gebrauch von ihrer Erkenntnis gemacht. Atomphysiker, Neurowissenschaftler, Biologen, Soziologen und Psychologen – sie alle haben die Wahrheit des Nichtselbst eingesehen. Sie schreiben und sprechen darüber, sind jedoch meistens unfähig, auch danach zu leben. Die meisten Wissenschaftler kommen von der Arbeit nach Hause und leben so weiter, als seien sie unabhängige Wesen, und verhalten sich Angehörigen und Freunden gegenüber so, als hätten sie nie Einblick in die Wirklichkeit des Nichtselbst genommen.

Das ist auch bei vielen spirituell Übenden der Fall. Wir hören uns die Lehren vom Nichtselbst und der wechselseitigen Verbundenheit an, und dann gehen wir nach Hause zu unseren Partnern, Eltern und Geschwistern, ohne Konsequenzen daraus zu ziehen. Nach wie vor an unser kleines Ich gefesselt, werden wir weiterhin wütend und eifersüchtig und bringen es nicht fertig, uns wie die Bienen, die Neuronen und die Zellen in unserem Körper zu verhalten. Um aus diesem Verhaltensmuster auszubrechen, müssen wir mit einer Sangha üben. Wenn wir uns auf die Sangha verlassen, ist die Sangha für uns da. Um am Aufbau einer Sangha mitzuarbeiten, müssen wir die Wahrheit des Nichtselbst und des Interseins erkennen und nach Möglichkeiten suchen, diese Einsicht ins tägliche Leben unserer Gemeinschaft zu übernehmen. Wir dürfen uns nicht mit der Erkenntnis des Nichtselbst zufrieden geben, sondern müssen in ihr leben.

Einsicht in die wechselseitige Verbundenheit

Entscheidend für den Aufbau einer Gemeinschaft ist es, die Erkenntnis des Interseins, der inneren Verbundenheit von allem und jedem, zu akzeptieren. Wir müssen uns darüber klar sein, dass ein Einzelner nicht glücklich sein kann. Als getrenntes, individuelles Ich glücklich zu werden ist unmöglich.

Die Familie ist eine Sangha, die Gesellschaft ist eine Sangha, und die Erde samt allem Lebendigen ist eine Sangha; darum müssen wir lernen, als Sangha zu leben, und das nicht nur in Gemeinschaft mit anderen Menschen, sondern auch mit anderen Arten. Wir müssen Tiere, Pflanzen und Mineralien als Partner akzeptieren, als Mitglieder unserer Gemeinschaft.

Indem wir die Erkenntnis des Nichtselbst und der gegenseitigen Verbundenheit aller mit allen in unserem Lebensalltag wach und lebendig erhalten, befreien wir uns aus dem Ich-Gefängnis. Wir öffnen unsere Augen für die Wirklichkeit, dass das Glück unserer Familie und der Menschengemeinschaft auch unser eigenes Glück ist. In dieser Erkenntnis werden wir uns nicht länger als Einzelwesen fühlen und endlich zu einer Verhaltensweise finden, die der Harmonie und dem Glück unserer Familie, unserer Gesellschaft und unserer Mutter Erde dient.

Wir sind lange Zeit Gefangene unserer individualistischen Lebensweise gewesen und haben sehr darunter gelitten. In diesem neuen Jahrhundert sollten wir uns darin üben, die Vorstellung von uns selbst als getrennten Einzelwesen aufzugeben, und uns aus dem Gefängnis der Individualität befreien. Die sinnvollste Übung heute ist die, als Sangha leben zu lernen.

Der Sangha-Fluss

Wenn wir ein Wassertropfen wären und uns als einzelner Tropfen zum Meer aufmachen wollten, würden wir mit Sicherheit unterwegs verdunsten. Um zum Meer zu kommen, müssen wir ein Fluss sein. Die Sangha ist unser Fluss. Durch tägliche Übung lernen wir, Teil dieses Flusses zu sein. Wir lernen, mit

Sangha-Augen zu schauen, mit Sangha-Füßen zu gehen und mit einem Sangha-Herzen zu fühlen. Wir müssen uns darin schulen, das Glück unserer Gemeinschaft als unser eigenes Glück und die Probleme unserer Gemeinschaft als unsere eigenen Probleme zu betrachten. Sobald wir dazu fähig sind, leiden wir weniger; dann sind wir stärker und fröhlicher. Als Mitglieder einer Sangha können wir unsere individuellen Begabungen und Fähigkeiten entfalten und zugleich auch etwas zu den Fähigkeiten und zum Glück der Gemeinschaft als Ganzer beitragen und daran teilhaben. Nichts geht verloren; jeder gewinnt dabei. Eine Sangha hat die Kraft, uns zu schützen und zu tragen, und das besonders in schwierigen Zeiten. Sie bietet uns die große Chance, durch unseren Einsatz für sie unsere Möglichkeiten voll auszuschöpfen und beschützt zu sein.

Der Sangha-Fluss ist eine Gemeinschaft von Freunden, die den Weg der Harmonie, des Gewahrseins und des Mitgefühls gehen. In der Sangha üben wir das achtsame Gehen und Atmen. Die Sangha strahlt kollektive Energie aus, die uns unterstützen und stärken kann. Die Sangha ist ein Schiff, das uns befördert und davor bewahrt, im Ozean des Leidens zu versinken. Darum ist es so wichtig, Zuflucht zur Sangha zu nehmen. Lassen Sie sich von Ihrer Gemeinschaft halten und weitertragen. Dann werden Sie in Ihrer Festigkeit und Sicherheit gestärkt und laufen nicht Gefahr, im Ozean Ihres Leids zu ertrinken. Zuflucht zur Sangha zu nehmen ist keine Glaubenssache, es ist eine Übung. Als Fluss gelangen alle einzelnen Wassertropfen zusammen zum Meer.

Übungszentren bieten Schutz

Im täglichen Leben lauern viele Gefahren. Zum Beispiel werden schon während eines halbstündigen Aufenthalts in einer Stadt die Sinne von einer Vielzahl von schädlichen Bildern und Klängen überflutet. Ein Übungszentrum ist eine wahre Zufluchtsstätte. In einem Übungszentrum kann man schnell sein Gleichgewicht wiedergewinnen.

Kinder und Jugendliche leben im Allgemeinen nicht in Übungszentren oder Klöstern, sondern oft in äußerst schädlicher Umgebung. Was sie tagtäglich sehen und hören und womit sie in Berührung kommen, kann die Saat der Gewalt bei ihnen aufkeimen lassen und die animalischen Triebe fördern. Darum ist es so wichtig, zu Hause einen Friedens- oder Atemraum für sich und seine Kinder einzurichten. Auch die Sangha kann einen Beitrag leisten, indem sie Kindern und Familien Friedensräume anbietet.

Als Achtsamkeitsübender und Sangha-Mitglied können Sie auf andere Eltern einwirken und ihnen zeigen, wie sie ihre Kinder vor Wutgefühlen schützen können. In diesem Fall sind Sie die Sangha und bieten Ihre Hilfe an, damit sich keine Gewalt in den Familien einnistet. Sie können Mutter und Vater lehren, sich hinzusetzen, einander mitleidsvoll zuzuhören und sich in liebevoller Rede zu üben. Sie können sie lehren, durch das bewusste Atmen und das achtsame Gehen den inneren Frieden zu finden. Zu Anfang mag noch Ihr Bestreben vorherrschen, die Kinder zu schützen, aber schon bald werden Sie merken, dass Sie die ganze Familie in die Arme schließen. Wenn Sie geschickt vorgehen, können Sie in jede Situation helfend eingreifen. Das ist engagiertes Üben.

Darüber hinaus kann die Sangha auch Paaren Schutz bieten. Als Laie, der Sie nicht im Kloster leben, sind Sie vielen Versuchungen ausgesetzt. Ohne den Schutz einer Sangha leiden Sie in der Regel unter inneren Konflikten und den Begierden Ihrer animalischen Triebnatur. Die Sangha hilft Ihnen, sich Ihrer Buddhanatur zu erinnern. Die Sangha stärkt die Bande der Ehe, sie hilft den Partnern beim Umgang mit ihrer sexuellen Energie und bei der Einhaltung ihrer gegenseitigen Verpflichtungen.

In einer spirituellen Gemeinschaft gibt es eine Vielzahl von Gelegenheiten, sich innerhalb und außerhalb der Sangha nützlich zu machen, das menschliche Leid zu lindern und die Betroffenen wieder zum Lächeln zu bringen. Sie können sich darin üben, jeden Menschen wie Ihren Bruder oder Ihre Schwester zu lieben. Sie können die Lehren studieren, danach leben und sich in der Sprache der Liebe und des Verständnisses ausdrücken. Wenn sich sexuelle Energien auf unangebrachte Weise ausdrücken wollen, können Sie sie in eine andere Art von Energie umwandeln, zum Beispiel in Energie zum Studium der Schriften, zur Übung oder zum Arbeiten. Ein vietnamesischer Weisheitsspruch lautet, dass keine Form der Übung so schwer ist wie die Übung der Laien. Das Leben in einem Tempel gibt Halt, denn selbst wenn man einen Fehltritt tut, ist immer ein hilfreicher Bruder oder eine hilfreiche Schwester zur Stelle. Eine Sangha kann den gleichen Halt bieten.

Es mag den Anschein haben, als gewähre das Leben als einzelnes Individuum mehr Freiheit als die Einbindung in eine Gemeinschaft, aber diese Freiheit verschleiert unter Umständen nur die Tatsache, dass Sie umherirren. Wenn Sie sich Ihren Begierden ausliefern, verlieren Sie Ihre ganze Freiheit, dabei ist Freiheit das Fundament des Glücks. Sobald Sie sich auf eine unangebrachte Liebesaffäre einlassen, sind Sie nicht mehr frei, sondern leiden. Außerdem bringen Sie Leid über andere Menschen und über Ihre Sangha. Freiheitsverlust ist Glücksverlust.

Sanghas lindern Leid

In Plum Village bemühen wir uns nach besten Kräften, uns nicht in unserer eigenen kleinen Welt einzukapseln. Obgleich wir uns um die täglichen Bedürfnisse unserer Gemeinschaft kümmern – durch meditative Arbeit, die Veranstaltung von Retreats und viele andere Aktivitäten –, bleiben wir doch in Berührung mit dem Leid der Kinder in aller Welt, und dieser Bezug hilft uns, gesund zu bleiben.

Zum Beispiel unterstützt Plum Village Schulen in Vietnam, wo Kinder lesen und schreiben lernen und außerdem ein Mittagsmahl erhalten, zu dem ein Glas Sojamilch gehört. Viele Schulkinder stammen aus armen Familien und leiden unter Proteinmangel.

Eines Tages betrachtete ich ein Bild von Kindern aus Ha Trung, dem Dorf, in dem meine Mutter geboren und aufgewachsen ist. Als ich mich mit gesammelter Aufmerksamkeit in die Gesichter der kleinen Dorfmädchen vertiefte, sah ich in jedem dieser Kinder meine Mutter. Meine Mutter war ganz genauso, sie bekam die gleiche Art von Nahrung und war an das gleiche Klima gewöhnt.

Wenn die Mädchen dieses Dorfes nicht jeden Tag ein Glas Sojamilch erhalten, schenken sie als Erwachsene mit hoher Wahrscheinlichkeit einem unterernährten Kind das Leben. Ich selbst war auch mit Eiweiß unterversorgt, sonst wäre ich heute vielleicht größer. Wenn Sie mir etwas Gutes tun wollen, müssen Sie sich um eins der kleinen Mädchen auf dem Foto kümmern. Sie müssen dafür sorgen, dass jedes Dorfkind beim Mittagessen ein Glas Sojamilch bekommt.

Menschen, die mit einer Sangha in Kontakt kommen, haben die Chance, zugleich mit der Wirklichkeit der Welt in Berührung zu kommen. Dadurch keimt ihre innere Saat des Mitgefühls und der Herzensgüte auf. Alle, die kommen, leiden innerlich Schmerzen. Die Sangha hilft ihnen nicht nur, ihr eigenes Leid liebevoll zu umfangen, sie unterstützt sie auch bei der Entfaltung ihres aufkeimenden Mitgefühls und Verständnisses. Sie leiden viel weniger, wenn sie es zulassen, dass diese positive Saat Nahrung erhält. Wichtig ist, in Berührung mit dem Leid anderer den eigenen Frieden zu bewahren. Um nicht überwältigt, entmutigt oder pessimistisch zu werden, müssen wir zum Ausgleich unserer engen Berührung mit fremdem Leid etwas für unsere eigene Festigkeit, unser eigenes Glück tun. Glücksbewusstsein und Leidensbewusstsein nähren sich gegenseitig. Wenn wir uns darin üben, tiefe Einsicht in unseren Schmerz und unser Glück zu nehmen, erkennen wir, dass Glück und Leid voneinander abhängig sind und nur in Beziehung zueinander verstanden werden können. Die Sangha bietet uns die Möglichkeit, am Liebeswerk der Gemeinschaft mitzuwirken. Während wir der Gemeinschaft helfen, helfen wir auch uns selbst.

Wir dürfen nicht nachlassen in der Übung von Liebe und Mitgefühl. Wir müssen uns aller Menschen auf der Welt und vor allem der Kinder ebenso annehmen wie der Mitglieder unserer Sangha. Wir sollten uns nicht unablässig um unsere eigenen Sorgen kümmern. Ein paar Fenster und Türen müssen für das Leiden der Welt geöffnet bleiben. Das ist zu unserem eigenen Besten.

Gemeinsamkeit und Mitgefühl

Als Sangha halten wir uns an die Übung der Gemeinsamkeit, die kein Ausgrenzen kennt. Wir wissen, dass jeder leidet, auch diejenigen, die uns verletzen wollen. In der lebendigen Nachfolge Jesu Christi, Mohammeds, Moses', Buddhas, überhaupt aller spirituellen Vorfahren, müssen wir jedem Einzelnen helfen. Wer sich in Gemeinsamkeit übt, in dem steigt weder Ärger noch der Wunsch zur Diskriminierung auf, auch nicht in Zeiten großer Not.

Ohne Achtsamkeit und Konzentration können wir die Realität dessen, was ist, nicht begreifen. Wenn wir die Tür zur Wirklichkeit öffnen, können wir anderen deren wahres Wesen zeigen. Was ist Wirklichkeit denn eigentlich? Das Leiden aller ist Wirklichkeit. Reich und Arm, Nord und Süd, Schwarz, Gelb, Rot und Weiß ist die Wirklichkeit. Unser täglicher Giftkonsum und unsere Waffenindustrie sind Wirklichkeit. Unser Mangel an Zeit und Kraft für uns selbst und andere ist Wirklichkeit. Die Zerstörung menschlichen Lebens, anderer Arten und der Umwelt durch unsere unachtsame Lebensweise – das ist die Wirklichkeit. Wenn wir uns wünschen, dass unsere Kinder und Kindeskinder noch eine Zukunft haben, müssen wir uns die Zeit nehmen, tief in das wahre Wesen der Wirklichkeit zu schauen. Durch diese Versenkung kommen wir zur Einsicht, und aus dieser Einsicht können wir handeln.

Bitte denken Sie nicht, dass Gott nur auf Ihrer Seite ist. Gott ergreift nicht Partei. Gott ist allumfassendes Mitgefühl. Wenn Gott jeden liebt, wie könnte da jemand ausgeschlossen bleiben? Manche sagen: »Gott segne Amerika«, aber dem ist unbedingt hinzuzufügen: »Gott segne jeden«, denn jeder ist ein Kind Gottes. Glauben Sie nicht, durch Ausgrenzung von anderen Frieden zu finden. Ihnen zu helfen ist der *einzig* gangbare Weg.

8
Aufruf zum großen Mitgefühl

Ein traditioneller vietnamesischer Zen-Garten ist ganz anders als ein japanischer Zen-Garten. Unsere Zen-Gärten, *hon non bo* genannt, sind wild und üppig und verspielter als die formalen japanischen Gärten mit ihren strengen Mustern. Vietnamesische Zen-Gärten sind auf eine ernsthafte Weise unernst. Für uns ist in diesem friedlichen Ort die ganze Welt enthalten. Alle Lebensaktivitäten entfalten sich im wahren Frieden dieses Gartens: Hier spielen Kinder, und dort sitzen ein paar alte Männer beim Schachspiel; Paare gehen spazieren, Familien halten ein Picknick ab, und Tiere dürfen frei herumlaufen. Es gibt Teiche und Felsformationen, und herrliche Bäume wachsen an weitläufigen Rasenflächen und Blumenrabatten. Alle ökologischen Bereiche sind in diesem Biotop unterschiedslos vertreten. Es ist eine friedvolle Miniaturwelt, ein wunderbares, lebendiges Beispiel dafür, was eine globale Ethik bewirken könnte.

Krieg ist keine notwendige Grundbedingung des Lebens. Die Wurzel des Krieges, wie überhaupt aller Konflikte, ist Unwissenheit, die Unkenntnis der jedem Menschen innewohnenden Güte – der Buddhanatur. Wir alle neigen zu Ignoranz, und dadurch entstehen Missverständnisse, die zu Gewalt im Denken und Handeln führen können. Vielleicht sind in Ihrem Leben Ignoranz und Gewalt bisher noch nicht zutage getreten, aber unter dafür günstigen Umständen ist das leicht möglich. Darum müssen wir uns vorsehen, dass wir diese Saat nicht nähren, damit sie keine Wurzeln schlägt und zu Pfeilen heranwächst.

Die Wurzeln des Krieges

Wenn ein Land ein anderes Land angreift, geschieht es aus großer Angst und einer Art von kollektiver Unwissenheit. Die Franzosen kämpften zum Beispiel darum, Vietnam als Kolonie zu behalten, denn sie glaubten, der Verlust Vietnams wäre ein Unglück für sie. Deshalb entsandten sie viele junge Männer nach Vietnam, die töteten und getötet wurden. Wenn wir tiefer schauen, erkennen wir jedoch, dass nicht etwa der Besitz von irgendetwas oder irgendjemandem glücklich macht, sondern Freundlichkeit, Mitgefühl und die tatkräftige Linderung von Leid.

Hätten die Amerikaner sich hingesetzt und tief in

sich geschaut, hätten sie erkannt, dass der Vietnamkrieg vollkommen unnötig war und dass sie ihr Leben nicht durch die Leiden eines anderen Landes und das Leid ihrer eigenen jungen Männer verbessern konnten. Die Vereinigten Staaten haben in diesem Krieg viele Menschenleben sinnlos geopfert, dabei hätten sie sowohl Nord- als auch Südvietnam, Kommunisten wie Nichtkommunisten entsprechend ihren unterschiedlichen Entwicklungsmodellen beim Aufbau ihrer Gesellschaften helfen können. Das wäre viel weiser gewesen, als die eine Seite zu unterstützen und die andere zu bekämpfen. Wenn Frankreich und die Vereinigten Staaten Vietnam, Laos, Kambodscha und Thailand Autonomie zugestanden und dort Entwicklungshilfe geleistet hätten, statt Krieg zu führen, hätten von diesen freundschaftlichen Beziehungen alle Seiten profitiert. Inzwischen bewegen sich die betreffenden Länder zwar nach langer Leidenszeit in diese Richtung, aber es hätte viel früher und ohne die schrecklichen Verluste an Menschenleben geschehen können.

Alle Gewalt ist Unrecht. Wir sollten weder uns selbst noch anderen solches Unrecht widerfahren lassen. Historiker und Lehrer, aber auch Politiker sollten tiefe Einsicht in das Leiden nehmen, das durch Kriege entsteht, statt sich bloß an die Rechtfertigungen zu halten, die ihre Regierungen parat haben. Wir müssen unseren Kindern die Wahrheit über den

Krieg sagen, damit sie aus unseren Erfahrungen lernen und begreifen können, dass Gewalt und Krieg nicht das richtige Mittel und nicht der richtige Weg sind. Wir müssen unseren Kindern klar machen, dass die Menschen beider Kriegsparteien – in Vietnam sowohl französische und amerikanische Soldaten als auch Vietnamesen – Opfer der Unwissenheit und Gewalt waren, die ihren Ursprung in ihrer jeweiligen Gesellschaft und Regierung hatten: Es gab keine Gewinner.

Solange wir zulassen, dass Hass in uns wächst, bringen wir Leid über uns selbst und andere. Durch tiefe Einsicht in die Kriege der jüngsten Vergangenheit müssen wir unseren Hass und unser Unverständnis in Mitgefühl verwandeln. Wir müssen erkennen, dass diejenigen, die Leid über uns gebracht haben, auch selber Opfer sind. Viele, die im Vietnamkrieg ihren Vater, ihren Bruder oder einen Freund verloren haben, ob Amerikaner oder Vietnamesen, konnten inzwischen ihr Leid überwinden und sich mit der Gegenseite versöhnen. Sie taten es zu ihrem eigenen Besten und zum Besten ihrer Kinder.

Wie können wir, jeder für sich, das kollektive Unbewusste unserer Nation beeinflussen und den Weg zum Frieden einschlagen? Indem wir die Wurzeln von Gewalt und Krieg in uns selbst ausreißen. Um Kriegen vorzubeugen, üben wir uns in Gewaltlosigkeit. Wir sind im täglichen Leben achtsam, sodass wir das Gift in uns und unseren Landsleuten erkennen und umwandeln. Wenn wir uns im Lebensalltag in Gewaltlosigkeit üben, können wir deren positive Auswirkungen auf unsere Familie, Gesellschaft und Regierung sehen.

Frieden ist möglich

Im Sommer 2001 kamen etwa 1800 Menschen nach Plum Village, um mit uns zusammen zu üben. Darunter waren auch Palästinenser und Israelis. Wir hatten diese Leute eingeladen, um ihnen die Gelegenheit zu geben, gemeinsam das meditative Gehen zu üben, gemeinsam eine Mahlzeit einzunehmen, sich mit der Lehre der Achtsamkeit vertraut zu machen und die Kunst des gesammelten Zuhörens und der sanften, liebevollen Rede zu erlernen. Beide, Israelis wie Palästinenser, blieben zwei Wochen bei uns und nahmen an allen Aktivitäten teil.

Zum Abschluss ihres Aufenthalts versammelte sich die ganze Gemeinschaft, um zu hören, was die Besucher zu berichten hatten. Nach nur zwei Wochen Übungspraxis hatten sie sich tief greifend verändert. Sie hatten sich in eine Gemeinschaft von palästinensischen und israelischen Brüdern und Schwestern verwandelt. Sie sagten: »Liebe Gemeinschaft, lieber Thay, als wir in Plum Village ankamen, trauten wir unseren Augen kaum. Der Ort kam uns unwirklich vor, weil er so friedlich ist. In Plum Village empfanden wir nicht die Wut, Anspannung und Angst, mit der wir im Nahen Osten dauernd leben. Die Leute schauen sich freundlich in die Augen und reden liebevoll miteinander. Es herrscht Frieden, die Kommunikation fließt, und man geht brüderlich und schwesterlich miteinander um.« Einer aus der Delegation sprach mich direkt an und sagte: »Thay, wir haben zwei Wochen im Paradies verbracht.« Ein anderer schrieb mir nach seiner Rückkehr: »Thay, dies war das erste Mal, dass mir Frieden im Nahen Osten möglich erschien.«

Was haben wir getan, dass sie die Dritte Edle Wahrheit – Wohlergehen und Frieden sind möglich – als Realität erlebten? Nicht viel, um ehrlich zu sein. Wir haben die Freunde aus dem Nahen Osten nur als Brüder und Schwestern umarmt. Sie haben gelernt, sich mit uns zusammen im meditativen Gehen zu üben, sie lernten, innezuhalten und mit uns im gegenwärtigen Augenblick präsent zu sein, und sie kamen mit alledem in ihrem Innern und in der Außenwelt in Berührung, was angenehm, wohltuend und heilsam ist. Die Übung ist einfach genug, aber mit Unterstützung der Sangha konnten sie schneller als jeder für sich allein zum Erfolg gelangen und dem Glück und Frieden in ihrem eigenen Innern begegnen.

Gemeinsam folgten wir der Grundübung, alles achtsam zu tun, uns im Hier und Jetzt zu verankern, um uns mit dem Leben in seiner ganzen Tiefe zu verbinden und beim Atmen, Gehen und Reden, beim Zähneputzen, Gemüseschneiden und Abwaschen Achtsamkeit walten zu lassen. Das ist die tägliche Grundübung, die unsere Freunde lernten. Wir als Sangha unterstützten die Besucher darin, wir saßen mit ihnen und übten das mitleidvolle Zuhören mit ihnen.

Wir schulten sie darin, sich so auszudrücken, dass die Gegenseite das, was sie sagten, aufnehmen, verstehen und akzeptieren kann. Sie sprachen ruhig, ohne jemanden zu verdammen oder zu verurteilen. Sie erzählten ihrem Gegenüber von all dem Leid, das sie erfahren hatten, von ihren Kindern und von ihrer Gesellschaft. Alle bekamen Gelegenheit, von ihrer Angst und Wut, ihrem Hass und ihrer Verzweiflung zu sprechen. Viele hatten zum ersten Mal das Gefühl, dass ihnen Gehör geschenkt und Verständnis entgegengebracht wurde, und das war eine große Erleichterung für sie. Wir hörten aufmerksam zu und öffneten unsere Herzen weit, denn wir wollten es ihnen ermöglichen, sich auszusprechen und Heilung zu finden.

Diese zwei Wochen Übung im aufmerksamen Zuhören und liebevollen Reden machten unseren Besuchern und uns anderen in Plum Village viel Freude.

Die Lebensgeschichten erinnerten uns daran, dass auch wir Vietnamesen furchtbar gelitten haben zur Zeit des Vietnamkriegs. Doch unsere Übung hat uns damals wie heute den Blick geschärft für die Schönheit der Welt mit all den Wundern des Lebens, die wir tagtäglich erleben. Aus diesem Grund wissen wir, dass auch unsere Freunde aus dem Nahen Osten mitten im Krieg, der ringsum tobt, üben können.

Es gab Augenblicke während des Vietnamkriegs, in denen wir uns sehnlichst wünschten, dass eine Feuerpause einträte, und sei es nur 24 Stunden lang. Wir glaubten, endlich Atem schöpfen und den Blumen und dem blauen Himmel ein Lächeln schenken zu können, wenn es einmal wenigstens 24 Stunden lang Frieden gäbe. Aber wir brachten es auch so fertig, ein- und auszuatmen und zu lächeln, weil selbst die Blumen den Mut hatten, mitten im Krieg zu blühen. Trotzdem wollten wir im Krieg einen Tag lang Frieden haben, einen Tag, an dem keine Bomben auf uns fielen.

In jener Zeit kamen einmal junge Leute zu mir und fragten mich: »Thay, meinst du, der Krieg geht je zu Ende?« Ich konnte ihnen nicht gleich Antwort geben. Ich übte das bewusste Atmen, ein und aus. Nach einer langen Pause sah ich sie an und sagte: »Meine lieben Freunde, Buddha hat gesagt, dass alles vergänglich ist, auch der Krieg.«

Vor ihrer Rückkehr in den Nahen Osten versprachen uns unsere Freunde, daheim weiterzuüben. Sie hätten vor, sich in ihrem jeweiligen Wohnort regelmäßig zu treffen, weiterhin gemeinsam das Sitzen, Gehen und Atmen zu üben, eine Mahlzeit miteinander zu teilen und einander zuzuhören. Bisher haben sie es mindestens einmal im Monat so gehalten. Sogar mitten im Krieg üben sie den wahren Frieden.

Echte Friedensverhandlungen

Wenn Sie zu einer Verhandlung gehen, sei es am Arbeitsplatz, auf einer Elternversammlung oder bei einem Treffen mit Lehrern oder Nachbarn, hoffen Sie auf Frieden. Wenn Ihre Abgeordneten sich an den Verhandlungstisch setzen, hoffen sie auf Frieden. Aber wenn weder Sie noch die anderen die Kunst des gesammelten Zuhörens und der liebevollen Rede beherrschen, wird es sehr schwierig, geeignete Friedenslösungen zu finden und zu konkreten Ergebnissen zu kommen. Solange wir den Block aus Leid, Hass und Angst in unserem Innern nicht transformiert haben, wird er uns daran hindern, ins Gespräch zu kommen, Verständnis zu entwickeln und Frieden zu schließen.

Ich bitte die Staaten und Regierungen, die sich für den Frieden im Nahen Osten und anderen Ländern einsetzen, diese Tatsache zu beachten. Wir müssen dafür sorgen, dass unsere Regierungen Friedensverhandlungen führen, die etwas fruchten. Ein für den Erfolg entscheidender Faktor ist eine Umgebung, in der echte Kommunikation möglich ist, wo aufmerksam zugehört und ein freundlicher, liebevoller Umgangston gepflegt werden kann. Unter Umständen dauert es einen oder zwei Monate, bis die Leute überhaupt gelernt haben, einander zuzuhören und so zu reden, dass die Gegenseite es aufnehmen und verstehen kann. Wichtig ist, nicht auf einen schnellen Entschluss, eine schnelle Übereinkunft, einen schnellen Friedensplan zu drängen. Im Vergleich zu jahrelangen Schmerzen und Leiden sind ein oder zwei Monate nichts. Aber wenn wir große Entschlossenheit zeigen, genügen womöglich fünf Tage, um die Kommunikation zwischen zwei Völkern wiederherzustellen. Zwei Wochen reichten aus, um bei unseren palästinensischen und israelischen Freunden Verständnis füreinander zu wecken, sodass sie einander als Brüder und Schwestern akzeptierten, zu üben begannen und die Saat des Friedens säten. Zwei Wochen reichten ihnen, um Hoffnung zu schöpfen.

In der Vergangenheit waren Friedenskonferenzen nur allzu oft ein Podium für die Teilnehmer, sich gegenseitig zu bekämpfen, nicht mit Waffen, sondern mit ihren Ängsten. Wenn wir uns von unserer Angst und unseren Vorurteilen mitreißen lassen, können wir anderen nicht zuhören. Es nützt nichts, zwei Gegner, die nach wie vor von Wut, Hass und Schmerz erfüllt sind, an einen Tisch zu bringen, damit sie Friedensgespräche führen. Solange sie uneinsichtig gegenüber der eigenen Angst und Wut sind und nicht wissen, wie sie sich wieder beruhigen können, wie können sie friedlich mit ihrem Gegner an einem Tisch sitzen? Ein Blick auf den Feind über den Tisch hinweg, und sie kämpfen einfach weiter. Weil sie sich selbst nicht erkennen, kämpfen sie einfach weiter. Und weil sie sich selbst nicht verstehen, verstehen sie natürlich auch den anderen nicht.

Das Geheimnis des Friedenstiftens besteht darin, mit dem Zuhören nur eine einzige Absicht zu verbinden: dem anderen Gelegenheit zu geben, sein Herz auszuschütten. Wenn Sie in diesem Bewusstsein zuhören und Ihr Mitgefühl lebendig erhalten, können Sie eine ganze Stunde lang sitzen bleiben und dem anderen zuhören, auch wenn seine Äußerungen bitter und vorwurfsvoll sind und von einer falschen Sicht der Dinge zeugen. Sie können trotzdem zuhören, denn Sie sind geschützt durch den Nektar des Mitgefühls in Ihrem Herzen. Wenn Sie Ihr Mitgefühl jedoch nicht durch bewusstes Atmen wach halten, verlieren Sie unter Umständen Ihren eigenen Frieden. Dann sind Sie gereizt und ärgern sich, und das merkt Ihr Gegenüber und kann nicht mehr frei reden. Aber Ihre Bewusstheit schützt Sie davor.

Friedenskonferenzen müssen in einer Atmosphäre

stattfinden, in der sich die Leute entspannen können und einsehen, dass nicht nur sie selbst, sondern auch die Gegenpartei leidet. Viele führende Persönlichkeiten haben sich schon bemüht, Verhandlungen und Gespräche in Gang zu bringen, aber sie kannten den Weg der Übung nicht. Sie waren nicht darin geschult, Ärger und Angst durch gesammeltes Zuhören und eine liebevolle Redeweise zu überwinden. Erst wenn sich durch Übung des aufmerksamen Zuhörens und der gütigen Rede Bitterkeit, Angst und Vorurteile aufgelöst haben, kann die Kommunikation zwischen den beiden Seiten in Gang kommen. Dann ist es viel leichter, Frieden zu schließen. Dann wird der Frieden Wirklichkeit werden.

Frieden in der Regierung schaffen

1997 reiste ich nach Indien und hatte dort Gelegenheit zu einem Gespräch mit dem indischen Parlamentspräsidenten und Vizepräsidenten des Landes K. R. Narayanan. Unser Gespräch fand am Eröffnungstag der Haushaltsdebatte im Parlament statt, kurz bevor drei neue Abgeordnete für ihr Amt vereidigt werden sollten. Ich dankte Mr. Narayanan dafür, dass er sich an einem so arbeitsreichen Tag Zeit für mich nahm. Er erwiderte, die Begegnung mit einem spirituellen Menschen sei ihm trotz aller Zeitnot immer ein wichtiges Anliegen. Und so saßen wir beieinander und sprachen darüber, wie der Vorsitzende und alle Mitglieder des Parlaments die Übung der Achtsamkeit aufnehmen und sich des gesammelten Zuhörens und der liebevollen Rede befleißigen könnten. Ich machte einen Vorschlag: »Mr. Narayanan, vielleicht wäre es gut, jede Sitzung mit der Übung des bewussten Atmens zu beginnen. Danach könnten ein paar Zeilen vorgelesen werden, um in jedem Anwesenden das Bewusstsein für seine Aufgabe zu wecken, etwa: ›Liebe Kolleginnen und Kollegen, unsere Wähler erwarten von uns, dass wir uns im Umgang miteinander einer freundlichen, respektvollen Sprache bedienen und uns aufmerksam zuhören, um unsere Erkenntnisse miteinander zu teilen, sodass unsere Regierung zum Wohl von Volk und Staat die besten Entscheidungen fällen kann.‹ Es würde kaum eine Minute dauern, diesen Text zu verlesen, und hinterher könnte zum Beispiel eine Glocke ab und zu zur Achtsamkeit mahnen.

Jedes Mal, wenn die Debatte zu hitzig geführt würde und die Leute sich gegenseitig Vorwürfe machten und beleidigten, könnte der Vorsitzende das Achtsamkeitsglöckchen läuten und sagen: ›Wir sind nicht mehr so ruhig, wie es nötig wäre; lassen Sie uns bitte mit dem Streiten aufhören und ein oder zwei Minuten lang still sein.‹ Dann könnte er alle dazu einladen, ihrem Atem zu folgen – sich einatmend zu beruhigen und ausatmend zu lächeln –, bis sich die Gemütswogen wieder geglättet hätten. Danach würde der Redner, der gerade unterbrochen wurde, seinen Vortrag fortsetzen.«

Mr. Narayanan nahm meinen Vorschlag sehr wohlwollend auf und lud mich ein, noch einmal wiederzukommen und vor dem indischen Parlament über dieses Thema zu sprechen. Zehn Tage später, ich leitete gerade ein Retreat in Madras, zeigte mir jemand einen Zeitungsartikel, in dem berichtet wurde, dass der Parlamentsvorsitzende ein Ethik-Komitee einberufen hätte mit dem Ziel, die Qualität der Kommunikation im Hause zu verbessern.

Diese Art von Gewaltlosigkeitsübung ist überall möglich, in jedem Land. Wir müssen unbedingt Feindseligkeit und Spannungen in den Parlamenten abbauen. Wenn in der Regierung eine Atmosphäre der Harmonie, der Ruhe und des Miteinanders herrscht, können sowohl unser eigenes Land als auch alle anderen Länder hoffnungsvoll in die Zukunft schauen.

Wir sind nicht hilflos. Wir müssen einfach unser Bestes tun, müssen den Krieg in uns selbst beenden. Das ist eine Friedensübung, und sie kann jeden Augenblick erfolgen. Wenn wir uns nicht tagtäglich im Frieden üben, wird in unserem Innern und in der Welt auch künftig wieder Krieg ausbrechen.

Friedliche Politiker wählen

In unserem Parlament sollte wie in einer Familie oder Gemeinschaft die friedliche Kooperation aller Mitglieder gewährleistet sein. Wenn wir Politiker wählen, setzen wir unsere Hoffnung in sie, wir vertrauen ihnen und erwarten, dass sie anderen Parlamentsmitgliedern zuhören. Alle Parlamentsmitglieder sollten zuhören können, um sich Klarheit darüber zu verschaffen, was gut, klug und wertvoll ist. Leider hören sie, während ein anderer spricht, vor lauter eigenen Ideen, die ihnen im Kopf herumgehen, meist gar nicht zu, sondern überlegen nur, was sie dagegen sagen und wie sie dem Parteigegner in allem widersprechen werden, sobald er seinen Vortrag beendet hat.

Wir wählen keine Volksvertreter, damit sie sich unentwegt streiten. Wir wählen sie in der Erwartung, dass jeder seine Weisheit, Erfahrung und Einsicht mit der Weisheit, Erfahrung und Einsicht der anderen Parlamentsmitglieder verbindet. Leider versprechen uns unsere Politiker nicht: »Wenn ich gewählt werde, will ich mich im gesammelten Zuhören üben, um von den Erkenntnissen der anderen Parlamentarier zu profitieren.« Aber wir Wähler sollten sie fragen: »Sind Sie bereit, nach Ihrer Wahl Ihren Kolleginnen und Kollegen mit gesammelter Aufmerksamkeit zuzuhören? Wenn nicht, bekommen Sie unsere

Stimme nicht.« Wir sollten darauf bestehen, dass die Kandidaten ihre Wahlkampagnen so gestalten, dass sie uns eine klare Entscheidung ermöglichen. Wenn wir die Abgeordneten wählen, ohne dass sie sich zum gesammelten Zuhören und zur liebevollen Rede verpflichten, gibt es eine Menge Ärger und Streit im Parlament – eine Art Krieg in unserer nationalen Familie.

Ich persönlich würde gern Kandidaten wählen, die die Fähigkeit besitzen, aufmerksam zuzuhören und achtsam zu sprechen. Ich glaube, wir alle würden unsere Abgeordneten gern mit einem Brief dazu auffordern, sich um gesammeltes Zuhören und liebevolle Rede zu bemühen. Wir könnten ihnen vorschlagen, im Parlament ein Komitee zur Pflege des mitfühlenden Zuhörens und Redens einzurichten.

Wir sollten ferner dafür sorgen, dass unsere Regierung konkrete Gesetze erlässt, die uns und unsere Kinder vor Gewalt und schädlichen Einflüssen schützen. Unsere Volksvertreter machen zwar viele Versprechungen, aber das allein darf uns nicht genügen. In manchen asiatischen Ländern beispielsweise ist der Vertrieb von Pornografie nicht erlaubt. Ebenfalls verboten sind Fernsehsendungen, die sexuelle Begierden wecken. In dieser Hinsicht sind die jungen Menschen dort besser geschützt. Ähnlich ist es in einigen europäischen Staaten: Sie lassen keine amerikanischen Filme mit ausgeprägt pornografischen

Szenen oder zu viel Gewalt ins Land. Das ist in diesen Ländern ohne Freiheitseinbußen und ohne den Verlust von Bürgerrechten durchgesetzt worden.

Wir müssen aufwachen und unser Erwachen praktisch anwenden, indem wir bei der Wahl unserer Politiker Taten verlangen.

Einen Rat der Weisen einrichten

Ich empfehle den Bürgern der Vereinigten Staaten und aller anderen Länder, ihre Parlamente zur Einrichtung eines Weisenrats aufzufordern, der mit gesammelter Aufmerksamkeit Menschen anhört, die sich der Diskriminierung, Ausbeutung und sozialen Ungerechtigkeit ausgesetzt fühlen. Amerika und viele andere Länder leiden heute schwer. Das Schicksal eines Landes ist zu wichtig, um es ausschließlich Politikern zu überlassen.

Die Erste Edle Wahrheit im Buddhismus ist die Erkenntnis des Leidens oder Übels. Der erste Schritt zur Heilung des Übels ist die Einsichtnahme in die betreffende Situation und die Suche nach den Ursachen. Das ist die von Buddha empfohlene Übungspraxis. Die Mitglieder des Weisenrates hätten die Aufgabe, leidende Menschen einzuladen, ihr Herz auszuschütten. Sie hätten die Pflicht, diesen Leuten mit gesammelter Aufmerksamkeit zuzuhören.

Mit gutem Beispiel vorangehen

Wenn Amerika den Leiden seines Volkes wirklich Gehör schenken würde, hätten die Einwohner anderer Länder sicher große Hochachtung vor den Amerikanern und würden wahrscheinlich denken: »Vielleicht können wir das auch. In unserem Land gibt es ebenfalls viel Leid, wir könnten also Amerikas Beispiel folgen, indem wir unseren Landsleuten zuhören und herausfinden, was ihnen Kummer macht.« Amerika könnte der Welt ein Vorbild sein, aber nur, wenn es sich darin übte, tief in sich selbst hineinzulauschen. Das wäre der beste amerikanische Exportartikel. Gott würde in der Tat ein Land segnen, das das kann. Ich hoffe, dass Amerika die große Chance dieses rechten Handelns für den eigenen und für den Weltfrieden erkennen und nutzen kann.

Ein Land ist dann am besten geschützt, wenn es anderen Nationen gegenüber Mitgefühl und Verständnis zeigt. Aber nicht allzu viele Länder üben sich darin. Wenn wir an einem dauerhaften Frieden zwischen den Völkern interessiert sind, sollten wir dazu beitragen, dass sie alle in ihren Ländern in Frieden leben können. Stabilität in anderen Ländern ist eine Garantie für unsere eigene Stabilität. Obwohl diese Wahrheit einleuchtet, sind viele mächtige Staaten blind dafür und leben weiter von der Schwäche ärmerer Länder. Die hoch entwickelten Länder des

Nordens werden sich nicht in Sicherheit wiegen können, solange es mit den Entwicklungsländern im Süden bergab geht. Das Überleben des Nordens hängt vom Überleben des Südens ab. Darum besteht der beste Schutz des Nordens darin, den Süden zu schützen. Wenn der Norden weiterhin die Arbeitskräfte und Rohstoffe des Südens ausbeutet, wird er früher oder später kollabieren. Das ist die Lehre des Interseins, die Übung von Gewaltlosigkeit und Frieden, die auf der Einsicht in die Verbundenheit aller Wesen beruht.

Der erste Schritt in Richtung Frieden ist der, sowohl nach innen zu lauschen als auch anderen zuzuhören, um sich selbst und seine Mitbürger zu verstehen. Wie könnten wir sonst vom Leiden anderer Menschen erfahren und es verstehen? Wie könnten wir je das Leid in Afghanistan, Israel, Palästina oder im Irak begreifen? Das Gewahrwerden des Leidens ist die Erste Edle Wahrheit. Alle Menschen leiden unter den gleichen Dingen: unter sozialer Ungerechtigkeit, Diskriminierung, Angst und Fanatismus.

In vielen Ländern der Welt wuchert der Fundamentalismus, auch in Amerika. Viele Menschen glauben, sie allein hätten Gott auf ihrer Seite, und benehmen sich so, als wären nur sie Kinder Gottes, während andere Menschenleben nicht viel wert sind. Wir alle wünschen uns den Segen Gottes für unser Land und unser Volk. Aber zu behaupten: »Alles, was du tust, ist übel; alles, was wir tun, ist gut«, ist die Wurzel falschen Handelns. Wenn wir so denken, erkennen wir den Wert des anderen nicht; dann handeln wir aus Ignoranz und Unverständnis und haben kein Erbarmen für die Leiden und Ängste anderer. Erst wenn wir uns wieder an die Arbeit gemacht haben, die falsche Sichtweise, Ungerechtigkeit, Ungleichheit und Diskriminierung in unserem eigenen Staat auszuräumen, werden wir in der Lage sein, der Welt zu helfen.

Anderen Ländern aufmerksam zuhören

Wenn sich Amerika voll und ganz, mit Herz und Geist, dieser Übung widmet, werden andere Völker ihm von ihrem Leid erzählen können. Wenn Amerika wieder zu sich selbst und zum Geist seiner Ahnen zurückfindet, wird es wahrhaft groß sein. Dann wird es in einer Position sein, anderen Ländern dabei zu helfen, jeweils ein ähnliches Forum einzurichten, auf dem fremde Staaten und Gruppierungen ihre Stimme erheben dürfen.

Eine solche Einrichtung müsste ein Gefühl von Sicherheit und Liebe vermitteln. Vertreter von Völkern der ganzen Welt könnten dort zusammenkommen, nicht als Feinde, die einander bombardieren und vernichten wollen, sondern als Weise, die Sitzungen des gesammelten Zuhörens abhalten. Alle Nationen könnten dazustoßen und mitüben; Angehörige verschiedenster Kulturkreise und Zivilisationen würden die Gelegenheit erhalten, als Mitmenschen und Bewohner des gleichen Planeten miteinander zu reden. Außerdem könnten auch Leute eingeladen werden, die keine politischen Interessen verfolgen, sondern als Humanisten Augen für das Leid anderer haben und die ruhig und voller Mitgefühl zuhören können. Sie wüssten, wie eine angstfreie, friedvolle Atmosphäre geschaffen werden kann, die bei anderen den Wunsch weckt, sich auszusprechen, die sie ermuntert und ihnen die Möglichkeit dazu bietet. Wir müssen Geduld haben. Es dauert seine Zeit, wenn der eine des anderen Leid in Erfahrung bringen will.

Wenn die Sitzungen eines solchen internationalen Forums weltweit in Radio und Fernsehen übertragen würden, könnten alle daran teilnehmen und hätten die Chance, etwas über die Ursachen des Leidens zu erfahren. Milliarden Menschen könnten gemeinsam die Erste und Zweite Edle Wahrheit des Buddha üben, das Gewahrwerden des Leidens und das Gewahrwerden der Ursachen des Leidens.

Die Erste und Zweite Edle Wahrheit führen uns zur Dritten und Vierten Edlen Wahrheit und bringen uns damit vor allem zu der Erkenntnis, dass es einen Ausweg aus dem Leiden gibt und dass dieser Weg aus bestimmten, ganz konkreten Schritten besteht wie etwa dem rechten Verständnis, dem rechten Denken, der rechten Rede und dem rechten Handeln.

Am Weltfrieden mitwirken

Das Allheilmittel gegen Gewalt und Hass ist Mitgefühl. Ein anderes Heilmittel gibt es nicht. Leider ist Mitgefühl nicht in Apotheken erhältlich. Wir müssen den Nektar des Mitgefühls im eigenen Herzen erzeugen. Die Lehre Buddhas zeigt uns Möglichkeiten auf, wie wir die Energie des Mitgefühls erzeugen können. Wenn wir zu beschäftigt und tagtäglich von vielen Projekten in Anspruch genommen oder von Unsicherheit und Begierde getrieben sind, wie sollten wir da Zeit finden, tiefen Einblick in eine Situation zu nehmen – in die eigene Situation, die Situation derer, die wir lieben, die Situation unserer Familie und Gesellschaft, die Situation unserer und anderer Nationen? Erst durch tiefe Einsicht merken wir, dass nicht nur wir, sondern auch die anderen schwer leiden. Sobald sich dieses Bewusstsein eingestellt hat, wissen wir, dass Bestrafung, Gewalt und Krieg keine Lösung sind.

Wer auf Strafe sinnt, ist von Gewalt durchdrungen. Wer das Leid anderer ertragen kann, ist ebenfalls von der Energie der Gewalt durchdrungen. Gewalt lässt sich nicht durch Gewalt beenden. Wie Buddha sagte, wird es den Hass nur vertausendfachen, wenn ihm mit Hass begegnet wird. Einzig durch Mitgefühl lässt sich Hass auflösen.

1966, nach meiner Reise in den Westen, wo ich zur Beendigung des Vietnamkrieges aufrief, ließ mich meine Regierung nicht mehr in mein Heimatland zurückkehren. So war ich plötzlich von all meinen Freunden, meinen Schülern und meiner Sangha in Vietnam abgeschnitten. Fast jede Nacht träumte ich davon, heimzukehren. Aber mitten im Traum wachte ich immer auf und merkte, dass ich im Exil war. Zu jener Zeit übte ich mich mit großem Eifer in Achtsamkeit. Ich übte, um in Europa und Amerika mit Kindern und Erwachsenen in Kontakt zu kommen. Ich lernte, mich in die Bäume und den Gesang der Vögel zu versenken. Alles schien anders zu sein, als ich es aus Vietnam kannte. Und doch waren auch in der Fremde die Wunder des Lebens vor mir ausgebreitet. Ich kam zu der Erkenntnis, dass ich durch Übung der Achtsamkeit überall auf diesem Planeten wahrhaft zu Hause sein kann.

Ich vergegenwärtigte mir, dass das Reich Gottes, das Reine Land Buddhas, der Ort, wo wahrer Friede herrscht, von unserer eigenen Fähigkeit abhängt, aufzuwachen für alle Wunder des Lebens, die uns in ebendiesem Augenblick, an ebendiesem Ort umgeben. Wir können jeden Tag mit dem Reich Gottes in Berührung kommen, wieder Hoffnung schöpfen, Kraft gewinnen und den Schaden wieder gutmachen, den Gewalt und Krieg angerichtet haben. Es ist möglich und liegt an uns, entsprechend zu handeln. Tun wir das nicht, fallen wir der Verzweiflung zum Opfer. Wir sind nie vom Ort wahren Friedens, vom Reich Gottes, vom Reinen Land ausgeschlossen. Ich sage meinen Schülern oft: »Kommt wieder zu euch selbst und tretet euer wahres Erbe an. Kehrt zu eurer wahren Heimat zurück, zum Hier und Jetzt, zum Reich Gottes, zum Reinen Land Buddhas. Durch einen einzigen achtsamen Schritt, einen einzigen bewussten Atemzug können wir ins Paradies gelangen, wo Frieden, Verständnis und Mitgefühl herrschen.«

Würdigung unseres Menschseins

Zwar kann jeder von uns in sich selbst den Ort wahren Friedens finden, aber manchmal wuchert die gleichfalls in uns schlummernde Saat der Gewalt darüber und erstickt die Saat des Mitgefühls. Erhält die Saat der Gewalt zu viel Nahrung, kann das Gestrüpp des Terrorismus emporschießen. Um es auszureißen, müssen wir zuerst erkennen, was seine Wurzeln sind. Wissen wir überhaupt, was Terrorismus ist und wo er stattfindet? Können wir ihn mit unseren Radargeräten entdecken? Der Terrorismus wurzelt im Herzen des Menschen. Vielleicht meinen wir, andere angreifen zu müssen, damit sie uns nicht terrorisieren, aber unter Umständen bewirken wir mit diesem Handeln nur das Gegenteil. Statt unser Ziel zu erreichen und mehr Sicherheit zu erlangen, führt unser Handeln dazu, dass der Terrorismus eskaliert. Wenn wir einen Terroristen töten, wird vielleicht sein Sohn ebenfalls Terrorist; je mehr wir töten, umso mehr Terroristen rufen wir auf den Plan. So ist es im Lauf der Geschichte immer gewesen.

Genau das wollen wir jedoch nicht. Im Grunde wollen wir nur den Terrorismus selbst ausrotten, keine Menschen umbringen – wir wollen den Terrorismus und die darin sichtbar werdende Krankheit des Unwissens und Missverständnisses ausmerzen.

Manche Menschen begehen terroristische Bluttaten im Namen Gottes oder im Namen ihrer jeweiligen Wertvorstellungen und Überzeugungen. Terroristen sind häufig felsenfest davon überzeugt, dass sie auf der richtigen Seite stehen und dass ihre spirituellen Werte bedroht sind. Sie sind der Ansicht, die Gegenseite vertrete das Böse, und empfinden es als gerechtfertigt, ihre Feinde im Namen Gottes zu vernichten. Wir hinwiederum vernichten sie, damit sie uns nicht mehr terrorisieren können. Terroristen sterben in der Überzeugung, für eine gute Sache, für Gott, für das Gute zu sterben. Handeln wir nicht in der gleichen Überzeugung, wenn wir Terroristen töten? Solches Handeln ist durch Angst begründet.

Militärische Mittel sind eine Möglichkeit, aber es gibt bessere, effektivere Möglichkeiten, um den Terrorismus im eigenen Land und in der Fremde zu beenden. Die Regierungen greifen zu oft zu militärischer Gewalt, um Probleme zu lösen, weil sie nicht darin geschult sind, die Kräfte des Verständnisses, des Mitgefühls und der Versöhnung einzusetzen. Nicht durch Militärmacht, sondern durch die Übung der tiefen Einsichtnahme in das Menschsein wird dem Terrorismus ein Ende gesetzt.

Jeder will behütet und sicher sein. Niemand will Tag und Nacht in Angst leben. Sicherheit ist ein tiefes Grundbedürfnis aller Menschen, gleich welcher Rasse oder Nationalität. Angst löst Gewalt aus. Durch die Übung der tiefen Einsichtnahme erkennen wir, dass auch wir uns nicht in Sicherheit wiegen können, solange andere verunsichert sind. Um unsere eigene Sicherheit zu gewährleisten, müssen wir über die Sicherheit anderer nachdenken. Wenn wir anderen den Eindruck vermitteln, dass sie in Gefahr schweben, werden auch wir in Gefahr sein. Wenn wir der anderen Seite weiterhin Gefahr und Instabilität zumuten, wird es letztlich auch für uns selbst gefährlich. Was wir anderen antun, tun wir zugleich uns selbst an.

Sicherheit ist nicht Sache des Einzelnen; sie geht uns alle an. Mit dem Glück verhält es sich ebenso.

Wenn Ihr Vater unglücklich und tief bekümmert ist, können auch Sie unmöglich unbekümmert sein. Wenn Ihr Sohn tief betrübt ist, können auch Sie nicht wirklich glücklich sein. Es geht also um Ihr eigenes Glück, wenn Ihnen am Glück des Sohnes gelegen ist. Glück und Sicherheit sind vergleichbar. Um den Frieden einzuüben, müssen Sie nicht nur für die eigene Sicherheit Sorge tragen, sondern auch für die aller Mitmenschen. Das gilt für alle Nationen dieser Welt. Wir müssen zusammenarbeiten, um jedermanns Sicherheit zu gewährleisten.

Beim Meditieren über den Terrorismus sollten Sie sich in Folgendes versenken: »Du, der Terrorist, musst sehr gelitten haben und uns gegenüber tiefen Hass und große Wut empfinden, dass du so etwas tust. Du hast versucht, uns zu vernichten, und du hast viel Leid verursacht. Wir wollen verstehen, warum, wollen begreifen, worunter du so leidest. Wir wollen wissen, welches Gefühl, welcher Schmerz, welches Missverständnis dich zu solchem Handeln bewogen hat.« Tiefe Einsichtnahme ist kein Kinderspiel. Vielmehr ist sie ein entscheidender, lebenswichtiger Schritt, um die Wurzeln des Terrorismus zu erkennen und zu verstehen. Jesus hat gesagt: »Liebet eure Feinde; tut wohl denen, die euch hassen; segnet, die euch fluchen; bittet für die, so euch beleidigen ... Denn wenn ihr nur liebet, die euch lieben, was für Dank habt ihr davon?«

Wie gesagt: Der Arzt kommt, um jemanden von einer Krankheit zu heilen, nicht um ihn umzubringen. Martin Luther King hat einmal gesagt: »Mit Gewalt tötest du den, der hasst, aber den Hass tötest du nicht.« Terroristen sind Menschen. Sie sind an einem Virus namens Terrorismus erkrankt. Bei einer genauen Analyse des Virus sind Angst, Unverständnis, Hass und Gewalt zu erkennen. Wenn man als Arzt handelt, bringt man einen Terroristen nicht um, sondern bemüht sich, ihn zu verstehen und die terroristischen Regungen in seinem Herzen umzuwandeln. Und das tut man in dem Wissen, dass dieses Virus auch im eigenen Herzen nistet. Ein Terrorist ist wie wir ein Mensch, der schwer am Virus der Täuschung und falschen Überzeugung leidet, das ihn befallen hat. Terroristen leiden genauso wie wir. Erst wenn wir das begriffen haben, können wir ihnen helfen.

Die Hilfe kann immer nur mit der Wiederherstellung der Kommunikation beginnen. Wenn der Arzt nicht mit seinem Patienten reden kann oder der Patient seine Mitarbeit verweigert, wie könnte der Arzt seinem Patienten dann helfen? »Ich weigere mich, Ihre ärztliche Expertise anzuerkennen. Sie können mir nicht helfen.« Solange der Patient solche Gefühle hegt und denkt, dass ihn der Doktor umbringen will, findet er sich nie bereit, mit dem Arzt zusammenzuarbeiten, auch wenn dieser von dem aufrichtigen Wunsch beseelt ist, ihm zu helfen. Ohne

Kooperation des Patienten kann der Arzt nichts machen. Darum muss der Arzt als Erstes versuchen, eine Beziehung zum Patienten aufzubauen, damit die Kommunikation in Gang kommt. Wenn er mit dem Patienten reden kann, besteht Hoffnung. Dann wird der Patient ihn akzeptieren und mit ihm zusammenarbeiten. Ein offenes Gespräch beider Seiten dient dem gegenseitigen Verständnis.

Das Land wahren Friedens

Plum Village besteht aus drei Weilern, und in jedem Weiler ist ein Lotosteich. In jedem Sommer sind dort herrliche Lotosblumen zu bewundern. Lotosblumen brauchen Schlamm, um zu wachsen. Lotos kann man nicht auf Marmor pflanzen, er wurzelt nur im Morast. Wenn man die liebliche, duftende Lotosblüte betrachtet, sieht man eigentlich Schlamm. Schlamm und Lotosblume sind im Intersein miteinander verbunden. Eins kann nicht ohne das andere existieren, so lautet die Lehre des Buddha. Dies ist so, weil jenes so ist. Leiden ist notwendig für die Geburt von Verständnis und Mitgefühl, ebenso wie Kompost für das Wachstum von Blumen notwendig ist. Bei Betrachtung einer Blume werden Sie sehen, dass sie ausschließlich aus Nichtblumigem entstanden ist: aus Sonne, Regen, Erde, Mineralien und Kompost. Sie sehen, dass der Abfall in Form von Kompost zu den nichtblumigen Elementen gehört, mit deren Hilfe die Blume Gestalt annehmen konnte. Wenn Sie fleißig geübt haben, können Sie in der Blume jetzt und hier ebenso den Abfall erkennen wie Sonnenschein und Regen. Enthalten Sie der Blume den Sonnenschein vor, kann sie nicht mehr existieren. Enthalten Sie der Blume den Regen vor, kann sie ebenso wenig existieren. Auch wenn Sie der Blume den Abfall wegnehmen, kann sie nicht mehr existieren. Schauen Sie die herrliche Lotosblume an. Wenn Sie ihr den Schlamm nehmen, ist sie nicht mehr für Sie da. Das eine existiert nur, weil das andere existiert.

Unsere tägliche Übung als Bodhisattva-Schüler besteht darin, das Leiden zu erkennen und dieses Leiden in Hoffnung, Liebe und Erbarmen verwandeln zu lernen. Wir üben uns genauso wie Biogärtner, die wissen, dass Abfall wieder in Blumen verwandelt werden kann. Lernen wir, unser Leiden und das Leid der Welt als eine Art von Kompost zu betrachten. Auf diesem morastigen Nährboden können wir die herrlichen, süß duftenden Lotosblumen des Verständnisses und Mitgefühls ziehen. Sie sind als Saat bereits in unserem Herzen und in unserem Geist angelegt. Wir können uns gemeinsam darin üben, Blumen des Verständnisses und Mitgefühls zu kultivieren, die jeden Tag uns und den Menschen um uns herum zur Freude und zum Glück erblühen.

Mit Sicherheit hat jeder schon einmal das Gefühl gehabt, dass der wahre Frieden, das Reich Gottes, das Reine Land Buddhas, ganz nahe ist. Eines Morgens habe ich beim meditativen Gehen einen Blütenzweig vom Weg vor unserer Meditationshalle aufgehoben und ihn einem Mönch gegeben, der neben mir ging. Ich sagte zu ihm: »Der ist aus dem Reinen Land Buddhas. Nur im Reinen Land gibt es so schöne Blütenzweige. Nur im Reich Gottes gibt es ein solches Wunder wie diesen Blütenzweig.« Der blaue Himmel, die herrliche Natur, das liebliche Gesicht eines Kindes, der Gesang eines Vogels, all das gehört zum Reinen Land Buddhas. Wenn wir frei genug sind, können wir in das Reich Gottes eintreten und dort lustwandeln. Das Lustwandeln im Reich Gottes, im Reinen Land Buddhas, ist meine tägliche Übung. Für mich ist das Reich Gottes kein leid- und gewaltfreier Ort. Das Reich Gottes ist ein Ort, an dem Mitgefühl, Verständnis und Liebe walten. Es vergeht kein Tag, an dem ich nicht im Reich Gottes lustwandle.

Jeder Schritt erfüllt mich mit Frieden und Freude, und beides brauche ich, um mit meiner Arbeit fortfahren zu können – mit der Kultivierung von Mitmenschlichkeit, Verständnis und Mitgefühl. Wie könnte ich ohne diese Erfrischung weitermachen?

Kehren Sie zurück zum gegenwärtigen Augenblick. Werden Sie vollkommen lebendig. Hören Sie auf, herumzujagen. Kommen Sie mit den Wundern des Lebens, die vor uns ausgebreitet sind, in Berührung. Das ist die Grundübung für den Frieden. Wenn Sie sich daran halten, werden Sie genug Kraft und Frohsinn haben, um den Schaden wieder gutzumachen, den Krieg, Gewalt, Hass und Missverständnisse anrichten. Und Sie werden genau wissen, wie Sie sich im täglichen Leben verhalten müssen, um nichts zu unterstützen, was noch mehr Diskriminierung, Gewalt und Krieg auslöst. Leben Sie so, dass Sie den wahren Frieden verkörpern, dass Sie in jedem Augenblick Ihres Alltagslebens im Frieden sind. Jeder Mensch hat die Möglichkeit, mit jedem Schritt Friedensenergie freizusetzen. Wenn Sie Fühlung zum Reich Gottes aufnehmen und mit den Wundern des Lebens, die im Hier und Jetzt vor Ihnen liegen, in Berührung kommen, können Sie mühelos alles andere loslassen. Dann wollen Sie nicht mehr weiterhetzen.

Wir jagen dauernd hinter Objekten her, die unsere Begierde erregen – Ruhm, Profit und Macht. Bisher haben wir geglaubt, unser Glück hinge davon ab, aber inzwischen ist uns klar geworden, dass uns diese Jagd eine Menge Leid eingetragen hat. Wir haben noch gar nicht richtig leben und lieben und uns um die kümmern können, die wir lieben, weil wir immer weiter rennen, ohne anzuhalten. Wir hetzen uns sogar noch im Schlaf ab. Darum ermahnt uns Buddha, innezuhalten. Nach buddhistischer Auffassung besteht immer nur hier und jetzt die Möglichkeit, glücklich zu sein. Wenn Sie durch das bewusste Atmen und achtsame Gehen zum Hier und Jetzt zurückkehren, werden Sie viele Möglichkeiten zum Glücklichsein entdecken, die Ihnen längst offen stehen.

Die Zukunft ist eine Vorstellung. Die Zukunft besteht aus nur einem Stoff: der Gegenwart. Wenn Sie sich gut um den gegenwärtigen Augenblick kümmern, warum sollten Sie sich dann Sorgen um die Zukunft machen? Indem Sie sich der Gegenwart annehmen, tun Sie alles, um sich eine gute Zukunft zu sichern. Könnten Sie denn etwas anderes tun? Leben Sie den gegenwärtigen Augenblick so, dass sich hier und jetzt Frieden und Freude einstellen – dass Liebe und Verständnis eine Chance bekommen. Fröhlich und friedvoll im gegenwärtigen Augenblick zu weilen ist das Beste, was wir für eine friedliche, glückliche Zukunft tun können.

Wenn wir uns aus dieser schwierigen, von Krieg und Terrorismus geprägten Situation befreien wollen, müssen wir als Einzelne und als Nation die tiefe Einsichtnahme üben. Unsere Übung wird auch andere Nationen zum Üben anregen. Die großen Staaten der Welt sind in der Lage, andere zu bestrafen. Sie können Bomben abwerfen; die ganze Welt weiß, dass es in ihrer Macht liegt. Aber wirklich groß sind diese Staaten erst, wenn sie voller Klarheit und Mitgefühl handeln. Ich empfehle dringend, sich davor zu hüten, unter dem Einfluss von Leid oder Schock etwas zu tun oder zu sagen. Stattdessen sollten wir uns nach innen kehren, das bewusste Atmen und meditative Gehen üben, um uns zu beruhigen, und wieder Klarheit zu gewinnen suchen, damit wir die wahren Ursachen unseres und des Leidens der Welt verstehen können. Die mächtigen Staaten können Größe beweisen, wenn sie sich dazu entschließen, Mitgefühl zu zeigen, statt zu bestrafen. Wir können Frieden anbieten. Wir können die erlösende Transformation und Heilung anbieten.

Es ist mein innigster Wunsch, dass das amerikanische Volk und andere Völker der Erde ein spirituelles Bündnis eingehen und sich gemeinsam in Barmherzigkeit üben. Ohne spirituelle Dimension und ohne Übung lässt sich die Lage der Welt kaum wirklich verbessern. Wir können uns als Völkerfamilie zur tiefen Einsichtnahme in unsere eigene Situation und die Weltlage zusammenfinden.

Frieden zu üben ist mit jedem Atemzug, mit jedem Schritt möglich. Wir können gemeinsam üben und unseren eigenen Lebensalltag sowie das Leben von Familie und Gemeinschaft, Staat und Welt mit Hoffnung und Mitgefühl erfüllen.

MEDITATION FÜR DIE GEWALTLOSIGKEIT

Lasst uns der Welt die schönsten Blumen und Früchte unserer Übung darbringen: Klarheit, Solidarität, Mitmenschlichkeit, Verständnis und Mitgefühl. Lasst uns den Entschluss fassen, tief in das Wesen von Angst, Wut, Hass und Gewalt zu blicken und mit Augen voller Mitgefühl zu schauen. Einatmend bin ich der Gewalt in mir selbst und in der Welt gewahr. Ausatmend bin ich entschlossen, die Gewalt in mir selbst und in der Welt mit Augen voller Mitgefühl anzuschauen.

Jetzt, in diesem Augenblick, rufen wir all unsere spirituellen Lehrer an, uns beizustehen und zu helfen, das Leiden unseres Volkes zu umarmen. Wir bitten sie, die ganze Welt als ein Volk, die ganze Menschheit als eine Familie zu umarmen. Während wir klar und ruhig werden, erbitten wir ihre Hilfe, um genau zu erfahren, was wir tun und was wir lassen sollen. Wir wissen, dass viele Menschen in ebendiesem Augenblick andere zu retten versuchen, dass sie ihnen beistehen und ihr Leid lindern helfen. Lasst uns für all jene da sein und sie zärtlich und voll bewusst mit allem Mitgefühl und Verständnis, dessen wir fähig sind, umarmen. Wir wissen, dass wir uns mit der Energie der Achtsamkeit, der Konzentration und der erwachten Weisheit darin üben können, die Gewalt jeden Tag ein wenig zu verringern. Wir wissen, dass der einzig gangbare Weg der ist, auf Gewalt mit Mitgefühl zu reagieren.

Lasst uns unsere Aufmerksamkeit auf das Ein- und Ausatmen richten. Wir sind uns der Gegenwart all unserer spirituellen Ahnen in uns bewusst, die uns unterstützen und auf den Weg der Gewaltlosigkeit, des Verständnisses und Mitgefühls führen.

Epilog
Eine neue globale Ethik

Die Vereinten Nationen haben das Jahrzehnt von 2001 bis 2010 zur »internationalen Dekade für eine Kultur des Friedens und der Gewaltlosigkeit zugunsten der Kinder der Welt« erklärt. Damit wird eine neue globale Ethik verkündet, die dem universalen Wunsch und der Entschlossenheit Ausdruck gibt, so zu leben, dass Kindern und Kindeskindern Frieden, Stabilität und Wachstum erhalten bleiben. Außerdem spiegelt sie die tiefe Sehnsucht vieler Menschen aus den unterschiedlichsten Kulturen und Glaubensrichtungen wider, zusammenkommen zu können und ihre jeweiligen Erkenntnisse und spirituellen Traditionen in eine gemeinsame Ethik einzubringen, an der sich jeder orientieren kann und die von allen Religionen akzeptiert wird.

Mit der Deklaration zugleich veröffentlichte die UNO ein Manifest mit Richtlinien zur Friedensentwicklung, dessen Grundlage die bewusste Erkenntnis ist, dass jeder Einzelne vom Wohlergehen der ganzen Menschheit abhängig ist.

Über 75 Millionen Menschen, darunter die Regierungsoberhäupter vieler Staaten, haben das Manifest unterzeichnet. Mit ihrer Unterschrift haben sie sich verpflichtet, für Gewaltlosigkeit und Frieden sowohl im eigenen Innern als auch in der Welt einzutreten. Jeder kann sich an diesem globalen Engagement beteiligen. Wir alle können unser Bewusstsein für den Frieden entfalten und andere zum Mitmachen ermutigen, indem wir das Manifest an Familienangehörige, Freunde und Kollegen weitergeben.

Unesco-Manifest für eine Kultur des Friedens und der Gewaltlosigkeit

- Da sich mit dem Jahr 2000 ein Neubeginn abzeichnet und es an der Zeit ist, die Kultur des Krieges und der Gewalt in eine Kultur des Friedens und der Gewaltlosigkeit umzuwandeln,

- da diese Transformation die Mitwirkung jedes Einzelnen von uns erfordert und jungen Menschen wie auch zukünftigen Generationen Werte vorgeben soll, durch die sie zur Mitgestaltung einer Welt inspiriert werden, deren Grundlage Gerechtigkeit, Solidarität, Freiheit, Würde, Harmonie und die Wohlfahrt aller ist,

- da eine Kultur des Friedens eine nachhaltige Entwicklung, den Schutz der Umwelt und das Wohlergehen aller Menschen untermauern kann

- und im Bewusstsein meiner Verantwortung für die Zukunft der Menschheit und insbesondere für die Kinder von heute und morgen verpflichte ich mich hiermit, in Alltag und Familie, Gemeinschaft und Arbeit, in meinem Land und meiner Region zur Einhaltung folgender Grundsätze:

  1. *Achtung der Würde jedes Menschen:* Ich will ohne Unterschied und Vorurteil das Leben und die Würde jedes Menschen anerkennen.

2. *Gewaltfreie Konfliktbearbeitung:* Ich will Gewaltlosigkeit leben, indem ich selbst keine körperliche, sexuelle, seelische, wirtschaftliche oder soziale Gewalt anwende, insbesondere nicht gegenüber Schwächeren und Wehrlosen wie Kindern und Jugendlichen.

3. *Solidarität:* Ich will meine Zeit und meine Mittel großzügig mit anderen teilen, damit Ausgrenzung, Ungerechtigkeit sowie politische und wirtschaftliche Unterdrückung ein Ende finden.

4. *Zivilcourage und Dialogbereitschaft:* Ich will freie Meinungsäußerung und kulturelle Vielfalt verteidigen und grundsätzlich den Dialog und das Interesse am anderen gegen Fanatismus, Verleumdung und Ausgrenzung setzen.

5. *Nachhaltige Entwicklung:* Ich will mich für maßvolles Konsumieren und eine Entwicklung einsetzen, die allem Leben im Einklang mit der Natur auf unserem Planeten gerecht wird.

6. *Demokratische Beteiligung:* Ich will zur Entfaltung meiner Gemeinschaft, zur vollen Gleichberechtigung der Frauen und zur Anerkennung der demokratischen Werte beitragen, damit wir alle gemeinsam neue Formen der Solidarität schaffen können.

UNESCO-MANIFEST

Als persönlichen Beitrag zur Verbreitung einer Kultur des Friedens und der Gewaltlosigkeit will ich

Unterschrift

Datum

Vorname

Nachname

Alter

Geschlecht m/w

Anschrift

Straße/Hausnr.

Postleitzahl/Ort

Staat

Schicken oder faxen Sie das unterzeichnete Manifest an:

> Manifest 2000/Year for the
> Culture of Peace
> UNESCO, 7, place Fontenoy
> F-75352 Paris 07 SP
> Frankreich
> Fax: (0033) 1 45 68 56 38

Sie können es auch im Internet unterzeichnen unter:

> www.unesco.org/manifesto2000

Über den Autor

Der ehrwürdige Thich Nhat Hanh ist als Zen-Mönch, spiritueller Lehrer, Gelehrter und Verfasser zahlreicher Bücher weltbekannt. Schon mit 16 Jahren war er buddhistischer Mönch, Friedensaktivist und Suchender auf dem Weg. Er hat zwei Kriege in Vietnam miterlebt und über dreißig Jahre fern von seinem Heimatland im Exil verbringen müssen, nachdem er sowohl vom nichtkommunistischen wie auch vom kommunistischen Regime wegen seines weltweiten Einsatzes für den Frieden aus Vietnam verbannt worden war. Er steht noch immer einem der bedeutendsten Tempel in Vietnam vor, und seine spirituelle Linie lässt sich bis zu Buddha zurückverfolgen.

Aufsehen in der Weltöffentlichkeit erregte Thich Nhat Hanh zum ersten Mal zur Zeit des Vietnamkriegs, als er sich unermüdlich für die Aussöhnung von Nord- und Südvietnam einsetzte und bei den Pariser Friedensgesprächen die buddhistische Delegation anführte. Tief betroffen von der Zerstörung und dem Chaos ringsumher, rief er Hilfsorganisationen ins Leben, um zerbombte Dörfer wieder aufzubauen, gründete die »Schule für sozial engagierte Jugendliche«, brachte ein Friedensmagazin heraus und drängte die Spitzenpolitiker dieser Welt, auf Gewaltfreiheit als politisches Instrument zu setzen. Seine lebenslangen Bemühungen um den Frieden veranlassten Martin Luther King 1967 dazu, ihn für den Friedensnobelpreis zu nominieren.

Thich Nhat Hanh ist ein aktiver Befürworter des »engagierten Buddhismus«, der die traditionelle Meditationspraxis mit Aktionen des gewaltfreien zivilen Ungehorsams verbindet. Er ist ein universeller spiritueller Lehrer und sieht seine Mission darin, die buddhistische Lehre in eine allgemein verständliche Sprache zu übertragen, sodass jeder Zugang zu ihr finden kann. Sein Bekanntheitsgrad als weltweit geachteter spiritueller Lehrer wächst ständig, nicht zuletzt durch seine Produktivität als Autor. Er hat über hundert Bücher geschrieben – spirituelle Ratgeber, philosophische Werke, Gedichte und Romane.

Derzeit lebt Thich Nhat Hanh teils in Plum Village, einer von ihm gegründeten Klostergemeinschaft im Südwesten Frankreichs, teils im ebenfalls von ihm ins Leben gerufenen Green Mountain Dharma Center in Vermont, USA, oder im Deer Park Monastery, einem Kloster im kalifornischen Escondido. Wo er auch ist, schreibt er, widmet sich der Gartenarbeit und setzt sich tatkräftig für Flüchtlinge in aller Welt ein. Tausende von Schülern nennen ihn ehrerbietig »Thay«, was so viel wie »Lehrer« bedeutet. Er hält in der ganzen Welt Retreats über die Kunst des achtsamen Lebens ab, darin inbegriffen auch spezielle Retreats für Kriegsveteranen, Psychotherapeuten, Künstler, Umweltaktivisten und Kinder.

Spirituelle Übungszentren von Thich Nhat Hanh

Hauptzentrum in Frankreich:

Plum Village
13 Martineau, F-33580 Dieulivol
Tel.: (0033) 55661-6688
Fax: (0033) 55661-6151
www.plumvillage.org

Nähere Informationen für Deutschland:

Gemeinschaft für achtsames Leben
Bayern e.V.
Postfach 60, 83730 Fischbachau
Tel.: 08028-9281
Fax: 08028-2120
www.intersein.de

Seminarangebote für Deutschland:

>InterSein Zentrum für Leben
>in Achtsamkeit
>Haus Maitreya
>Unterkashof 21/3
>94545 Hohenau
>Tel.: 08558-920252
>E-Mail; post@intersein-zentrum.de
>www.intersein-zentrum.de
>
>Buddhistisches Meditationshaus
>Quelle des Mitgefühls
>Heidenheimer Straße 27
>13467 Berlin
>Tel.: 030-40586540
>Fax: 030-40586541
>www.quelle-des-mitgefuehls.de

*Nähere Informationen und Seminarangebote
für die Schweiz:*

>Meditationszentrum Haus Tao
>CH-9427 Wolfhalden
>Tel.: (0041) 71888-3539
>E-Mail: info@haustao.ch
>www.haustao.ch

ARKANA
GOLDMANN

Meister des inneren Weges

Brenda Shoshanna
Zen-Wunder 21627

Ezra Bayda
Zen sein – Zen leben 21647

Sylvia Boorstein
Achtsam leben 21646

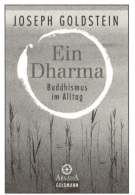

Joseph Goldstein
Ein Dharma 21657

Goldmann • Der Taschenbuch-Verlag

ARKANA
GOLDMANN

Der Dalai Lama -
ein spiritueller Lehrer für die Welt

13278

21686

13266

21539

Goldmann • Der Taschenbuch-Verlag